亓氏族考

- 亓诗教墓志铭残片
- 亓氏十进士
- 乡贤士绅选录
- 颍川勤族再考
- 阜阳武进士
- 明万历二修族谱考
- 坡草洼村清代亓家祠堂
- 永城「亓氏宗派」考
- 这里的「王」家本姓亓
- 北京的「亓莲关」
- 潍坊远里庄的亓氏家族
- 亓氏圣迹与遗存
- ……

亓贯德 主编

知识产权出版社
全国百佳图书出版单位

图书在版编目（CIP）数据

亓氏族考/亓贯德主编. —北京：知识产权出版社，2018.5
ISBN 978-7-5130-5565-9

Ⅰ.①亓… Ⅱ.①亓… Ⅲ.①家族—研究—中国—明清时代 Ⅳ.①K820.9

中国版本图书馆CIP数据核字（2018）第096134号

内容提要

本书概及亓氏一族明清两朝六百余年绍休圣绪的衣冠盛事，以人物为主线，以事件论人品，事实与历史资料相佐证，展示了亓家的历史辉煌，明晰了各支派的历史沿革。

本书对了解我国传统氏族的历史沿革、文化传承、弘扬先贤品德具有一定的参考价值，同时，也对弘扬中华优秀传统文化，传承风清气正、积极向上、与人为善、贡献社会的家风具有一定的现实意义。

本书不仅适合亓姓族群，也适合对我国传统氏族文化感兴趣的读者阅读、欣赏、参考。

责任编辑：荆成恭	责任校对：王 岩
封面设计：刘 伟	责任印制：刘译文

亓氏族考

亓贯德 主编

出版发行：	知识产权出版社 有限责任公司	网　址：	http://www.ipph.cn
社　址：	北京市海淀区气象路50号院	邮　编：	100081
责编电话：	010-82000860 转 8341	责编邮箱：	jcggxj219@163.com
发行电话：	010-82000860 转 8101/8102	发行传真：	010-82000893/82005070/82000270
印　刷：	北京嘉恒彩色印刷有限责任公司	经　销：	各大网上书店、新华书店及相关专业书店
开　本：	720mm×1000mm 1/16	印　张：	19
版　次：	2018年5月第1版	印　次：	2018年5月第1次印刷
字　数：	288千字	定　价：	98.00元
ISBN 978-7-5130-5565-9			

出版权专有　侵权必究
如有印装质量问题，本社负责调换。

编委会

名誉主任　亓效华
主　　任　亓传海
副 主 任　（以辈分为序）
　　　　　亓明礼　亓兆学　亓金玲　亓希山　亓新泉　亓传玉
委　　员　（以辈分为序）
　　　　　亓本宾　亓炳铭　亓银友　亓芳圃　亓　刚　亓树磊
　　　　　亓培初　亓贯德　亓令志　亓欣军　亓成勇　亓保全
　　　　　亓玉成　亓玉台　亓同运　亓和财　亓立富　亓进涛
　　　　　亓宪凯　亓俊峰　亓茂华　亓建华　亓　飞　亓常顺
　　　　　亓顺柱　亓校武　亓世忠

策划编审人员

策　　划　亓传玉
主　　编　亓贯德
编　　审　亓　刚　亓树磊　亓金玲　亓希山　亓令志
　　　　　亓欣军　亓进涛　亓玉台　亓立富　亓世忠

古莱城西门里大街亓诗教都宪坊

自 序

岁在壬辰，余主编的姓氏文化研究资料《莱芜亓家》出版，翌年四月再版，两次共计出版四千册。虽已全部赠送但却未能遍及，大数在莱芜区域，少数则散于济南、平阴或鲁西北之阳谷、东平等处；而世居河南、安徽等地后裔，人口虽数万，但未及即告罄，是为编者之莫大遗憾！

乙未，余有幸参与八修族谱。历近三载，或族亲登门，或外出寻亲，大凡所闻《莱芜亓家》者，无不问及或求一册为快；更有众多识者，纷纷建言再版；况亲历河南、安徽等处，所见所闻牢记心怀。续谱期间，利用病休之闲暇，甫应众族亲之建言，在《莱芜亓家》的基础上，复通篇整合，补苴罅漏；更绳其祖武，选编历代文稿，心慕手追，创意造言，遂成书稿，取名《亓氏族考》。

《亓氏族考》肇始元末，止于民国，个别事例延至当今，以传统纲目体例重点记载了明清两朝六百五十年间列祖列宗文治武功的辉煌历史。我们的祖先，武者能征善战，戎马战迹国域，东至冰天雪地的黑龙江流域、大兴安岭，西临川赣烟瘴人迹罕至的丛林，北望无垠的漠北荒原和太行山崇山峻岭，南渡汹涌的台湾海峡平息战乱；尤其那拼杀的战场、连绵的狼烟，令人荡气回肠，难以释怀！文者皆心系王室，赤心奉国之清吏贤臣。凡在朝廷为官者，皆敢于仗义执言，为民请命；在地方为官者，或励精图治、尽瘁事国、或束杖理民、忠君报国、或铮铮铁骨、视死如归；读后莫不令人追思感怀。

出版所需善款，山东玉成数控机床有限责任公司总经理亓传玉担负近半。而《亓氏族考》编委会成员，系固有四大支族系后裔组成，其中，勤祖之后有：阜阳十九世亓明礼，兰考县二十一世亓令志，安徽临泉二十二世亓进涛；宾祖之后有：陕西阎良二十世亓芳圃，莱芜高庄劝礼村二十一世亓金玲、亓贯德、二十二世亓玉台、二十三世亓传玉，牛泉中北塔村二十二世亓和财；全祖之后有：济南平阴付庄二十世亓树磊，阳谷二十二世亓同运，亓庄二十三世亓校武；世能祖之后有：莱芜冯家坡十八世亓效华，临沂后盛庄十八世亓本宾，孟家庄十九世亓炳铭，冯家坡村十九世亓传海，高庄井峪村二十世亓兆学，凤城街道北十里铺十九世亓银友，二十世亓刚，阜阳市二十世亓培初，凤城街道孟家庄二十一世亓希山，羊里付家庄二十一世亓新泉，高庄北梨沟村二十一世亓成勇，潍坊远里村二十一世亓保全，沂源县城区二十一世亓玉成，莱芜牛泉镇亓省庄村二十一世亓欣军和二十二世亓立富，庞家庄二十二世亓宪凯，圣井村二十三世亓俊峰，高庄街道薄板台村二十三世亓茂华，凤城街道叶家庄二十三世亓建华，方下嘶马河村二十三世亓飞，兰沟崖村二十三世亓常顺，方南村二十四世亓顺柱，潍坊安丘二十四世亓世忠等。编委族众不但在"微信群"中认真阅稿、审稿，而且力所能及地提供资助，加之八修族谱办公室同仁的默默作合，大家勠力同心，始大功毕成矣，怎不感慨之至！真乃：桑梓沧海七百年，片纸留得寸芳心。

余尝听人言："写书要立之于身，功于天下。"此固编委族众之初愿。然兹事体大，加之主编水平所限，或夙心往志弗达。倘若发现书中尚有率尔操觚甚至鄙俚浅陋之处，万望族众佛眼相看，或自有经明行修、宜显以历俗之后者，克绍其裘焉。

亓贯德
2018 年 4 月 20 日

序 一

贯德族兄，莱芜市劝礼村人，时年六十六岁，满头银发，退休后担任亓氏文化研究会常务理事、副秘书长。在职时，他曾从事文化工作，可能因家居亓诗教晚年隐居的莱芜苍龙峡附近之故，所以他一直热心亓氏文化研究。特别是退休以后，更是潜心搜集、挖掘和整理亓氏文化与地方文史资料，并在2012年编辑并出版了《莱芜亓家》，第一次系统梳理亓家文化与历史。亓氏族谱八修以来，作为主要成员之一，贯德兄独担"亓家网"的管理工作，在参与编纂、整理亓氏族谱的同时，用心搜集考证亓氏家族历史，经常外出调查征集资料，掌握了亓氏文化的大量第一手资料。当时我在中共莱芜市委宣传部工作，多次同贯德兄及研究会的人员商讨：既然成立了研究会，就应该研究亓氏文化，建议创办一份不定期出版的刊物，刊发有关中华亓氏文化研究的文章，以开启亓氏文化研究的序幕。后来由于研究会忙于族谱八修，没有那么多的人手，因此没有启动。贯德兄则利用业余时间，将族谱八修挖掘出的亓氏文化资料分门别类予以整理，特别是这次新近整理了《这里的王家本姓亓》《亓氏十进士》《颍川勤族考》《阜阳武进士考》《北京的"亓莲关"》等资料，都是亓氏文化研究的最新成果。遂产生了将族谱八修过程中挖掘的资料和一些最新的研究成果编辑，交由正规的出版社出版的想法，我非常赞同。

《亓氏族考》是亓氏族谱第八次续修的一件具有重要文化价值的衍生品。自2015年4月以来，亓氏族谱开始第八次续修，目前已接近尾声，这是中华亓氏文化史上的一件盛事。大凡一件浩瀚的史学工程，都会有许多的衍生品。比如，莱芜市政协在编纂《莱芜区域文化通览》时，追踪、挖掘了雪蓑的历史遗迹，特别是其在莱芜的文化遗存，并于2014年编纂并出版了文史专著《雪蓑》，从而填补了我国系统研究历史人物雪蓑的空白。

《亓氏族考》是截至目前最为系统、全面研究中华亓氏文化的书籍。天下亓氏发源于莱芜，不管国内外，遇见的亓姓人大多是莱芜人，既非莱芜籍，其祖先亦必从莱邑迁出者。在莱芜，亓姓占了总人口数量的 10%，即使不是亓姓人，上推三辈子，也大多和亓家人有亲戚关系，这是中华亓氏文化的一个特点。总览亓家的历史，自明初至今，子孙繁衍已至二十八世、十六万余众，散居全国三十一个省、市、自治区，以及香港、澳门、台湾地区，还有一些子孙在国外定居，从政务农、从军科文，枝繁叶茂，兴旺发达；在中国历史上，曾出现过若干可圈可点的杰出人物。例如，一门九世祖诗教公是莱芜历史上唯一的一位真正走进王朝权力中心、左右过一个朝代政局的人。在山东特别是莱芜地区，民间流传着许多有关亓家和亓家人的传说。但是，亓氏作为中华姓氏文化中的一分子，几百年来，只有家谱记载，没有系统的研究典籍，而《亓氏族考》正弥补了中华姓氏文化的这一缺失。

《亓氏族考》的编辑并出版，浸透了编纂者的心血。但毋庸讳言，本书还有许多地方需要进一步考证和完善，也许有些地方还有争议，然而，《亓氏族考》仍不失为一部研究亓氏家族文化的重要参考文献。此书出版为亓氏后人留下了一份宝贵的精神财富，也一定会在中华亓氏文化研究方面起一个好头。

近三年的时间，九百多个日日夜夜，贯德族兄辛勤的汗水终于结出了丰收的果实，同时也得到了社会特别是亓氏家人的支持和帮助。尤其是山东玉成数控机床有限责任公司董事长亓传玉，一人独担梓费两万元；其他编委会成员，或一万元，或五千、三千、两千、一千元，皆慷慨解囊相助，才使得《亓氏族考》顺利出版。这些善行义举也必将如亓家文化一样流芳千古！垂裕后昆！

是为序。

莱芜市供销合作社联合社理事会主任
二门辉祖后珮祖系莱芜孟家庄
二十一世孙亓希山
2018 年 1 月 6 日

序 二

获知贯德叔不辞辛苦编撰的《亓氏族考》一书即将出版发行，在兴奋与祝贺的同时，欣然为之作序。

吾深知，凡莱芜亓氏家族者，佥以士伯公为始祖，后嗣支派明晰，世系皆有所考。《亓氏族考》上限昉于元末，叙事止于民国，闻者求证，书者细究，不蔓不枝，可谓别具匠心。全书始终紧扣族史，以支派为主线，以人物话事件，以迁徙明沿革，以史例概所考，权当触类而可通矣。书中所述亓氏先祖炳炳麟麟，令人肃然起敬或荡气回肠：元末明初，豪杰蜂起。二世祖讳勤公勇猛，镇使北平。三世祖讳英公，替父从军，初随燕王扫北，再随燕军南征；靖难之役，九死一生。永乐一朝，伴驾亲征漠北鞑靼，转战万里，历尽艰险，以至累官擢升二品，世代沐浴皇恩，后嗣遍及豫皖。十三世祖讳九功公，走福建，入台湾，抚之以仁，诲之以食，生番感化，尝跪接道旁，齐声呼"亓善人"，欢溢四野。后为尽孝而辞官，杜门不出，朝夕伴父母侧。其弟讳九叙公，亦以武进士授贵州都司，升广东参将再升三江口副将。曾在黑风峪一战，生擒千二百人，死者三千余人；再战杨家店，生擒四千余，杀敌无数。但命运多舛，几经蒙冤，终因积劳成疾，卒于客馆。诰授武将军，皇封都督府。

概述明清两朝我亓氏先祖，武官横马打天下，足迹大行远徙，北至黑龙江流域乃至大漠塞北，南至福建、台湾，为保国民驰骋拼杀；文官秉笔匡太平，或为官一方、造福一方，或铮铮谏言、不避凶险。九世祖讳诗教公，为民请命《饥民疏》，为国党争疏《礼垣》，宁可清贫赎徒，亦不为富贵弯腰。十世祖讳之伟公，人称铁面，忠君爱民，沅芷醴兰；

· V ·

尤朔州一战，遭内贼陷害，面对屠刀，大义凛然，赤胆忠心，昂首赴难。雍正朝十二世祖讳煦公，不甘雌伏，六十三岁中进士，可谓大器晚成。这种"不达目的绝不罢休"的孜孜追求，为后世之人所难及。

亓氏家族恍惚七百年，英雄才俊，代有所出，进士十人，举人、秀才者不计其数。盖中流砥柱者有之，怀瑾握瑜者亦有之，祖德疏贤数不胜数。当然，书中有许多历史难解之谜还须来者箕裘不坠而穷原竟委，比如始祖士伯公之宗祧渊源？亓莲及其后嗣之故事行迹？凡此种种，乃留作俟考，足以说明编者对历史秉持了无据弗论的谨慎态度。

我亓氏家族中多有谨记并践行："君子多识前言往行，以畜其德。""效法古之君子，多识前言往行者。"如此先祖之嘉行懿德得彰，举族之精神血脉永传，后世咸繁荣昌盛矣。正如王逸所言："所谓金相玉质，百世无匹，名垂罔极，永不刊灭者矣！"

《亓氏族考》既是亓氏家族后人学习了解先祖们为家族兴旺、民族振兴和国家强盛所做出的名垂史册之卓越贡献的读本，也是传承和发扬光大家族精神与文化的动力源泉，又是专家学者深入探究亓氏家族历史沿革、精神与文化传承的重要参考资料，是一部难得的极具学术价值和实用价值及家族特色的专著，值得一读。

中国石化管理干部学院

中共中国石化党校原党委书记、校长

南三门二十二世孙　亓玉台

2018年1月9日于北京

导 读

贯德弟编纂《亓氏族考》，历时近三年，终于正式出版并在全国发行，可喜可贺！这是亓氏家族六百多年以来第一部正规出版的家族文史。它以现代文稿为主线，以古代著述相襄辅，以附录形式来佐证，相互关联，相得益彰，客观地记述了自明清至民初，亓氏家族是在怎样的历史背景下，一而百、百而万，生生不息，以至跻身中华姓氏之序，甚至成为邑地名门望族的历史事实。所以，只有焚膏继晷，仔细阅读，才能真正体会到为什么总有人说"亓家不单是一棵大树，而是一片森林"的深刻内涵。由此，衷心地感谢编者对亓氏家族的杰出贡献！

《亓氏族考》一书分为"正文"与"附录"两部分。正文四卷，其《卷一·著述》为现代文稿，所载贯德撰《嬴牟怀古》，系统地讲述亓氏家族的历史沿革，不但便于读者系统而完整地了解家族历史梗概，而且对后世影响很大的重要人物，如明朝大将亓英、大中丞亓诗教、"铁面刺史"亓之伟等，都做了更加翔实的介绍；而亓令志所撰《颍川勤族考》则引经据典，叙述了一世祖之长子亓勤族裔基本情况及新考证；族弟亓欣军搜集编纂《乡贤士绅考选录》，选取明清两朝缵承亓氏家风的代表人物，引典叙述，足以感人奋进；亓斌与亓飞等撰写的文稿，则从不同的角度、不同的侧面，重点讲述亓氏家族历史上发生的某些重要事件。可能有些读者认为，书中有许多地方或有重复，尤其涉及人物时，同一个人在不同的地方出现。但本人认为，虽然为同一个人，但因事件出处不同、发生的角度不一样，自然描述的重点也不完全一样，编者意在互为补充，而使人物更全面、更具有真实性；若文稿或重复，多为涉及记叙时因需要而节选其文，而原稿又不得已复载，以求其人物或事件之真实性和可信度而已。诸如《卷二·文献》《卷三·谱序》《卷四·墓志铭表》及《附录》的设置，在我看来，亦不为赘。

每当我手捧《亓氏族考》书稿，总禁不住捧怀深思：如若我亓氏宗亲都读一读，当如步入亓家之"森林"，不但能使自己了解家族的历史沿革，而且能为子孙后代讲述咱亓家的故事掌握更多的素材或情节。尤其是书中的人物，如三世亓英之勇猛、九世静初之艰险、十世之伟之忠悫、吴氏太祖母之命舛、皆能启发砥砺奋进。另有亓家十进士，无论是亓煦老年得志，九功、九叙同授都司等，还是诸多文官武将、仕庠农商，皆志存高远，或忠君报国，或从善扶弱，佥为光宗耀祖者明载史册；若使来者知之，焉无裨益哉？翙代代传承，盖如雨润森林之沃土，岂不愈加蒸蒸日上焉！

本书题目多为编者所加，所采用的书面语既照顾到所载《族谱序》《墓志铭表》等文言文和下载原稿的古文风格，也照顾到现代多数人的阅读差异，融会贯通，亦更加简明精练。本书内容主要涉及明清两朝，为使读者更多地了解一些人物背景，编者对能够查询到的作者都做了简介。需要说明的是，这些作者多为古代他姓士绅名流。这样做不但加深了对当事者的理解和深层认识，也彰显了亓氏家族扎根沃土的广泛人脉与邑地望族的社会地位，可谓用心良苦。

编者采用《附录》复载明清两朝皇封敕命等资料，藉以郛补家谱传阅之不及众宗族，既不影响该书的历史叙事主题，亦最大限度地保存了优秀的历史文献，抑或为其著述提供直接的叙事渊源，实为一举两得。尤其是《亓氏族居》，详细记载了亓氏人口的分布，若一书在手，岂不处处为"家"矣。

常言道："十事则有九不全。"书中尚有不尽如人意之处，万望族亲以包容之心予以海涵，或以善意之怀给予批评指正。谨序此止，爰为导读。

莱芜市钢城区检察院原检察长
莱芜市钢城区人大原副主任　亓金玲
2018年1月9日

目　录

卷一・著述 1
 嬴牟怀古 1
 亓诗教墓志铭残片 52
 阜阳族谱门说 54
 亓氏十进士 55
 乡贤士绅选录 57
 人物录 76
 颍川勤族再考 84
 阜阳武进士 88
 阜阳出土明代亓涣墓志铭考 91
 明万历二修族谱考 98
 坡草洼村清代亓家祠堂 100
 永城"亓氏宗派"考 102
 这里的"王"家本姓亓 103
 北京的"亓莲关" 108
 潍坊远里庄的亓氏家族 110
 亓氏圣迹与遗存 112

卷二・文献 119
 正始解 119
 饥民疏 120
 石痴居士 123
 清闲词 124
 过淮赋 125
 成翁伯兄崇祀学宫叙 126

始祖原来考	127
续原始论	128
祖茔筑垣建坊记	129
重修祖茔记	130
阜阳重修宗祠记	131
潍县重修祖茔垣记	132
亓必迪崇祀表	133
勤族宇族疑释	135
姓氏考	135
读明史辩	136
亓老伯母吕太夫人八秩寿序	138

卷三·谱序　141

明首辅张至发《增修族谱序》手迹	141
六世孙经历銮撰《族谱序》	142
六世孙鏊撰《族谱序》	143
六世孙瑾撰《族谱序》	144
八世孙占桂撰《亓氏族谱序》	144
八世孙遇《增修族谱序》	145
九世孙亓才《增修家谱序》	147
九世孙亓诗教撰《亓氏族谱序》	148
亓会增撰《亓氏南三门族谱·序》	149
亓玉相撰《亓氏族谱序》	150
亓鹏举撰《族谱序》	151
亓因培撰《亓氏族谱序》	151
十九世孙亓公度撰《族谱序》	153
阜阳《勤祖支谱序》选	154
郓城《族谱序》选	159
平阴《亓氏族谱》文选	165
平阴《族谱五论》	172
泰邑《族谱序》选	178

目 录

东平·梁山·郓城《合谱序》 …………………………… 180
微山《族谱序》 …………………………… 181
商河《族谱序》 …………………………… 183
阳谷《亓氏族谱序》 …………………………… 187
潍坊《族谱序》 …………………………… 188

卷四·墓志铭表 …………………………… 192

始祖墓表 …………………………… 192
二世勤祖墓表 …………………………… 193
二世宾祖墓表 …………………………… 194
二世全祖墓表 …………………………… 195
二世世能祖墓表 …………………………… 196
三世纲祖碑文 …………………………… 196
三世亓公敬先祖墓表 …………………………… 197
广祖碑文 …………………………… 198
原祖碑文 …………………………… 198
四世亓公浩祖墓表 …………………………… 199
四世亓公文焕祖墓表 …………………………… 199
明处士亓公旺祖碑文 …………………………… 201
五世弘祖墓志铭 …………………………… 202
白音庙碑记 …………………………… 204
明故处士汴川亓六墓志铭 …………………………… 204
复里亓处士墓表 …………………………… 207
曾祖处士亓公宁祖墓表 …………………………… 208
亓公世泽偕配赵孺人合葬墓志铭 …………………………… 209
侯门官亓君西台祖墓志铭 …………………………… 211
邦宦公与张孺人同逝墓志铭 …………………………… 212
明寿官亓公邦宦祖墓表 …………………………… 213
建修先祠碑记 …………………………… 214
平阴全祖墓碑赞 …………………………… 215
平阴亓氏茔墓考 …………………………… 216

· 3 ·

冠带武生亓公擢吾祖墓表	216
敕赠文林郎亓公蔼吉祖墓表	217
李条庄马孺人墓表	219
亓公之伟祖墓志铭	220
孝节妇吴氏墓表	225
孝廉成所亓先生墓志铭	226
学实亓公墓志铭	226
十世祖讳佐明墓表	227
亓公之伟墓表	230
亓公之伸墓表	233
亓公必迪墓表	234
处士鉴明亓公墓表	236
六品军功亓公进德墓表	237
族曾祖星槎先生墓表	238
族祖召卿翁墓表	239
族兄吉人先生墓表	239
族侄嘉亭墓表	240
德教碑文	241
亓公化元墓表	242
仁甫公碑文	243
康侯先生墓表	244
族侄瑞亭墓表	245
故明逸民后川时二公墓志铭	245

附 录 ································· 248

附录一 皇封敕命	248
附录二 一世至三世世系图	259
附录三 宾祖世能祖分门图	260
附录四 一世至四世世系全图	261
附录五 亓氏族居	265
附录六 亓诗教《清闲词》手迹	283

卷一·著述

嬴牟怀古

莱芜古属嬴牟，历史悠久。相传三皇五帝时期，舜的九官之一伯益，因生活在嬴地而被舜赐姓嬴，把嬴地作为伯益的食邑和封地，并命其担任嬴姓部落的首领，嬴地便成为嬴族人活动的中心地带。

后来建立了嬴、牟之国，嬴、牟、莱东夷部落的人在此居住，属于东夷族鸟夷的活动区域。春秋时期为嬴邑、牟国（附庸），秦、汉之后为嬴、牟县，故被称为"嬴牟故地"。

秦始皇统一六国之后，实行郡县制，在境内设立嬴县，嬴县便成为境内最早的行政建制。莱芜作为县级区划之名始自汉代，其位置在今淄川区淄河镇的城子庄村，位于淄水流域。汉承秦制，继续设嬴县。另在原牟国的基础上设立牟县，牟县东北部包括淄河上游，与设在淄川的莱芜县接壤。隋设嬴县。自唐代开始，县城开始以"莱芜"命名，并一直沿用至今。唐代武则天时，县城由淄川南移至嬴、牟故地，韦嗣立曾三迁莱芜令，后受武则天召见，拜为

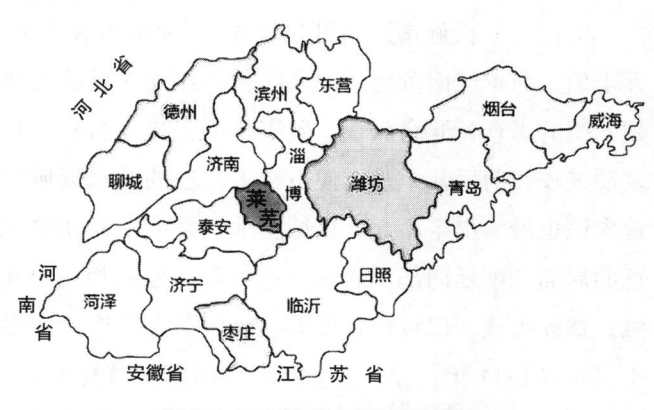

莱芜在山东的地理位置示意图

凤阁舍人。五代十国时的后周太祖元年（951年），设莱芜县，并设莱芜监。宋代设莱芜县，初属京东路兖州鲁郡，继属京东路袭庆府鲁郡，后属兖州。金代设莱芜县，属山东西路泰安州。明代设莱芜县，初属济南府，后属泰安州。清代设莱芜县，初属济南府，后属泰安州。今属山东省辖地级市。

莱芜地处鲁中山区，三面环山，一面流水，大汶河源于境内东部山区，自东向西蜿蜒穿过莱芜全境。东距青岛500里，北距济南200里，西与泰山相望，南与新泰相连。古代因交通闭塞，人烟稀少，史学界皆称此邑为"幽僻"之地。正是这幽僻之地，悠悠西流的汶水，滋养了东夷的文化，绵延起伏的山脉，诉说着嬴牟历史；正是这幽僻之地，几千年来演绎了众多脍炙人口的故事，著名的"夹谷会盟"与"长勺之战"在此发生，安期生在此隐居修炼，季札在此葬子，孔子在此观葬，孟子在此止寓，管仲、鲍叔牙在此分金，伍子胥在此掘泉，汉武帝至此禅地求仙，贤吏韩韶推行仁政，廉吏范丹两袖清风，异人学襄草书遗篇，盖名垂青史；也正是这幽僻之地，迄今不到七百年的时间，养育、繁衍了一个十几万人的名门望族——莱芜亓家。

历代《亓氏族谱》具开宗明义："莱有亓氏自公始。""公"即明始祖亓士伯，原本江南贵胄。元末明初，江淮流域的杜尊道、刘福通在颍州占领元朝的米仓，开仓放粮，破牢释囚，自立名号，并聚集十万之众向各地发动进攻，前后几个月，便占领了东边的淮水流域和西边的汉水流域，各地农民也纷纷揭竿而起，攻城略地，敲响了元朝政权的丧钟。面对岌岌可危的局面，朝廷内部矛盾也日益加深，他们相互争斗，相互倾轧，相互杀戮，株连灭族，以致政荒民弊，再加洪灾连连，生存环境极其险恶。至正十三年（1354年）十二月，大奸臣哈麻谋潜贤良，诛锄异己，居然假传圣旨，将已蒙冤贬至淮安又发配腾冲的丞相脱脱鸩杀，朝野为之震悚。然士伯公亦受制于人矣！为避不测之祸，决然离别封地淮安，隐姓埋名，匿豫域，走鲁地，辗转千里，卒至人迹几绝之莱邑，盘桓于汶水南北。大明定鼎，遂以亓姓占籍钟徐村。嘉靖二十七年（1548年），六世祖廪膳生亓公恒省撰《二世祖世能墓表》云："稽祖（世能祖）之父，祖居淮，适宋

（河南）避元兵，流于莱芜，遂家焉。"明万历四十八年（1620年）八世祖亓遇公二修族谱，甫尊士伯公为始迁祖，亦称一世祖，曰："一代，起自始祖士伯公，其后递及以至十二世之子孙……"又有谱载：始祖士伯世居江淮，元末，为避兵乱洪灾，举家北迁，隐居莱芜。初盘桓于汶河两岸，住无定所。明朝建立（1368年）以后，遂定居钟徐铺（原名钟徐村，明嘉靖年间曾设邮铺，故改名钟徐铺，即今北十里铺村）。据莱芜市地名办公室所立村碑记载：明洪武三年（1370年）亓姓由安徽（江淮）迁居汶河南，复迁至此定居，距今六百三十多年。

按：凡文中涉"钟徐铺（村）"，一律用"钟徐铺"，但凡引用的原文可保留原样。

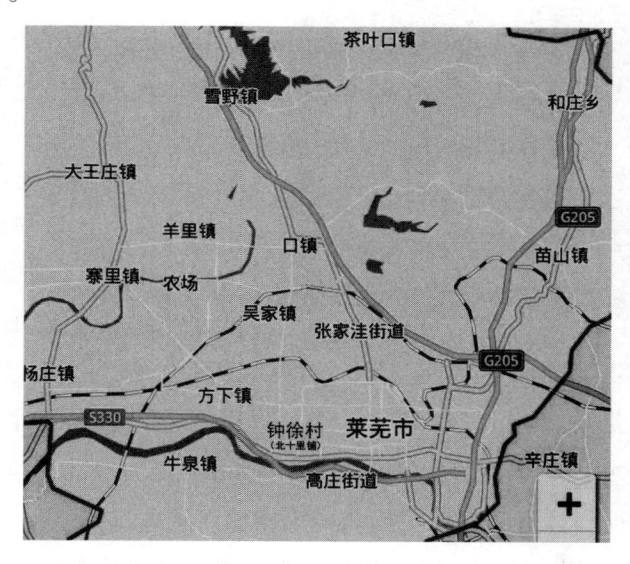

莱芜市钟徐铺（古钟徐村）地理位置示意图

明嘉靖六世祖亓銮公云："銮昔闻祖父遗言，上祖原系江淮人氏，姓亓，当元末明初兵乱，因流移至此。初至本邑，住东关裴氏家，后迁在汶水以南。时至治平，乃就定籍汶南保当差。洪武改元，又移居汶北钟徐铺，占军匠两籍，家成子大，遂创立祖茔于羊庄。"明御史中丞九世祖亓公诗教云："公（指三世敬先），始祖士伯之孙也，父世能。（公）讳积，字敬先，配玄氏，居钟徐铺。"再有《平阴新谱》云："始祖至莱芜，居东关，后迁汶水南，又迁之北钟徐村。"潍坊举人亓祁年撰《亓氏建修先祠碑记》云："我亓氏始祖士伯公，世为江淮间人。元末避兵，自淮迁莱，寄居东关又移至汶水南，又迁至汶水北钟徐村。"莱芜亓家从始祖士伯至今六百余年，后裔遍及全国乃至海外，总为一祖之后，"天下无二亓，根源在莱芜"。河南内黄县亓梦笔曾联云："树发千条，纵然天各一方，同是祖先真血统；水流万脉，即使萍漂天涯，应知莱芜是源头。"

始祖士伯有四子，长子亓勤、次子亓宾、三子亓全、四子亓世能，是为亓氏四大支！下面将属辞比事，依次备考如下。

一、长支始祖亓勤公，又名宇、阜阳谓之三，河南谓之"亓成"，实属一人多名讳，乃始祖之长子也。前清举人亓因培曾撰文曰："始祖率四子迁莱，宾祖与四祖在莱。全祖率子纲迁濮州，独勤祖故老，相传回原籍。"《勤祖宇祖疑解》文："维时正明室龙兴之日，江淮又为战争之地，宇祖崛起从

河南省《续仪封县志稿》关于亓成（勤）的记载

戎，著有勋劳。"又有《亓氏族谱》载：勤祖，"元末随始祖北上，明洪武元年（1368年）从军，二月充华云龙指挥部下，八月克北平，九月拔燕山左卫，五月征和林省。因战功授北平镇守使，洪武二十二年（1389年），以年老免役"。以上表明：勤祖初奉始祖徙莱，继而从军征战。至于亓勤缘何从军，除了在当时其年龄适合以外，还与当时的户籍管理有关。元代，朝廷制订了极其严密且闭锁的户籍制度，其功能是将臣民规制于役网或困固土地，世代相袭，以保证赋役征调并限制人既定的活动范围。匠籍主要三种：一是工部及内府各监局控制下之民匠；二是都司卫所控制下之军匠，均为军器生产技术之劳动者，为手工业次要力量；三是户部控制之灶丁，为盐业之劳役，盐课剥削之对象。由于民匠和军匠皆属工匠之范围，而一般却把民匠也称为工匠，故军匠则仍其军匠名。因亓勤占军籍，

甫以军籍入伍亦属必然。另外，徐达率北伐军作战路线，采用了朱元璋"先去枝叶，再挖老根"之斫树法，即先取山东，撤掉大都的屏风，再回师河南，剪断他的羽翼，然后进踞潼关，占领他的门户，这样，元朝大都势孤援绝，自然不战可取。

果然，洪武元年（1368年）闰七月，徐达大会诸将于山东，布置进军（大都）方略。马步舟师沿运河北上，连下德州、通州。元军连吃败仗，毫无斗志，元顺帝知道援军已被隔绝，孤军难守，怕被俘虏，二十八日夜三鼓，率后妃、太子逃奔上都（沈阳）。按照以上路线，勤祖在随军北伐中，抑或于阳信县钱家庄安顿家室，故而阜阳民国丁巳年《亓氏族谱》文："亓三（勤）公，原籍系山东济南府武定州阳信县长寿乡钱家庄人。"但是今稽查阳信钱家庄，尚未发现亓氏家族有相关的历史遗迹！

另有一种推断：勤祖奉始祖至嬴地后，欲返回籍，途经河南，加入当地武装。明北伐军至，归顺，继而随军北上。勤祖时至壮年，无论从军时间还是北伐军路线，均与族谱记载大体吻合。

《亓氏族谱》载："……永乐三年（1405年），以子忠（英）有功，授指挥、得诰命，赠明威将军指挥佥事，居颍川。"（颍川，郡名，以颍水得名，治所在今河南省许昌市禹州市，最大时管辖至今驻马店地区）。薨，谱载："葬于鲁"，但窀穸无考。岁在丙申清明，亓氏文化研究会始建立墓碑于羊庄祖茔。

三世亓忠，河南《仪封县志》谓之"祁（亓）英"，勤之子也，洪武二十二年（1389年）代父役。洪武二十三年（1390年），北元太尉乃儿不花等拥众边陲，意在南下。正月初三，燕王朱棣奉命北进征讨。此时的塞北，是一望无际的沙丘荒原，寒风刺骨。正当亓英随朱棣赶

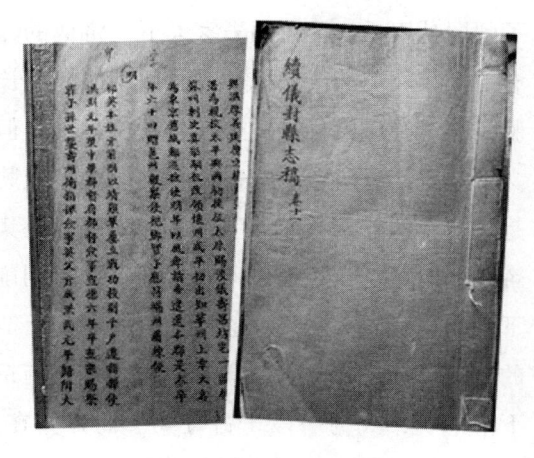

河南省《续仪封县志稿》卷十一

赴迤都（在今蒙古国境内）途中，忽然飘起漫天大雪，将士们不惯于北方寒冷，瑟瑟发抖畏缩不前。燕王朱棣却不愿意失此良机，于是促师急进。至迤都，速将队伍隐蔽，再派乃儿不花的旧部前往劝降。正当乃儿不花与旧部叙别情时，朱棣突然率军压逼营门。乃儿不花大惊，趁乱上马欲逃。然劝降者说明朱棣之意后，乃儿不花不得不依从投降，这是亓英从军后经历的第一场战事。《明史·本纪三》："二十三年春正月丁卯，晋王、燕王棣师师征元丞相咬住、太尉乃儿不花。……三月癸巳，燕王棣师次迤都，咬住等降。"

洪武二十四年（1391年），远征洮儿河。洮儿河是黑龙江水系松花江西源嫩江右岸的最大支流，位于中国内蒙古兴安盟境内与吉林省西北部，洪武二十四年（1391年），亓英以卫士之职随远征军与鞑靼激战洮儿河。《明史·本纪四》："癸未，燕王棣督傅友德诸将出塞，败敌而还。"二十五年兑换燕山中卫。

建文元年（1399年）秋，燕王朱棣发起"靖难之役"。"靖难之役"是明朝历史上的一场为了争夺皇位而爆发的皇帝和藩王之间的内战。这场战争是建文帝朱允炆为了巩固自己的权力、决定削藩引起的。明太祖朱元璋逝世以后，皇太孙朱允炆继位，改年号为建文，历史上称之为建文帝。建文帝的父亲是朱元璋的儿子朱标，朱标的母亲是朱元璋的元配妻子马皇后。由于朱标早逝，朱允炆成了朱元璋的继承人。但是朱元璋在世时，为了削弱功臣兵权，巩固朱家天下，将他的儿子们分封在各地为藩王，并且有一定兵权。如果朱标健在，凭着他嫡长子身份和丰富的人脉与政治经验，尚可弹压得住这些野心勃勃的兄弟。但是，年轻而缺乏政治经验的建文帝在登基以前就深感这些叔叔们可能威胁自己的地位。这些藩王们不仅是建文帝的长辈，而且手握重兵，对中央集权构成很大威胁。因此，建文帝登基以后，在亲信大臣的帮助下，谋划削藩。燕王朱棣看大势不妙，先下手为强，起兵反叛。这场战争从建文元年（1399年）开始，以朱棣率领的燕军攻入首都南京并登上帝位结束。南京陷落以后，建文帝和他的太子下落不明，成为一段千古疑案。而亓英在"靖难之役"中，由于作战勇敢，屡立战功，由普通卫士飙升为指挥佥事，授锦衣卫指挥使（锦衣卫指挥使为锦衣卫首领，正三品官衔，一般由皇帝亲信武将担任，直接向皇帝负责。为加强中央集权统治，皇帝特令其掌管刑狱，赋予巡察缉捕之权，下设镇抚司，从事侦察、逮捕、审问等活动)。

先是在洪武三十一年（1398年）冬，朝廷便任命工部侍郎张昺为北平布政使，谢贵等执掌北平都指挥使司事，秘密伺察燕王的动静。然而燕王却在表面上装疯，暗地里准备。建文元年（1399年）七月癸酉，朱棣设谋杀北平布政使张昺、都司谢贵，嗣而举兵反逆（清君侧）。这一天的夜晚，北平城外一片混乱。燕军杀出王府，指挥马宣率军抵御，双方展开巷战。王府卫士虽然兵少，但因早有准备，先发制人，城中守军处于被动地位。最后马宣巷战不利，只得败退出城，东走蓟州。通州卫指挥佥事房胜是朱棣旧部，起事当天就率部响应，继而遵化、密云相继降燕。七月八日，朱能率军陷蓟州，马宣兵败被俘，不屈而死。八月中秋，朱棣擐甲执兵，亲自率师来到北沟河西岸，秣马蓐食，养精蓄锐，并做好攻打雄县的准备。下午三时，朱棣传令全军渡河，秘密潜伏城下。城内守将正在饮酒赏月，燕军突然攀附而上，登上城头，双方在城垣展开激战。雄县守军人数虽少，但却是北伐的精英，他们殊死抵抗，激战一直持续到翌日黎明，九千守军全军覆没，继而乘胜拿下莫州，直抵真定（河北正定县）。八月二十五日，燕军进抵真定。朱棣亲率亓英等三名护卫骑士，悄悄摸至城东门，恰遇城中运粮车通过，于是突入车队，俘获两名军卒，了解到城内布防情况。燕军从城东南绕城而过，突然直扑门外营盘，将守军打乱。而耿炳文正在接待朝廷使官，送之出城时，正值燕军突至，急忙回奔城内。但是吊桥已被亓英砍断，大军遂攻抵城下。当耿炳文再度出城调集守军迎战时，燕军各将领率部发起猛攻。守军立足未稳，仓促应战，但是，大队的燕军骑兵像旋风般从阵后冲荡而来。耿炳文不敢恋战，遂退守城中，闭门固守。双方攻防四日，未定胜负，朱棣也以为旷日攻城，徒钝士气，只好放弃攻城念头，暂时班师回北平。真定虽未攻克，但连续作战中亓英却因勇敢果断，升本卫小旗（辖十人）。

九月二十五日，朱棣率军驰援永平，守将吴高解围退保山海关。九月二十八日，燕军突然取道刘家口，绕过松亭关，直奔大宁。燕军攻破沿途关隘，至城下，朱棣则迅速、果断地单骑入城，与宁王相持大恸，自此，大宁兵马附从"靖难"。十一月五日，亓英随燕军履冰渡过白河，至郑村坝，但见李景隆已列阵相迎，对垒荒原上阵容整齐的燕军。顿时，鼓钲震天，将士们发出惊心动魄的呐喊，数十万人马在寒冷的荒原上用刀剑进行着残酷的厮杀，从中午到傍晚，只杀得天昏地暗，日月无光。李景隆没有料到燕军如此强悍，初战不利，士气低落，他感到凶多吉少，下令拔营南遁德州。此役，亓英因功升总旗（七品武官，辖50人）。

建文二年四月（1400年4月），燕王朱棣亲率燕军与李景隆会战白沟河。两军对阵，朝廷大将平安、瞿能等率众冲荡，所向披靡；燕军抵挡不住，内侍狗儿、千户华聚、白户谷允、总旗亓英等陷阵力战，连杀数骑，拼死顶住了攻势。朱棣趁机率骑兵绕至平安背后发起攻击，惨烈的白沟河大战拉开序幕……正当燕军大部重新集结继续前进时，李景隆率领的十几万大军已严阵以待。朱棣先以数十骑冲阵，但立即被吞没，他便指挥后续大军直接涌杀上去，在铁蹄、脚步和战鼓声中，十几万大军发出了决战的呐喊，大地都颤动起来，谁也不肯后退，谁也不能后退，前面的人倒下，后边的人立即涌上来，相互厮杀，一直持续到深夜才逐渐停息。清晨，李景隆将全军列成数十里长阵，等待燕军冲击；朱棣也命燕军列阵以对，未几，双方再次发起猛攻。平安冲入燕军，勇猛无比，连斩燕军几员大将。朱棣见形势不妙，急忙以精骑数千攻其左掖，马步并进，绞杀成一团。朱棣立于高处，见有人马从背后杀来，立即亲率身边一部分侍卫将士前往迎战，但终也抵不住大批敌军的攻势，只好且战且退，竭力坚持。朱棣一马当先，阵前飞矢如注，马被射中，他立刻更换一匹战马继续投入战斗，直至朱高煦赶来驰援，才得以解围。战至午后，朝廷的人马再次发起猛攻，燕军虽然顽强坚持，但已渐处劣势。这时突然一阵狂风将李景隆军中将旗折断，朝廷方面失去指挥，将士们不知所措。朱棣急令部分劲骑绕至其背后出击，并趁机烧了李景隆的大营。烟火随风而起，朝廷军队乱成一团，燕军乘势冲来，都督瞿能、越巂侯俞渊、指挥滕聚等皆战死。李景隆全线崩溃，再次南走德州。战后，尸横遍野，在短兵相接的奋力拼杀中，亓英遍体鳞伤，侥幸得以生还，升百户（明代卫所兵制亦设百户所，为世袭军职，统兵112人，正六品）。五月，燕兵陷德州，李景隆败逃济南。十六日，朱棣率军攻济南。李景隆惊魂未定，斗志皆无，遂败绩南逃。

建文三年（1401年）亓英会夹河大战。《明史·本纪四》载："三年三月，夹河大战，盛庸败燕兵于夹河，斩其将谭渊。再战不利，都指挥庄得、楚智等力战死。壬午，复战，败绩，庸走德州。"夹河大战是燕王朱棣发起的"靖难之役"中最为惨烈的战斗之一，其过程是：二月十六日，朱棣率燕师南下，二十日，燕军进抵保定，朱棣向诸将分析形势，认为：野战容易，攻城艰难，如今盛庸合诸军二十万驻在德州，吴杰、平安驻在真定，我军若屯兵城下，他们必然合力援攻。坚城在前，强敌在后，此为危道。真定与德州相距二百余里，我军介于两城之中，可以诱敌出战，各个击破。于是，燕军东出，移师紫围八方。三月初一，燕军在滹沱河沿岸扎营，同时，派游骑为疑兵前往定州、真定，迷惑平安、吴杰，阻延其出师时间，以集中力量对付盛庸。二十日，盛庸率军进扎于武邑县南的夹河。次日，燕军也开进夹河，两军相距仅四十里。二十二日清晨，燕军开始向夹河列阵而进，至午时抵达夹河。盛庸列阵坚严，阵旁火车、锐弩齐列。燕王朱棣先以轻骑三名掠阵而过，再以步卒五千攻击敌阵左掖，骑兵万余冲其中坚。盛庸的战阵严整，燕军攻冲受挫。以骁勇著称的燕将谭渊见敌阵噪动尘起，便一马当先冲入阵中；盛庸部将都指挥庄得不甘示弱，率众迎击。混战之中，谭渊马蹶跌落在地，庄得赶上举刀斩杀，随谭渊冲阵的燕将董真保也同归于尽。此时，朱棣率朱能、张武等人以劲骑绕出盛庸军阵的背后，在暮色的掩护下突击，庄得率众力战正酣，不意背敌袭击，被创而死。是日战斗杀伤相当，不分胜负。朱棣因连失张玉、谭渊两员大将，心中愤怒难平，遂亲率十余骑追杀敌军，直至夜深不辨，方才就地野宿。天近破晓，他发现周围全是盛庸的军队，趁人不备，跃马鸣角穿敌营而过。朱棣回到自己的大营后，集军列阵，以利再战。他鉴于昨天的战况，改变作战部署，让精骑往来穿插阵间，伺机突击，并勉励将士"两阵相当勇者胜"。二十三日，两军再次展开拼杀。燕军列阵于东北，盛庸列阵于西南。朱棣率领骑兵左冲右突，盛庸战阵开而复合，两军相持不退，飞矢如雨。《奉天靖难记》这样描述："两军兵刃相接，彼此战疲，各自坐息，已而复起战，相持不退，飞矢交下。"战斗持续到午后未时，天气陡然变化，东北风大作，尘沙涨天，咫尺不见人我。这时，燕军顺风大呼冲杀，南军逆风而战，目迷风沙，招架不住燕军攻势，盛唐军丢盔弃甲，死伤十余万人，败逃德州。燕师乘胜追击，终获全胜。

河北藁城，地处太行山东麓，冀中平原南部。闰三月，藁城大战，全胜，继而随征西水寨。西水寨位于河南省修武县东南，这里山高峻险，行军作战非常困难，至十月方克，亓英因功升千户（明代卫所兵制亦设千户所，千户为一所之长官，辖十个百户所，统兵一千一百二十人，驻重要府州）。《明史》记载："四年春正月甲申，燕兵连陷东阿、东平、汶上、兖州、济阳。……己丑，盛庸军溃于淮上，燕兵渡淮，趋扬州。指挥王礼等叛降燕，御史王彬、指挥崇刚死之。辛丑，燕兵至六合，诸军迎战，败绩。……六月癸丑，盛庸帅舟师败燕兵于浦子口，复战不利。都督佥事陈瑄以舟师叛附于燕。乙卯，燕兵渡江，盛庸战于高资港，败绩。……乙丑，燕兵犯南京金川门，左都督徐增寿谋内应，伏诛。谷王橞及李景隆叛，纳燕兵，都城陷。宫中火起，帝不知所终。"建文四年（1402年），亓英以千户之职领兵，五月过淮，六月渡江，遂定京师。十一月二十九日，钦升为明威将军镇南卫指挥佥事（指挥佥事，秩正四品，明代京卫指挥使司所辖，协理禁中警卫部队，为"分巡道"前身）。

永乐二年（1404年）十二月二十一日，皇帝钦命亓英留宫。永乐三年十月十三日，得父母诰命。永乐八年（1410年）二月初十，朱棣率师出德胜门，踏上了登基以后的第一次北征的艰途。二十年前，亓英曾随征迤都，擒获乃儿不花，如今重抵迤都，怎不令其感慨万分！

明军进抵胪朐河（今克鲁伦河）。朱棣亲选数百名精锐轻骑，每人携带二十天的干粮，直奔兀古儿扎河，并在第二天与鞑靼在斡难河相遇。双方骑兵展开激战，几次交锋，鞑靼均溃败远逃，朱棣遂下令班师。《明史·本纪》记载："八年二月辛丑，以北征诏天下，乙亥誓师。……甲戌，闻本雅失里西奔，遂渡饮马河追之。……己卯，及于斡难河，大败之，本雅失里以七骑遁。丙戌，还次饮马河，诏移师征阿鲁台。丁亥，回回哈剌马牙杀都指挥刘秉谦，据肃州卫以叛，千户朱迪等讨平之。六月甲辰，阿鲁台伪降，命诸将严阵以待，果悉众来犯。帝自将精骑迎击。大败之，追北百余里。丁未，又败之。已酉，班师。"

永乐十二年（1414年）三月十七日，朱棣带着皇太孙朱瞻基，亲率五十万大军，浩浩荡荡从南京北出，讨伐鞑靼瓦剌，开始了登基后的第二次亲征。亓英随御驾前行，至和林省等处（和林省，时蒙古国都城，故址在今蒙古国后杭爱省厄尔得尼召北，后改为岭北省），数万名瓦剌兵顿集于山顶，明军则在山下列阵以待。瓦剌骑兵分三路从山上冲下，明军以神机铳炮予以轰击，并派精锐向上冲杀，这样反复争战，死者无计其数。明军依靠人多和火铳的优势，逐渐占了上风，瓦剌趁夜败退，但明军也伤亡惨重，可谓："几危而复攻，故急还"（谈迁《国榷》）。直至永乐十二年（1414年）八月初一，大军回到北平。

永乐十九年（1421年）皇帝迁都北京。永乐二十年三月十八日，鞑靼阿鲁台拥众南来，攻打兴和，杀守将都指挥王唤。三月二十一日，朱棣率师离京北进，开始第三次亲征，钦点镇南卫指挥金事亓英随驾征讨。此次明军缓慢行进，沿途射猎、阅兵、演武，直至六月，才进抵应昌（应昌城又名鲁王城，故址在今内蒙古自治区赤峰市克什克腾旗西北达里诺尔西南的达尔罕苏木）。六月初八，朱棣接到报告，阿鲁台正在攻打万全。朱棣知道这是阿鲁台的牵制战术，故不予以理睬，继续北进，果然阿鲁台解围而去。七月初四，明军到达呼伦湖附近，得知阿鲁台已弃辎重北徙，不得不"劳师无获而还"（《明太宗录》卷二五〇）。

永乐二十一年（1423年）四月，阿鲁台在与瓦剌的攻杀中战败，很多人南走降附，向朱棣谎称阿鲁台将率众南犯，这又激起朱棣亲征的念头。七月二十四日，三十万大军又一次踏上了漫无边际的征途。九月初十，大军进驻西洋河（西洋河位于怀安县渡口堡乡西洋河村，地处冀、晋、内蒙古三省区交界）。十月初七，有上奏鞑靼王子也先土干率部前来归降。朱棣大失所望，遂即赶往天城，与也先土干相见，特封他为"忠勇王"，赐姓金忠。第二天下诏班师。十一月初七回到北京，几乎在举行庆功宴会的同时，又传来边关被阿鲁台袭击的消息，在金忠的纵恿下，朱棣不得不再次亲征。四月初三，朱棣离京北上。六月十七日到达兰纳穆尔河（今蒙古和林东北，或曰即库库诺尔海，亦作答兰纳木儿）。但见这里只有弥望无际的茫茫荒原，方圆三百里，看不到阿鲁台一丝儿踪影。第二天到达翠云屯，朱棣决定停止这次北征。六月二十二日，明大军分东、西两路回师，预期在开平会合，然后全军返回京师。但是，这一次朱棣却未能如愿。

朱棣亲率东路军由近路返回，七月七日途经清水源，他命大学士杨荣、金幼孜等撰文纪行，在数十丈摩崖上刻石，说是"使后世知朕曾亲征过此"。十七日到达大兴安岭西坡的榆木川，朱棣已是病危，他急召见英国公张辅，留下遗诏："传位皇太子，丧服礼仪，一遵太祖遗制。"次日，朱棣在榆木川中病逝，终年六十五岁。明成祖朱棣为解除北方之患，使国家长治久安，五征鞑靼，劳瘵愤恼。最后，终因病体日益不支，卒于回师途中。而亓家三世亓英，从明洪武二十二年（1389年）随燕王出征漠北，至建文元年（1399年）的"靖难之役"，再至永乐二十二年（1424年）伴驾亲征，三十五年从戎，出生入死，身经百战，功若丘山，成为朝廷重臣。洪熙元年（1425年）正月，钦调亓英充河南都司颍川卫指挥佥事（正四品），旋升锦衣卫指挥使（正三品），擢中军都督府都督佥事（正二品），遂家于颍川（治所在今河南省禹州市）。

明代河南省颍川地理位置示意图

河南省兰考县红庙镇亓庄村东头有亓氏兆茔，茔存一古墓冢，相传，在以前墓冢前面竖立高大墓碑，墓前铺设长长的神道，两边有石虎、石马、石羊、望天吼等石雕翁仲。由于年久失修加之黄河多次泛滥淹没，偌大个茔林唯一墓冢仍存。每年春秋例祭，但见有许多亓家后人到墓冢前送灯、添坟、烧纸，三牲祭品，虔诚跪拜，一直奉祀至今。

墓葬何许人也？据明嘉靖、万历《仪封县志·建置志·墓域篇》记载："……中府都督金事祁英墓在县北三里许。"仪封县治于洪武二十二年（1389年）圮，迁徙河南白楼，即今兰考县红庙镇亓庄村。嘉靖《仪封县志》卷上之《建置沿革·县治篇》记载："县治旧在旧县城一沙沟村西，一个高低不平的地方，创建于金正大九年（1232年），至明朝洪武二十二年（1389年）被黄河水淹没，南徙白楼村。"关于亓英墓确切位置，嘉靖《仪封县志》卷三之《建置志·墓域篇》记载："中府都督金史祁英墓，在县北三里许。"

重修河南省兰考县红庙镇亓庄"亓英墓"

再考明嘉靖、万历《仪封县志》卷十之《人物志·勋业篇》载："祁英、本姓亓，前明以靖难军屡立战功，授副千户，迁指挥史。洪熙元年（1425年），升中军都督府都督金事。宣德六年（1431年）卒，宣宗赐祭葬，子孙世袭寿州卫指挥金事。……英父亓成（勤），洪武元年（1368年）从军，归附大将军徐达，升骁骑小旗。一日，太祖亲选军卒，至成名，上曰：'此必海外异姓。'即举笔易亓为祁。至今，子孙家仪封者仍姓亓，在官承袭皆从祁。至七世孙民表，曾任中都留守司副留守。"

明宣宗时（1425—1435年），皇封锦衣卫指挥使，大明《宣宗章皇帝实录》卷三十二记载："壬戌，赐都督张昇、马亮、高成、马聚、谭青都督同知；程忠、杨泽、任礼、高文、冯斌都督金事；郭志、祁英（亓英）、李玉、王敬、韩僖、李道、郭义锦衣卫指挥使；李顺、刘庆、中所正千户；王曾二十人诰命。时昇等同奏：'请授行在兵部言武臣颁诰之例，俟清理贴黄，然后给授。'上曰：'昪，朕舅氏马亮辈，多效劳勤，锦衣卫官朝夕侍卫，左右俱与之，勿拘例。'"另据《大明仁宗昭皇帝实录·蹇义等纂修》记载："洪熙元年正月上，丁丑日，加祁（亓）英为中府都督佥事，山东都司都指挥佥事。"

经实地考察，河南省兰考县红庙镇亓庄村东头现存的亓家古墓，所处位置与明嘉靖年间的《仪封县志》所记载的祁英墓相吻合，所以该墓冢为亓英墓无疑。2016年，兰考县亓氏后人亓令志，为向世人展现亓氏家族文化，也让后人景仰圣迹，决定重修"亓英墓"。嗣而亓令志组织亓新卫、亓春生、亓信庄、亓勇、亓振华等宗亲募捐善款，制订计划，鸠工庀材。亓令志则日夜加班撰写墓表与祭文，一座高三米的花岗岩"亓英墓"终于赶在2016年清明节前竣工。

亓英长子升，宣德六年（1431年）袭爵，七年赴京操备。正统二年（1437年）调大同修筑新设威远卫城池，正统六年调京。正统十年，奉敕领大同操备，正统十四年七月，内从总兵管武进伯朱冕领军出阵对敌，阵亡，蒙旨议升擢。成化十八年（1482年）以子恭有功得诰命。升子恭，袭封"明威将军"。继而世代沿袭百余年，再封凤阳府怀远县（明朝属凤阳府，清朝改为凤阳县）。恭，升之长子，十四岁奉中府勘合优给，成化二十二年（1486年）十二月，钦准袭爵，三年受事。成化十二年（1476年）升授河南都司、怀远将军领陈颖寿班军大同操备，成化十八年（1482年）得父母诰命，弘治元年（1488年）正月内马逸坠废。恭子麟，五世，弘治六年（1493年）钦准袭爵，正德三年（1508年）例升都指挥佥事。正德六年（1511年），流寇入颍，斩获首级五颗，蒙旨钦赏。正德十六年（1521年），奉部札委调河南府，截杀达贼，病故在任上。监军云："焦思过滤，膺击成击，卒至不起，忠恫可嘉。况死勤事者，礼经有载，本官以征进而故于他乡，其英灵自不泯灭，理宜祭报，以励人心，行令颍州，会卫撰文一章，率属临柩祭告，以彰忠盖。"六世亓鲸，麟公长子，袭爵指挥佥事，生二子，长洲，次渭，袭爵承祀。亓鲲，麟公次子，以硕德授义官，谱载他"讷讷不出言，粥粥不胜衣，市人罕识其面"。享年八十二岁，生男三，长润、次泽、季涣。亓涣公（1546—1616年），2013年5月19

日，他的墓穴被无意中挖开，发现刻有"明故武进士联川亓五公墓志铭"，因亓涣字联川，又名五。就这样，明代阜阳武进士亓涣在沉睡近四百年之后出世了。据其墓志铭提供的资料显示，亓涣自幼与众不同，不仅相貌出众，鹤立鸡群，而且"秀雅如翠竹碧梧，岐嶷若鸾停鹄峙"，机灵聪慧，宛如神童。稍长后，工翰墨，习雕龙，精通孙武兵术，是一个文武双全的青年俊才。他不但在同辈中出类拔萃，而且亓氏把振兴家族的希望寄托在他的身上。然而，尽管刻苦攻读乃至于"头悬梁，锥刺股"，然屡试屡厄。无奈之下，他转局学剑，很快精通《武经七书》和孙武兵术。万历十三年（1585 年）天子下诏，求武士于乡，亓涣挺身应试，陈策千百言，凿凿如石画，而论武功，则一路过关斩将，中河南武举。断而再战，遂成武进士。但他"才能不显于时，心事不表于世"（《颍州府志》）。

涣公是为孝子，对父亲"承颜顺旨"自始至终，未尝瞬息违背；对母亲乖巧伶俐，谨言慎行，以求母亲欢心；在兄弟姊妹中，他尊长爱幼，不贪小利；对弟妹所请，不仅事事允诺，而且更是言传身教，以兄道和师道待之；对待族人和朋友，他更是仗义疏财，有求必应。他把钱财看得很轻，把情义看得很重。五十岁以后，涣公看淡功名利禄，常言："生如寄，名如幻"。意思就是说，寄生在这个世界上，名利就像梦幻一样虚无缥缈。于是，每逢春夏之交，他总是移步陇亩，避居精舍，时则鹿巾鹤氅，缓步长林；时则听枝头鸟语，堤畔泉声，享受这颐养天和、以乐余年的晚年生活。万历十四年（1586 年）丙辰七月二十三日，亓涣驾鹤而去。

涣公之长子豫，于万历丙子年便在河南乡试中举，任浙江严州府司理，一名节推郡，苦皇绢运船之累，公力请疏奏分派，积害得除，所属遂安。等邑贼党啸聚至数万人，公兼布威恩，扼其要领，单骑喻之，遂为解散。为官严平奏法，不畏强御，民无冤抑，政绩载郡邑《人物志》。七世亓洲，嘉靖年袭指挥金事任；亓润，鲲公长子，行三，应袭指挥未任，生男二人，长文纬，次文经；亓泽，鲲公次子，行四，生男三人，长凤翔，次文桓，季文柄；亓涣，鲲公三子，字宗文，号联川，小字老二，行五，生男二人，长文标，次文华；亓浚，鲲公四子，行六，生男三人，长文枢，次文楷，季文轮；亓源，鲤公长子，行七，明儒官生，生男三人，长文明，次文征，季文秀；亓治号一川，鲤公次子，行八，壮年入郡庠，生平斤斤自守，详载志铭，生男一，文杰；亓渊号静川，鲤公三子，行九，秉性直遂，内无爱憎，外无毁誉，事父母纯孝，接子侄有礼，余载志铭。

清乾隆时期（1735—1796年），十四世亓濂公，乾隆戊申中举，著《〈诗经〉提纲》载于族谱，流传后世。光绪年间（1875—1908年）任直隶州州判，因功卓著，声名显赫。光绪十五年（1889年）皇帝敕命："尔直隶州州判亓廉，乃内阁中书衔，安徽潜山县教谕亓毓璋之祖父。锡光有庆，树德务滋。嗣清白之芳声，泽流再世；衍弓裘之令绪，祜笃一堂。兹以覃恩，赠尔为征仁郎，锡之勒命。於戏！聿修念祖，膺懋典而益励；新猷有谷，贻孙发幽光而丕彰潜德。"十五世思恕公，子毓璋，官声清正，治家尊儒，皇帝曾下旨褒扬："雅尚素风长，迎善气躬冶；克勤于庭训，箕裘丕裕乎家声。"毓璋祖以清白芳声留名于世，赐征士郎而光耀门庭。曾在朝中教太子念书，兢兢业业，孜孜不倦。太子即位后，为报答师恩，特拨专款在恩师的老家阜阳修建花门楼一座，赐匾额悬于门庭，凡由此路过之人，文官下轿，武官下马。嗣而子孙世受皇封，泽被恩宠，颍州亓氏宗支几百年间，或文或武金印紫绶者比比皆是，举不胜举！十六世毓珍，幼年颖异有奇气，长而任侠有操守，由廪生得岁贡生。咸丰初（1831年），粤匪犯颍，毓珍公被迫协至庐州，多方诱惑，唯以死誓之。匪首重其为人，卒不加害，后设计逃脱。咸丰末（1861年），匪围郡城，公为地方起见，赴京请师，上命督军使者盛，星夜援颍，围遂解，叙功得保训导。光绪元年（1875年），他被地方举孝廉，方正朝考，以州判用，例封承德郎，至于嫡堂弟毓璋，而采芹、而食饩、而恩贡、而科名，皆有毓珍教诲所成。

其实，山东莱芜亓家与安徽阜阳亓家早在明朝时期就有交往。万历二十八年（1600年），亓诗教初任淮安府推官，有淮上亓中雅等登府门谒见，求其为谱作序。亓之伟公撰《始祖原来考》载："中丞叔（指亓诗教）补淮郡司理，及奉内召过里门，时之伟问而请曰：'吾族始祖俱云自淮，叔官于此矣，抑曾见吾族姓否？'叔曰：'淮上原无，常随直指按颍州有青青数辈来谒余，求余言，以弁谱首。'"此段文是说：诗教公在淮安任职时，曾奉召回莱芜并去羊庄村，之伟公借机问：在淮安是否见过亓氏家人？诗教公答："淮安没有，但去颍州（阜阳），曾有几个年轻人来求见，要我为族谱撰写序言。"更为巧合的是：在崇祯丙子年（1636年），亓之伟公在户部主事任上，曾因上海县令丢失漕米案受连坐，贬往西安，巧遇颍人豫公，与其"盘桓倾倒，笞溯渊源"。乃云："寄颍卫者，始于汶川（莱芜），世系莫考矣！"然这位豫公，正是当年诗教公在淮安见过的颍州"青青数辈"中一人的儿子！于是，豫瞿然曰："'盖是序者即吾父也'，豫童年，有一夕，父出而未归，询之母，母曰：'闻州中有我家官来，尔父往谒之。'"这段话说：亓之伟曾在西安遇到一名叫豫的一家人，二人谈话倾心投缘，但谈起渊源时，豫公说："亓家始于莱芜，居于颍州，世系上溯无考！"当亓之伟提及亓诗教淮安遇家人一事时，豫公瞿然说："谒见求序的人正是我的父亲呀！那时我尚在童年。有一天晚上，我见父亲出而未归就问母亲，母亲说：'听说颍州有亓家为官者来了，你父亲前往求见。'"所以，亓之伟公作《过淮赋》感慨道："考其上兮，然竟以恍惚耳孙之下，鼻祖之旁。"上文中所指豫公即亓豫，字非鸣，号建侯，十世，居颍州。万历壬子年（1612年）庠生，崇祯癸酉（1633年）食饩。丙子（1636年）河南乡试中第四十名，任浙江严州府司理，以名节推。而中雅者，字子坦，号建侯，十世，居颍州。举人，万历戊午（1618年）乡试第八十五名。曾官内阁中书。

亓英次子无考，2016年，八修族谱办公室一行赴河南省兰考县实地考察"亓英墓"，再查历代《亓氏族谱》及相关资料，断定现在居住在河南省禹城及兰考等区域的亓氏一族，多为亓英的后嗣！

颍川与颍州在历史上是两个不同的区域。颍川，治所在阳翟（今河南省许昌市及禹州市一带），辖境相当今河南登封市、宝丰以东，尉氏、鄢城以西，新密市以南，叶县、舞阳以北的地区。颍州，隶凤颍六泗道（治凤阳府）。勤族后裔分大宗、小宗，一世至七世为大宗，至七世诸兄九人，洲、渭、润、泽、涣、浚、源、治、渊，号为大族。七世以下，分北院小宗四门，南院小宗三门，至今人口繁衍至二十六世，主要分布在河南禹城、开封及安徽阜阳等地，人口一万六千六百余众。

二、次支始祖亓宾公，乃始祖士伯之次子，亦是亓氏南三门之肇始也。清嘉庆《亓氏族谱》载："宾，南三门始祖也，后偶失传。至四世，还、继、二、幰四祖。五世则有敬、茂、亮、襄、青等五祖。按瑾谱（明万历族谱）后记，与三门五世弘祖辈，以此类推之后，自四世祖纪实也。"清道光《亓氏南三门》谱云："宾为二世，子业，遂补上谱之缺。"亓还子二，长曰亓敬、次曰亓茂；亓继子一，名亓亮；亓二子六，依次谓之襄、宽、广、敏、信、惠；亓幰子一，名亓青。

关于四世亓二的后嗣来由，在这里必须有个交代，以正视听！历代《亓氏族谱》所载世系，皆为"亓二子一襄"，何来子六？原来在鲁南台儿庄张山子镇杜安村有王氏一族，几千人口，散居于苏鲁皖等十五省三十余乡村，他们世世代代虽姓王，但自称"本姓亓"。在2016年的八修族谱中，续谱人员应邀前往实地考察，见有一尊明代正统十三年（1448年）墓碑，铭刻："明故处士王二公，讳瑞祥，字庆符，德配马张氏及祖居莱芜，旧亓姓。"字样。经过与万历族谱、嘉庆族谱、道光三十年《亓氏南三门族谱》认真仔细的考证接对，以及当地（亓）王姓族人的口述，认定该支为二世宾祖之后，即亓氏南三门四世"二"祖之后裔，并推断应在明朝永乐年间（1403—1424年），"二"祖迁徙杜安，改"亓"为"王"，以图再起（详见本卷一文·《这里的王家本姓亓》）。但迁徙改姓之缘由，亦成历史之谜。这样，改写了亓氏南三门五百多年的历史。亓襄居莱芜，宽、广、敏、信、惠五祖居鲁南苏、鲁交界之枣庄杜安村。

初，亓宾奉始祖从江南迁徙至莱芜，奉父命移居方下保，以防不测。明成化七年（1471年），至五世，有亓敬、亓茂、亓亮、亓襄、亓青五祖一并迁往汶南保，定居劝礼村。

劝礼村，位于汶河以南，古代属南厢汶南保，地处岭川之交界，呈南岭北川之势。距莱城八公里。村东临汶南河，紧靠苍龙峡，为"莱芜八景"之一，其"苍峡雷鸣"名冠邑里；村西五龙河，入村后蜿蜒曲折从村中穿过。这里资源丰富，适宜耕作，是福及后嗣子孙的形胜之地。

据考，当年迁徙之缘由，皆因三门五世祖亓弘公。亓弘是邑地之名士，好善乐施，有墓志铭载："里有贫乏者，公以财给焉，而惠者德施怀

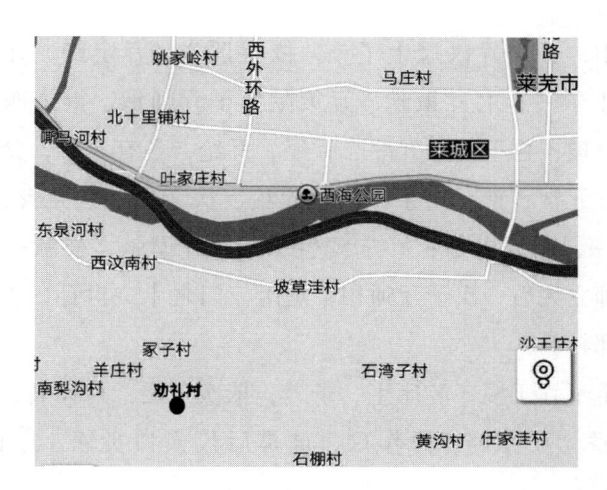

莱芜市劝礼村地理位置示意图

厥仁也；仁以济众，义以服人。"亓弘居汶南保，亓敬等五兄弟居方下保，亓弘常思敦亲睦族之情，故约同居一保，以求相互照应。亓敬等五祖应其约，遂迁焉。初，两家皆通称三门，但是，亓弘一族是四支亓世能祖之后，而亓敬之五祖族众，乃是二支宾祖之后，为明示后人不致混淆，故称汶河以北叶家庄弘族一支为"北三门"，汶河以南劝礼村敬之五祖一支为"南三门"；然后人口语难改，"北三门"者仍曰"三门"，而"南三门"则一直相传至今！正如南三门之八世孙亓占桂云："吾氏三门之有南北，何也？据六世祖瑾所载：元末明初，敬、茂、亮、襄、青五祖居方下保，弘祖在汶南保。至成化年间，敬五祖与弘祖同居汶南保。因敬祖三门是宾祖之后，弘祖三门是世能祖之后，恐支派不明，故有南北三门云。"

亓敬子三，依次谓之亓山、亓舜、亓皋。亓山子一馔，为七世；亓馔子三，长子孝、次子恩、三子爱；再传子孝，子一讳以元，子恩无传；子爱子三，依次谓亓以亨、亓以利、亓以贞，是为九世者也，再下无考。亓舜祖无传。亓皋祖子二，长子亓性，次子亓恒；亓性祖子三，长亓占郡、次亓占邦、三亓占桂。亓恒子四，依次谓之亓占却、亓占卿、亓占部，亓占乡。独亓占却生子亓以黻，亓以黻生子亓正扬，是为十世，迁徙莱芜张高庄村。

亓占郡子六，依次谓之亓以冠、亓以玺、亓以璧、亓以璋、亓以璜、

· 19 ·

亓以瑛。其中，长子亓以冠生子三，依次谓之：亓定鲤、亓定鳖、亓定鲲；亓定鲤生子一，名亓策献；亓策献生子亓师承，得子四，依次谓之纬、经、纶、玻；再下传至亓纬、亓经、亓纶，各有一子，分别谓之亓元树、亓本、亓元常；独元树子三，长元松、次元柏、三元青，再下无考。亓定鳖生子一，名亓猷献；亓定鲲生子二，亓谟献、枝献；亓谟献生子三，长子亓师立无后，次子亓师相，是南三门之十二世孙，由劝礼村移居方下保孙封邱村。

亓师相生子亓于模，邑庠生，子六，依次谓之：亓作宾、亓作廷、亓作珩、亓作番、亓作璐、亓作玟，自是后代人口炙繁，序齿已至二十七焉！

九世亓以玺，子一致志；亓致志子二，印鑑、印锋；亓以璧子一定鲛，定鲛子一印钊；亓以璋子二，宏志、笃志；亓宏志子五：印铎、印均、印铨、印铉、印钵；亓印铎，十一世，由劝礼村徙居鲁西村，墓在鲁西汶河南岸。孙十一人，曾孙十二人；其中，曾孙复望子七，自是鲁西南三门一族人口剧增。

八世祖亓占邦，省祭官（省察官的职能即"纠察""督察"，与现在的执法监察类的官员相似，明代多设在州县），生子二，以弁、以权；亓以弁子三，定凤、定鹏、定鹤；定凤长子疏献、次子疏才；亓定鹏无序，亓定鹤子一亓所学，至十四世讳麦，以下再无传序；次子亓以权，生子二，依次谓之定鸿、定鸾；定鸿十世，嗣至十四世官、宫、炀，后嗣再无所续。

亓占桂，字瀛洲，行三，明万历年间邑廪生，大中丞亓诗教为其弟子，尝撰文："尝谓万物本乎天，人本乎祖。吾族自原祖以来，相传至今十余世，其姓本稀，其人颇蕃。六世以后方有谱，但未能遍传。……吾祖虽各分支派之不同，贫富贵贱之各异，自吾祖视之，皆一人之子孙，何亲疏贫贱富贵之可言哉！但族人颇众，人或忌嫉者有之。虽然唐柳氏有言：族大者可畏不可恃。……吾以为在人者不可必，在己者当自尽。故富贵贫贱者命也，为善去恶者人也。人之为善，莫大于修身教子孙。能修身，则子孙视效之有资。能教子孙，则吾人之修身有终矣！"《诗》云："'中原有菽，庶民采之。'言善道人人皆可行。'螟蛉有子，蜾蠃负之'，言不似者可教而似，此诚为修身教子孙之明鉴也！诚如是，或可等于常人，亦可以见祖宗于地下……"亓占桂子四，依次讳文美、文炳、文扬、文德。亓文美子三，相明、汗明、柱明；亓相明传至第十三世道；亓汉明传至第十三世理。亓文炳行二，子瓒明，亓瓒明子一曰戍，外迁无考。

九世祖亓文杨，行三，二十二岁殁，遗孀吴氏，以节孝获上褒奖。《莱芜县志》文："吴氏，汶南保亓文杨妻也。年二十二而文杨卒也。子佐明，方三龄，姑（婆母）年六十，病危笃，百药不效。氏请身代，姑僵卧二日，竟厥然起，所谓孝感动鬼神，信！夫课子成立，补博士弟子，有声诸生间，族人待以举火者比比！崇祯间，抚按两司提学、府、县各给匾奖之。"康熙十一年（1672年）九月，无病而终，年九十七岁。学道转报，具题请奖。张道一撰文："吴氏，饮冰茹茶以励节，鐍量筦库以持家，操作服勤以孝舅姑（公婆），择师敦礼以训孤，蓬发砺齿报亡者于地下，焦心怖肝抚存者于膝前。作未亡人，垂五六十年如一日。及公入泮，生噪莱庠，吴母教养不一稍懈。宜历承督抚宪府咸旌节孝。"吴氏老太祖母享寿九十又七，清康熙四十年（1701年），上表赐赠"淑德遐龄"匾额于门庭。亓文美三子柱明，承嗣亓文德。亓文德妻李氏，后人尊为"九世太祖母"，为守节誓死不嫁，是为邑"节烈妇"。《莱芜县志》载："李氏，汶南保亓文德妻。姿性幽娴，年十七岁于归。事舅姑孝，处妯娌和。居五年，夫病不起。氏哀毁，誓守节。恐有夺之者，乃潜市毒药自随。又五年，母家因氏无出，谋诱而嫁之，私许某。氏侦得其状，长号数声，立服毒死，与夫合葬。始从容而卒慷慨，氏盖节而烈者哉！"李氏祖母殉节，柱明无出，故再延文杨孙亓曰子为嗣。

亓文杨之子讳佐明，字圣羽，清顺治年间（1644—1661年）与邑名仕张道一同年同考童子试，中秀才（廪生）。复试时，考官文宗梅特招张道一、亓佐明、吴眈、朱廷位四人至案前嘱咐道："尔四子异日非池中物，宜各自勉励，勿负此知遇也。"以致后来张道一考取进士，吴眈、朱廷位也先后荣登贤书，而亓佐明祖却因病不起，不久谢世。墓在村南，张道一为其撰写墓表："公承母教，日以善自敦。凡济贫恤危，捐施募义，未易殚述。而里中大小不平之事，经公之口，无一不平者，素行足以服人也。"佐明祖虽然英年早逝，但他为人宽厚，处事公正，乐于助人的品德为人称道，世代传扬。

亓佐明生子四人，依次谓之亓曰乾、亓曰春、亓曰子、亓曰金。亓曰乾长子亓清浩，子澜水，有子二孙十四曾孙三十三，据传其年寿过百。听老人讲：澜水老爷常在大街上的老槐树下与一大帮子孙们拉呱，有路客见状，啧啧称赞道："你看这老人好不好，这么多孩子围坐膝下，真馋人呀！"未曾想老人听到了，接过话说："好啥，一个一个的都不长命！"那人听他这么说，好奇地问："怎么个不长命法？活到多么大？""怎么不长命？死的时候才七八十呢？"说完，还一脸的怨气呢。十六世孙亓元掌，监生，居劝礼村，清朝乾隆时期，富甲一方。生三子，亓允慎、亓允忻、亓允忱，皆为地方名士，而亓允忻、亓允忱兄弟为军功五品。其高大家门楼之上，一个悬匾"为国输诚"，一个悬匾"绩著金汤"，光耀门庭。在他们众重孙之中，除亓廷煌出嗣林马庄以外，多居住劝礼村。

莱芜劝礼村是为南三门发祥之地，村东苍龙峡不仅是"莱芜八景"之一，更是亓氏南三门之景福宝地。道光三十年（1850年），莱芜亓氏南三门众先贤修家庙，续族谱，建谱碑，功盖千秋！

为何独修南三门宗谱？原来五修《亓氏族谱》时，适逢"白莲教"事发，境内匪患连连，人们惶惶不可终日，外逃避难，续谱之事随之搁置。至清朝咸丰年间（1851—1861年），捻军再次起事，逐渐蔓延邑境，众人亦是心力交瘁，再无聚众甫成。时有亓氏殷实之家，遂收集轶表文稿，聘请数人手抄功成，是故五修《亓氏族谱》仅为孤本一套。据传：此先哲家大地阔，财帛饶裕，虽有敦亲收族之意，然苦于不识文墨，甫有此善举！此举虽功莫大焉！皆因亓氏南三门一族或仅沿袭明万历年间二修族谱世系，在六卷谱牒之中仅序八页，寥寥数十口而已。

清道光年间（1821—1850年），劝礼村懋敦祖乐捐善田七大厘，修成宗祠，遂崇祀二世宾祖及十二世列祖列宗神木，依昭穆秩序列庙堂之上，同时，恭奉九世吴氏老太祖母列班享歆。继而南三门十七世祖亓朝杰、星英、进魁、亓诗、芳藻、朝干、大训等会同十八世缴如、允忱、振功、允显、佩增、允华、会增、兴宗及十九世钦朱、钦增、守德、锡之、昌运、丰标、应达、升达、钦禹、钦周、希有，二十世笃信、恒茂等再修《亓氏南三门》宗谱，于道光三十年圆谱（1850年）。善举者村庄以劝礼、东上庄、张高庄、塔子、方下鲁西、孙封丘、颜庄西沟、马官庄村等居住集中者为最，或捐款或纳粮，踊跃参与。族谱付梓后钱粮亦富余，族众商议：一鼓作气，立谱碑于劝礼村西南亓氏明代祖茔北门。碑高丈余，面北，正面碑额阳刻《亓氏南三门谱碑》大字，阴刻蝇头小字，记载二世宾祖至十二世世系名讳。首事人亓会增，邑廪生，居劝礼村，撰《重修族谱序》云："夫人有祖，犹木有本，水有源也；族有谱，亦犹木分枝水分派耳。欲分支派、溯本源，唯修谱之是务。吾亓氏，始祖士伯，来自淮上，居于汶阳，茔在夹谷之阴，载于旧谱，勒诸族碑，先人之传述，详且悉矣！唯吾宾祖，独居南三门，士伯祖次子也，传至六七世，无谱可考！自八世占桂祖始修之。当是时也，分其世数，条其宗派，固明而易晓，而无如厥后，未有增补。及道光辛巳，族兄允光顿兴报本追远之思，与族伯叔元掌、镛，吾父星临，族兄允泰、振龙等，念九世祖母吴氏、李氏崇祀节孝由来旧矣，吾家止有墓祭未有庙享，必建立家祠，先人之灵乃有所托。时懋敦祖愿施地大厘七厘以为建祠之所，因而谋及族众，急于经营。未及而厥功告竣。十月朔，请宾祖神主入祠，吴、李二祖母及十二世神主亦俱入矣。诸父诸兄又相曰：昭穆既有序焉，族谱亦宜修也，孰谓昊天不吊，降割我家，有志未逮，竟相继而适矣！呜呼，天之报施吾家，固如是乎！迄于今，吾氏世数二十有一世矣，支繁派衍，族大丁多，徙居他乡者甚众，远适异域者有人，或后世重前代之讳，或同支昧一本之亲，世远年湮，误且滋甚。族人念及于此，每虑世系之或紊也，匪朝伊夕矣！去岁冬，共议重修，无不欣欣然有喜色。曰：是举也，即昔占桂祖所云'睦族意'也。前人有志未逮，今当务之为急。由是族人同心协力，每支各定其世数，历叙其名号，考核半载，世次颇明。夏六月，吾族同堂聚首，详加校正，质诸旧谱，续抄一册，聊以舒睦族敬宗之意。因思，夫永远垂世，何如刻版刷印之为愈也，咸以为然，遂付剞劂刻印成帙，予以分授族人。每支各存一本，讵不足以垂，永远传后世也。故重修告成，略述其事，志诸谱端云尔。"

清咸同年间（咸丰、同治年间），捻军数次入境骚扰，乡人筑寨防卫，推选方下保孙封邱村亓笃信主事。其子亓熙堂则挺身协助，昼夜督工，事无巨细，事必躬亲。村寨竣工，捻军突至，周围十几个村民众涌入寨中避难而免遭涂炭。光绪三年（1877年），中国北部发生了一场罕见的大旱灾，史称"丁戊奇荒"。许多地区连续几年颗粒无收。由于粮食短缺，人们便以各种替代品进食。据载："民间牛马多杀食，鸡豕猫犬殆尽；继而捕鸠鹊，掘鼠兔，取断烂皮绳鞋底、废皮浸煮，醋糟麯尘和为粥。又有掘弃瓜蒂，菜须于土中，或绳头破布、灰炭皆强吞嚼。还有的灾民齿草根，继食树皮叶俱尽，又济之以班白土，老稚毙于胀。"为了活命，甚至发生人吃人的事件。当时家有亡人不敢哭，恐怕别人在尸未入殓时抢去，或者埋后被剜掘出来。在少数地区，不光吃人的尸体，还杀食活人。《回心文》记载："吃死人原为腹中无饭，还有那吃活人才算凶险。那些人时刻间僻处藏站，行路人若不防脑后一砖。用钢刀先把你咽喉割断，再把你肚破开摘下心肝。从大腿尽刮到挨近足面，火里烧锅里煮张口恶餐。"灾民四处流浪，贩卖人口活动猖獗。在贩卖的人口中，妇女占多数。《回心文》记载："妇女们在大街东游西转，插草儿自卖身珠泪不干。顾不得满面羞开口呼叫，叫一声老爷们细听奴言。哪一个行善人把我怜念，如同是亲父母养育一般。即便是做妻妾我也情愿，或者是当使女做个丫鬟。白昼间俺与你捧茶端饭，到晚来俺与你扫床铺毡。你就是收三房我也心愿，或四房或五房我也不嫌……"惨绝人寰，不忍卒听。莱芜县（现为莱芜市）衙倡议在邑境各乡里选诚实人家设义仓备灾。封丘村周围十余个村，积谷数百石储存亓熙堂宅院。光绪五年（1879年），又值大灾，督司府县下令开义仓济民。亓熙堂奉命按户计发，数百石救灾粮竟然"纤毫无私"，官府褒扬，民众赞皆叹道："如此世道，鲜见如此操守者!"亓熙堂之亓子雅斋，"秉承先德，气度大方，最好施与，不吝于财"。若遇到亲友缓急或乡里善举等事情，没有不慷慨捐助的。兄弟商量分家，把肥地美宅让给哥弟，自己甘愿陋室脊田。并且他办事最有优异的才能，但凡乡里丧葬庆宴或端阅讼事，都上门请雅斋做主，经其"理烦治剧，无不井然就理"，实为我亓氏南三门奉行"忠厚传家"先德遗风的表率!

　　清嘉庆年间（1796—1820年），世居劝礼村的十七世亓允清，徙居城东大官庄村。他精医术，通岐黄，为人诚实，重义轻利。凡来看病者，不论穷富卑贱都一视同仁。于是求医者络绎不绝，无不"应手取效"。著有《医学简明》，流传后世，造福民间。其子亓钦成，太学生（指在太学即国子监读书的生员，是最高级的生员），自幼颖悟绝伦。上学时，但凡老师教百余字，便刨根问底提出质疑，经老师解答更无一再忘。通览经、史、子、集，尤其对四书五经论断博通。兄弟析爨（分家），自愿把更多的家产地亩推让给兄长。洞达事故，善为人排忧解纷，深为乡里所推崇。清咸丰十一年（1861年），捻军入莱芜，东厢六十余村乡保在牟城故址赵家泉村寨训练，众推钦成祖为长。但钦成公不就，举他人代替。牟城中人"惶惧失措"，推选族人长者前往相求。钦成公不得已，"从其请，人心方定"。钦成公七十九岁卒，留遗言"葬于劝礼村，盖不忍远离先人之墓"。时劝礼村祖茔溢，故在祖茔以东新迁坟陇，与西南祖茔相望，斯"官庄林"地名之来由。

　　自明代成化七年（1471年）至清末（1911年）440多年的时间，南三门后裔先后从劝礼村迁往他乡者成百上千，现将部分列出，便于后来者寻根问祖或续接谱牒。

　　①还祖后·敬族系：一是八世亓占桂之后：十二世亓国梁徙居泗水县；十三世亓枌徙居西沟村杜家庄、亓童修徙居圣井村；十四世亓从约公徙居马陈村、亓从友徙居团山村、亓从庠徙居义和沟、亓从全迁口外，即今住海伦一族；十五世亓炜徙居前黑峪村；亓照吉由封丘村再徙山西古县；亓存仁由张高庄而迁泰安城；亓志和由封丘而迁沂水县洛官庄；亓仕和由孙封丘迁临朐县流水庄；顺和、步和、盛和、柱和四兄弟皆与十九世亓宽超，由孙封丘而迁沈阳；十六世亓士明徙居沂源县鲁村安平村、亓凤祥由张高庄而迁扇子崖亓家庄、亓法武由封丘迁沈阳、亓法安由封丘迁邹平县梁桥；十七世亓允利徙居杨家庄、亓诚由颜庄迁西沟、马官庄、亓维明徙居山西。嘉庆年间（1796—1820年）：十七世亓允清携全家徙居城东大官庄，卒后葬于劝礼村；亓允康由圣井而迁陕西阎良、亓守诚由上法山

徙居山子后村、亓荣兴由封丘徙居方下王家庄；十八世亓钦典公携全家迁往大官庄、亓钦怀祖携二子迁居济南、亓俊田祖迁山西翼城县、亓复明祖迁赵家岭、亓希肴祖徙居沟里村、亓乐永祖由封丘徙居济南、亓锡田祖由黄沟村而迁峄县、亓乐法祖由片镇迁居枣庄市；十九世亓万春、亓万夏徙居西汶南村、亓玉廷徙居茶业口村、亓学明徙居沂源县徐家镇姬家峪村、亓学礼迁山西安阳县、亓学经徙居山西、亓济超迁居北京、亓恒富先迁张高庄后又迁居山西。二是八世亓占郡之后：十一世亓印铎徙居鲁西村；十二世师亓相徙居孙封丘村、亓楒公迁鲁西后又迁店子村；十五世亓懋、亓彝迁中白塔；十八世亓升迁居塔子村。三是八世亓占隙之后：十世亓正名徙居上法山村、正扬公迁居张高庄；十四世亓国义徙居章丘、亓国泰徙居泰安南徐家白楼村、亓国用迁居河庄村、亓笃谦徙居封丘后又迁居山西；十六世亓克哲由孙封丘迁片镇村、亓士明由颜庄西沟徙居沂源县安平村；十八世亓守德、亓守忠由蔺家楼徙居山西屯柳县向村；十九世亓恒丰由孙封丘迁章丘；另有迁往莱芜东上庄村、崖下村、泰安崅峪先锋村、寨子九龙庄、黄沟村、响山口、颜庄西沟、马官庄、泰安徐家楼、李条庄等。

②还祖后·茂系：子二，亓荣、亓表，后嗣无考。

③继祖后·亮祖系：三子，孙八，嗣后人口颇衍，居牛泉镇之双泉官庄。十二世亓璜族徙居泰安泉坡庄、亓旺淮徙居泰安沈庄；十三世亓飞龙自双泉官庄徙居新泰河庄；二十二世亓强徙居黑龙江大莱县（谱载）马还村。

④二祖后·襄祖系：二子，长曰亓梅，次曰亓梢，传之八世，曰占都、占郁者，后嗣暂无稽查（另有一支改"王姓"，世居枣庄台儿庄区之杜安村）。

⑤巘祖后·青祖系：子二，亓学、徕，亓学子一永信，无传；亓徕子亓得盛，子三亓缜，守厚、守策，亓缜子二，亓里、亓长；守厚子二，亓以先、以谅；守策子三，亓以君、以奉、以栾，是为九世，嗣无序矣。

三、三支始祖亓全公，行三，《全祖墓碑赞谱》载："幼读诗书，长绅名扬。事亲守礼，教子有方。勤俭持家，处世温良。大节克敦，何用不臧。行传野老，德重贤乡。大雅久谢，颂声莫忘。世德作求，贻谋发祥。桂阃毓粹，奕业永昌。是盖生顺，而死宁所，以令名不丕著绥，福禄于无疆，爰作斯赞，以为表扬。"全祖初居莱芜，据传曾为始祖守制，嗣居汶南梨沟村。明永乐二年（1404年，一说永乐十二年，即1414年）迁出。清末举人莱芜亓因培撰《勤族宇族疑释》载："谱载全祖行三，自梨沟村迁，此祖茔有全祖墓碑。全祖母同子迁历城九十里亓家庄，此地有老奶奶坟，实为全祖母。"十七世祖亓增砚，光绪十一年（1885年）山东省考取在学廪增附贡考取县丞，撰《平阴全祖墓碑赞》文："唯我全祖又迁濮阳箕山之阴，济水之阳，卜居村落，亓楼名庄。"

全祖之后，史上曾存"两辩"：一曰"子辩"，即一子与三子之辩；二曰"亓、祁"之辩。先说子辩：亓增砚《平阴全祖墓碑赞》曰："全祖之后，一子名纲，纲祖所出则有七子，曰广、曰盘、曰钊、曰志、曰智、曰英、曰原。"而《平阴族谱·五论》云："二世祖讳全，……因避元末兵乱，随始祖迁于莱芜东关裴氏宅。父卒后，兄弟析居，度日艰难，于是协同三子君美、君耀、君湘，于明永乐十二年（1414年）全家外游，来至平阴城南六十里凤凰山之左，即今日凤山阎家庄居住。后因亓氏大兴，改称亓家驻马庄。至清康熙十九年（1680年），立有义集，故又改为亓家集。全祖卒，葬于凤山之左新茔，地一亩六分，即释茔地，谅必富余。三世祖君美兄弟各析居。于是，耀祖迁阳谷，湘祖迁东平……唯君美祖居平阴，无迁居。"如上所述，同是全祖，却墓分两处，居分两所，子分两说，后昆或许不解，遂成历史难解之谜。愚思：亓公增砚曰"一子名纲"并非子一，或有子二、子三、子四者而未载于墓碑者？而以莱芜《亓氏族谱》所载：全祖子四，长子纲、次子君美、三子君耀、四子君湘是实也，皆因当初兄弟散居他乡，互不相通，立碑时纲祖独而三子再，于是乎四子立两碑，碑分两处耳！但有一处为"衣塚墓"焉！至于"全祖母同子迁历城九十里亓家庄"，窃以为皆因家庭纷争，老太祖母一气之下，携子出走而已。

所谓"亓、祁"之辩，《亓氏族谱·五论亓祁之分解》云："我祖来平时，因家贫耳，贫则不读书，不识字。本庄又有祁姓，全祖口说姓亓。不知亓字如何写法，本地又向无亓姓……故本地'祁'误为同姓。凡一切与人共事交易，别人落账皆写作'祁'某；若到年节祭祀，须诸人写神位，必写显者'祁'公；既入平阴籍，必当平阴差，必拿平阴粮，文约亦写'祁'某；册籍亦注'祁'某；皆由不识字之由，暗改作'祁'氏，自不觉也。亦不知莱之亓，以讹传讹，相沿已久，则不为亓矣！七世祖顺公，庠生，其时家业大兴，万历二十年（1592年）冬，立君美祖、宜祖二碑，皆为'祁'公。因当时与莱不通，不知莱之亓。万历二十八年（1600年），绍辉祖于父训立碑，亦'祁'氏。至万历二十八年（1600年），顺祖卒，八世祖绍宾祖于当年择新茔，治贾氏地，安茔在祖茔东边，相合为一，卜葬立碑。其文曰：'明故显考亓公，讳顺，妣李氏之墓。孝子绍宾立碑。'因有碑文，皆查看清楚，或问：前碑作'祁'，今碑作'亓'，何故？或有答曰：'闻老人传言，说为皇上所改！帝王正统，反改天顺名祁基，至景皇帝，名祁钰、祁镇，凡望帝之名，皆避圣讳。'"

《亓氏族谱·五论亓祁之分解》云：万历二十八年（1600年）贡生"绍宾在泰安与莱芜亓同考，序明本'亓'氏非'祁'也，故改为亓。其时，全祖之后文风大盛：宜祖文庠生、顺祖文庠生、绍宾祖贡生、绍荣文庠生、绍嗣文庠，家业大兴。遂于莱芜有通，知莱为亓，故祁绍宾祖自改为亓氏。意料改亓之时，必商之族众，因姓'祁'业已七世，各皆不改。当时有口角相争：你姓你的亓，我姓我的'祁'之语。……考宜祖碑作"祁"，训祖碑作"祁"，顺祖碑作亓，便不知万历二十八年（1600年）绍宾祖始改亓。绍宾祖立父碑改亓，一人之名，众兄弟皆不出名，知其不改。至后三十年是崇祯三年（1630年），绍甫、绍荣、绍嗣立父碑，仍曰："明故'祁'公讳谓。"又崇祯五年（1632年），承名立父碑，仍曰"祁"公，绍甫。按是年亓绍宾卒，当年卜葬立碑文曰："明故处士亓公。"但考二碑同日立，一作"亓"，一作"祁"。既然同在一林，料石工必包与一人，碑文一人所写，岂有写错之理？据此而论，即知堂兄弟侄辈皆不改。查各碑奉祀名皆多，唯顺祖碑绍宾一人，意料兄弟叔侄皆不改亓，俱不列名在后。崇祯十年（1637年），立绍辉碑，仍曰：明处士少峰"祁"公曹氏墓，固知族众皆无改。细考改亓者，独亓绍宾一人也而已！至后世，凡本族不改亓者皆绝，唯我亓氏一支独显。九世祖兄弟七人，弘宗显宗析居付庄。至崇祯十二年（1639年）立兴宗碑，顺治十二年（1655年）立显宗碑，康熙二十四年（1685年）立弘宗碑，皆亓氏三碑。……自绍宾祖复为亓氏，家业兴旺，丁齿繁衍，大昌亓氏之门。亓绍宾生七子，二支、三支析居付庄，丁口日繁；长支、四支、五支、六支、七支皆住亓集。……初立始祖碑亓作"祁"者，又见亓氏昌盛，渐渐写成"亓"矣，今立碑亦作"亓"。按先世自莱芜来平，误为"祁"，后世"祁"改为"亓"，本地"祁"皆随为"亓"，至今有"亓"无"祁"也。

山东郓城《亓氏族谱·序》云："濮阳之有亓氏，自明洪武初。吾始祖讳士伯者，自江淮徙居莱芜而家焉！及二世讳全，复迁居濮，始当其自莱芜分徙而西也。耕读传家，世有隐德。五传至旺祖，以乐善好施起家，及殁，州人勒碑以颂之，载在州乘，举祀'忠孝祠'，亦可见公论在人，实有不容泯没者矣！"

又云："亓旺公胞弟亓与者，官任九江，惠政及人，至今传颂不衰，自是瓜瓞绵绵，采芹食饩，代不乏人，何莫非先人厚德培植也！"

河南省清范县亓仁甫公，因乡试未中，在家辅助祖母治理产业，产业增加到十余顷良田。由于仁甫祖自幼随祖母长大，深得祖母欢心。而他孝养祖母六十余年，自始至终无分毫差异。地方百姓"联名具秉，保举节孝""呈至上宪，以达宸聪"，朝廷钦赐"节孝可风"匾额，光大门楣。他还教导子孙功成名立，长子亓传锡，为监生；次子亓传铎，为县丞。

濮州五世祖亓旺公，以乐善好施起家，以孝悌善行立世。乐善好施者，义捐建塔修寺，善款营庙立祠；孝悌善行者，善事父母，友爱兄弟，或每天晨夕，斋沐焚香，从不虚度时光。父母生病，其"日夜侍奉左右，寝不解衣，修斋设醮，日夜涕泣"；父母过世，"州人勒碑以颂之"。《濮州志》记载："公讳旺，字美玉。先世有善行，旺尤能继；先德多同才，好施与乡里。贫乏能读者，资之读；能贾者，资之贾。余亦斟酌其所长，位置一业。婚嫁丧葬，力不及者，不待告而筹之，靡不周至，尤加意茕独薪米钱文，按岁月补助，以为常。族党赖以举火者无算也。其积而能散，好行其德类如此。及殁，州人勒碑以颂之。"神木奉忠孝祠祭祀。矧其胞弟，做官九江，对百姓施行惠政，至今传颂不衰，皆因兄之表率释然。爰谱云："自是瓜瓞绵绵，采芹食饩代不乏人，何莫非先人厚德培植也？"

山东郓城亓楼庄五世祖兴公，谱云："鲁府王亲，常相往还，说则貌之，无视巍然。王敬其德，恩赐钞官。出任九江，在任三年，管理大量钱财，全不贪恋。商民感德，刻碑流传"。六世祖亓思忠公，聆趋庭之教，已入文庠；七世祖亓麟公，文庠；八世祖亓飞龙公，优廪生；九世祖亓士元公，十世祖亓之璜公、之瑛公，皆文庠；十一世祖亓京公，弃文就武，已入武庠；十二世祖亓明玉公，十三世祖亓秉辉公，十四世祖亓祥德公，亦皆文庠；十五世祖亓占都公，文生；占宇公，乡饮耆宾；十六世祖亓文超公，文庠；亓文山公、文岭公、文岚公，缘咸丰十一年（1861年）黄水淹没濮城，徙卫城而家焉；十七世祖亓良禽公，增广生；十八世祖亓九麟公，始文终武，后入武庠。十七世祖亓良弼公，字梦臣，先补用周同加同知衔；亓传钦公，五品衔候选知县；十三世祖亓九围公，例赠修职郎，文庠生，道光五年（1826年）创修家祠于亓集；亓九同公，清癸酉拔贡生，曾官邱县教谕；亓文木公、林圃公、元庚公，均分别诰封朝议大夫。

山东平阴亓集村十世祖亓蓁公，庠生，乾隆四十六年（1781年）覃恩追赠武翼大夫，晋赠武显将军；十二世祖亓永宁公，字天诚，武庠生，例授守乐所千总，诰封武翼大夫，晋赠武显将军，江南等处地方浩水师总兵；亓永清公，字轮秋，武庠生，赠昭武大夫，任贵州新添营都司。

平阴付庄十三世亓九功，《平阴县志》载："字彤锡，父永宁，武生，守御所千总，以子九叙官赠武显将军。九功，其子也，天资俊伟，性宽厚温恭，有儒者风。乾隆己卯（1759年）、庚辰（1760年）联捷成进士，授福建督标左营守备。其地旧有吐蕃为乱，营务废弛。九功训练兵卒，严加防御，吐蕃屏息，境内肃然。升台湾淡水都司。台湾有野番，刚恶不法，往常用刑杀未悛，九功抚之以仁，饮食而教诲之，由是野番感化，比于编氓，每阅边时，番长率群番跪接道旁，齐声呼'善人'，欢溢四野。疆臣以闻，奉旨引见，嘉其英武，赐袍二袭、带二围、荷包二对，授直隶天津镇标左营游击。至任即迁使迎养。其父永宁以念子故，往居数月，言归，请留，不可。九功送至境外，泣下沾衣，回署即请终养。而督臣以已提九功王关路参将，不许。九功意决，遂告瘫疾归，杜门不出，朝夕父母侧。既而永宁卒，九功亦遂病终。皇封家族为都督府，当地俗称：'大官府'"。

亓九叙，字丹弼，自幼练习王翀"太平拳"。《平阴县志》载："游击九功之弟。由武生中乾隆乙酉（1765年）举人，己丑（1769年）成进士，恩赏兰翎侍卫，乾清门行走。授贵州新添营都司，署威宁游击。威宁裸裸，每年自清明起围，三日方罢，聚人至数万，往往滋事。九叙先期使人喻之以利害，复以兵弹压之，罔不慑服，终事无扰。平阴令陈某致仕归，家徒四壁，立赠以数百金，得小阜焉！提长坝营游击，推升广东督标右营参将。时雷州城守、参将钱邦彦为海贼所杀，总督调亓九叙镇守，率部卒生擒三十余人，解送广州正法，自时境内肃清。提升三江口副将。陛见，赐黄锦四匹，扳指二个。上顾侍臣曰：'此将才也。'因内记名。到任七月，升四川建昌总兵，调福建建宁总兵，又调江南苏松总兵。请陛见，上问及走洋，九叙以雷州对。上曰：'崇明，外洋也，非雷州比，尔须小心。'又讲骑射多时。九叙感激图报，到任后躬率弁卒，日夜在小洋山巡查，旋以获盗被议。先是，黑水洋有贼众潜伏岛内，时出截劫行舟，商贾为之断绝，或掠沿海居民。游击杨天祥率众剿之，获贼，并获船二只，内藏兵刃。九叙讯之，服，会提督奏闻，两江总督知之，弗善也，自提覆讯，奏称诬良，因奉旨发往伊犁，充当苦差。九叙因母寿高，嘱家人勿秉太夫人知。崇明人送者盈途，咸赠金为路费，谢弗受。嘉庆四年（1799年），编修洪亮吉奏理前事，蒙恩敕，往额勒登保军营斟酌调用。（嘉庆）五年（1800年）八月，贼首王汉潮为官兵被获，头目尹三纠贼十万余劫陕甘。总督营额率兵二千，在七宝山为声援，遣九叙与参将王某引兵七千从黑风峪入，战于二王山下。尹三败，欲自刎，枭其首以献。生擒千二百人，死者三千余人。九月，会县被攻，提督杨某被檄前行。九叙与副将窦某督兵至两党，生擒头目张十、陈红发。十月，马里关被攻，偕将军庆某领兵二万至杨家店，生擒四千余贼，死者无数。游击张某守镇安，为贼所杀。大帅以其地系贼要道，檄往镇安，百里内贼不敢至。后贼复集兴安左右，乃移镇兴安。年余，贼皆徙。因叙功，授山东青州府寿乐营都司，恩准带东镇兵四百回署。至济南，积劳成疾，卒于客馆。诰授武将军，皇封都督府，敕曰：'为国为民保天下，南征北战定太平，御前侍卫都督府'当地俗称：'二官府'"。

亓集村亓士丙，武庠生，因功诰封武大夫晋赠武显将军。郓城亓万年，中乾隆甲子科武举，钦考守卫所千总；亓养沛，例授恩骑尉九围公武庠生，马步魁首，郓城武状元张宪周，就是他门下的弟子。东平十五世有亓守公，诰封宣武骑尉；十六世祖亓德林，例授武德将军，候选卫守备。

四、四支始祖亓世能公，行四，故乳名"四"，亦有文载"亓四"。明嘉靖二十七年（1548年）十月，六世孙廪膳生亓恒省撰墓表文："谨按我二世祖行四，素履草莽，声誉无闻，故后世但以四名，未及讳传。稽祖之父祖居淮，适宋（河南）避元兵，流于莱芜，遂家焉。越数年，生祖（世能）于斯，葬汶南羊庄村。"世能祖长子亓胤，字茂先；次子亓积、字敬先；茂先祖子三，长曰亓浩，次曰林，三曰升；敬先祖子七，依次讳亓辉、祯、端、正、雄、寿、俊者。至五世，碑记有曾孙五十四人（族谱记载五十一人，推断立碑后或有三人夭折），亦分"一、二、三、四"门。桢、端、正、寿、俊为一门；辉、雄为二门；浩为三门；林、升为四门；即"四世分门"之来由。至于门系排序颠末，或以门第排或以母嫡庶序，皆各有说辞，至今尚难定论。但在亓氏家族，世能祖一支人口众多，散布甚广。唯二门雄祖后俭祖系，明朝中期，全族迁居潍坊昌乐县，集中居住在亓家店子一带五六个村落。

先世初到莱芜，鲜有入泮读书者。《亓氏族谱》载："先世之人不知学，至銮（亓銮）始习文字。"一门六世祖亓銮公，居莱芜城南坡草洼村，例贡生，敕授征士郎，曾官河间卫经历。嘉靖十七年（1538年）清明，亓銮祖、鳌、瑾兄弟祭祖完毕，遂商议创修族谱事。《亓氏族谱·序》文："嘉靖戊戌之秋，亓氏之子祭于祖先之茔，礼成而宴，长少毕集。六世孙鳌起问致仕经历兄銮曰：'家之传，兄所知也？可得闻乎？'銮曰：'然！惜未谱。'鳌曰：'兄今寿八十有余，家传五十又二矣，男子生凡几千，女子生凡几百焉，皆散村落邑间之间，不得朝夕继见；若弗言之，则后之子孙将不知有尊亲也。不知有尊，于是乎悖，悖则不合；不知有亲，于是乎疏，疏则不一；不合不一则愈远，而愈疏而愈散焉！乌得为正宗之法乎？'鳌于是乎大虑，是以谱之。"这是亓氏最早的族谱，虽然未梓，但为明万历二修族谱提供了世系信息，甫为后人留下了珍贵的历史资料。

先贤亓遇公，字济明，八世祖，一门端祖后，邑庠生，居钟徐铺（今北十里铺村)。万历年间（1573—1620年），遇公走千家万户，涉千山万水，历19年增修家谱，是为二修族谱。万历四十五年丁巳（1617年），适逢亓诗教奉旨晋藩，途归故籍，得闻族叔续谱事，遂谒见并提笔润色，捐资出版，流传至今，仅存孤本一套，上下两册，续之十一世计二千余口众，迄今四百余年，不但是亓氏家族最早的谱牒，即便是在国内，也是现存的比较久远的家谱，故此族谱尤为珍贵!

八世祖遇公曾记载这样一段话："此固吾志，敢不勉旃，共图不朽!乃复夙夜从事于此，近采远搜，条文缕析，寻其居址。虽深山穷谷之中，衰门薄祚之微，无敢遗者。"

亓家进入仕途以亓銮公为先，继而叶家庄三门六世祖亓夔公，以贡生步入仕途；还有亓万公，字鹏举，明朝正德年间以贡士授河南训导，升鄂府教授。亓恒省公，以贡士授河南淇县训导，曾为二世世能祖撰写墓表。

亓世能之后昆，科第接踵，声名远播。二门九世祖才公，字茂育，居莱芜羊庄村，明万历甲午科（1594年）举人，开我亓氏科举之先。亓才公十余岁时，父邦宦祖因歹人构陷下狱。他挺身而出，正气凛然，于公堂之上言之凿凿，令知县甚是诧异。虽然为解救父亲以至穷家荡产，亦无容膝之地，但仍然以教书为业，靠微薄收入赡养父母。嗣父母过世，亦哀毁逾常情，继而胞弟过世，义无反顾地抚育孤侄于襁褓，对其侄儿的慈爱和辛劳，甚至超过自己的亲生骨肉。亓才公得重病于河间府，逝于归途中之平原县。

其子亓之伟，明天启三年（1623年）乡试中举，天启四年壬戌（1624年），联捷进士。清宣统《莱芜县志》记载："亓之伟，字坦之，号超凡。天启壬戌进士，令成安、调浚县。以强直闻，有铁面不发私书之颂焉。升户部主事，监兑苏、松、常、镇（苏州府、松江府、常州府、镇江府）漕务。适上海令漂没漕米万余石，大司农坐之伟罪。会上亲赐问，得末减，降西安府经历。人为不平，而亓之伟处之淡如也。升宣府司理。时大珰王坤督军务，抚军以下肃然震栗，亓之伟独持正不阿。复户部主事，权浒墅税，晋员外，监兑草场。升河间知府。权豪大珰悉裁以法。百姓赖之。流贼猖獗，邻郡多陷。之伟预为守御计，高阉督师，所至烦扰。亓之伟预设营房千余间于郭外，百姓安堵。收养难妇，得山东一百五十口，悉给资费遣归。升阳和兵备道。"

《莱芜县志》云："亓之伟在任上，有铁面不发私书之颂。凡权势书礼，概不启封，不受私情，以强直闻名，士民服其铁石之操，称为'铁面'。天启六年，朝廷敕命褒嘉'文林郎'，调户部广西清吏司任主事，主管钱粮，详细出纳，赖心计之能，治绩显著。期间，因上海县令漂没漕米万担，亓之伟连坐，贬西安抄录贤书。亓之伟一不辩解，二不申诉，等朝廷查明事实，旋升直隶河间府。"在河间，亓之伟仍不趋炎附势，《莱芜县志》云："'对权豪大珰，悉载以法，士民服其刚方之气，阉党却畏其刚方之政。'值王珅提督军务，此人骄横跋扈，多数官员曲意逢迎，而亓之伟却与之针锋相对。崇祯十三年（1640年），莱芜荒欠大饥，斗米斗金。亓之伟捐谷八百石，煮粥赈济，使一千多人赖以活命。不久，升山西佥事分巡阳和。三年后，迁任山西参议（从三品），分守朔州。"

亓之伟画像

当时有个宫姓契友，料知明朝大势已去，山西更是难保，便劝其致仕回京偕家眷归里。而此时亓之伟年龄也已六十有三，正想告老还乡侍奉慈母，怎奈山西总督不许，始领命分守朔州。

朔州位于大同和太原之间。对大同来说，朔州是其纵深，对太原而言，朔州又是其前沿，所以，朔州在明代北边防务中的战略地位极为重要。崇祯十七年（1644年）二月，李自成率军攻打山西，接连攻破汾州、薄州、太原，趁机攻占黎晋、潞安，十六日直取代州。山西总兵周遇吉扼守代州一个多月，粮尽援绝，退保宁武关。李自成在宁武关下猛烈攻击，双方死伤惨重。最后，李自成先用大炮轰城，再命士兵舍命从四面拼杀，终陷宁武关。总兵周遇吉被乱箭射死，其家眷率众在楼上奋勇抵抗，最后全部被放火烧死。李自成攻克宁武关，想要继续东进，必须经过大同、阳和、朔州、宣城等军事重镇，众将官也对进退犹豫不决，忽然听说大同总兵姜瓖和宣城总兵王承允派人送来投降书。李自成甚喜，遂下决心东进，并分兵直取阳和与朔州。

李自成兵至朔州，亓之伟自知孤城难保，遂以绳索密遣宫姓契友进京接回在京家眷速回老家，自己则矢志抗敌到底，与朔州共存亡。2004年出土的《亓之伟墓志铭》载："流寇大众至朔州，李自成下令于其伪将令：破朔州者封万户，得公者赏万金。公凝然不为动，登城力设奇出险，杀贼将二人，击死余贼无数。时同宦有劝公降者，公毅然回言辱之，以死自誓。逾月余，势愈固。贼以登俾，公率亲丁数十捶杀之，贼复却。"《康熙莱芜县志》记载："李自成渡河，守将与贼通，胁之伟降。之伟不从，贼党十余人从壁后出刺之，之伟创甚。明日，以毡裹之伟载迎贼。终不屈，遂遇害于辛庄店。时崇祯十七年（1644年）二月二十一日也。"同年三月十八日，李自成的军队攻占北京城。崇祯帝见大势已去，便与太监王承恩入内苑，对缢于景山寿皇亭下。由此明朝灭亡，距亓之伟遇害仅隔二十四天！

亓之伟捐躯殉国，六岁的儿子亓必迪，随生母冯氏与庶母田氏逃匿文宣王庙。母子孤苦伶仃于千里之外，悲怆凄戾。所幸李自成念其为忠臣之后，遂先命人暂时掩埋亓之伟遗体于城西，后在文宣王庙旁设僻宅，安置必迪母子，并派兵昼夜护守，始无侵扰。当时，跟随亓之伟的莱芜籍亲丁家人及老乡友人，痛见亓之伟殉国，四处奔波，或寻上官报告，或回家乡通风报信，以图安置。等李自成率兵南下，母子才收整亓之伟遗骨，扶柩归里。长子亓必述在家听到噩耗，也奔向山西迎柩。亓比迪母子风餐露宿，昼夜兼行，历尽颠簸，辗转千里，历时半年，至七月，终于回到故里羊庄村。同年冬十一月十七日，安葬灵柩于羊庄祖茔东侧。

因亓之伟已有徐、王二夫人，且有亓必述、亓必延二子，按朝廷规制，庶不继承遗产，尽管羊庄村有偌大家业，但冯氏、田氏并无寸得。于是母子拜过墓冢，便沿小路北行。行至西汶南岭，已是日落黄昏。正值冬天，寒风刺骨，小必迪又冷又饿，只是啼哭不止。母子便在路旁斜坡避风求暖。一会儿天暗，冯氏站在高处，北望大汶河，白茫茫寒叶飘零；南望莲花山，黑黢黢层峦叠嶂，心想："哪里才是咱们的安身之地呢？"此时，一位路人走来，见母子们悲切，怜悯与好奇之心顿生，便上前问道："天将夜黑，你们母子因何故在此啼哭？"冯氏答道："贫妇被人所逼，有家不能归。现在天色已晚，如何是好！"那人姓黄，也是个心地善良之人，忙说："前面的村庄是西汶南，不远就是我家，我看你们先随我进村住下，明天再另做打算如何？"冯氏自是万福致谢，跟着来到西汶南村，被临时安置在一处闲宅子住下，自是备些食宿什物不提。第二天，黄善人过来探望，冯氏自是又千恩万谢。说话间，冯氏问村里是否有人家卖闲房子的。黄善人见她母子的贫困相，竟然还要买房子，矢口说道："房子倒是有，不知夫人能否买得起？"冯氏答道："愿闻其详！"黄善人说："村西北有闲房院落一处，前些日子就托人卖，只是这价格不菲。"冯氏问："可用多少银两？""银两？即是黄金也得几十两，哪有人买得起！"冯氏听罢，打开包裹，取出些金元宝和几支金簪玉钗等，问："这些够吗？"那黄善人本想说句大话了事，谁知夫人竟然取出元宝、玉钗，甚是吃惊！他自幼哪里见过这么多黄白之物，便脸红脖子粗地说："我看足够……足够了！"冯氏马上说道："既然如此，相烦恩人作保，玉成此事如何？"那黄善人闻言，毫不含糊，急忙找好中人，拟好文书，仅用一锭金元宝就买下了那套宅院。嗣后，冯氏叫来田氏又置了几亩良田，便在西汶南村住了下来。据说当年冯氏购买田产的文书，至今尚保存在西汶南村里。

亓必迪自幼尊谨遵母训，发奋读书，至贤至孝，至仁至善。《康熙莱芜县志》记载："公父兵宪捐躯殉国，公间关跋涉，扶柩归里。孀母年二十有三，伶仃孤苦，指公而泣曰：'汝祖以德行崇祀，汝父以忠贞尽节，今亓氏不绝者一线耳！慎勿游戏坠厥家声。'公由是谨尊母训，绩学励行，卒成名德。"

康熙戊午（1678年），亓必迪乡试中举，朝廷敕命在莱城西关街建"三世科第"石坊。康熙二十七年（1688年），亓必迪再次公车春闱，不第而归，母曰："功名之显晦有数，父为忠臣，尔为孝子，足矣！"自此，亓必迪遂绝意仕进，厚德懿行，名冠乡里。《莱芜历代志书集成》文："公有羊庄祖宅一所，瓦房百余间，田地二百亩。值兵燹后，被豪族霸，公处之怡然。及后，戎县君到任廉，知其事，欲为追还，公告母曰：'木本水源何忍较量？得家祠可展祭奠，足矣！'公母曰：'善！'遂终身不较。"莱芜《亓氏族谱》记载："公母抱病，似噎疾，屡药不痊。时值亢旱，医曰：'若得雨水调药，尚可冀效！'公夜仰天跪曰：'天若怜我母苦节，当降甘霖。'次日果雨。母病五十余日，由此立愈。由是晨昏侍侧，无间寒暑六十余年。及公母以寿终，哀毁骨立。凡附身附棺皆依分循礼。自葬后以及公没，十余年中，岁时祭祀，无不涕泣者。"

其实，亓必迪为诸生时，孝行早就远近闻名。县君扬公、庠师孙公，想将亓必迪孝行申详学宪，亓必迪力辞不受。后学宪公下来采风，听说后，以孝子贤士旌奖，题匾"景仰闵曾"悬于门额。《莱芜历代志书集成》记载："公七十，合邑士民公议，以公之孝行呈请上闻。公坚却曰：'吾母冰节六十年，每自谓曰：'此妇道所宜，何足异？'况我之事母不克自尽者多矣，安敢言孝。'汶河北岸居民多亓姓，分门立户，往往以口角微嫌辄构大讼。公多方排解，务使敦睦，至今安居乐业者五十余年鲜有嫌隙，公之化也！本支祭田二十余亩，公私出纳。公父未仕时身为经理。及公早孤贫乏，亦独任赋税，不累及同宗，不敢忘先人睦族意也！村民杜姓年少夭亡，遗室张氏苦节自矢，而贫不能存。公谓氏翁曰：'尔家有此贤妇，我当为尔妇成此柏舟之志。'凡有无缓急以及钱粮，皆代为输纳，历十余年不倦。张氏遂成完节。每岁春夏，疾病时行。必摒挡囊箧，广买药味，依法修制丸散。凡遇贫穷之家，医药无力者，率为施济，远近赖以全活无算。"亓必迪薨，葬于西泉河村西南"亓家老林"。

清康熙四十年（1701年），亓之伟崇拜乡贤祠。乾隆四十一年（1776年），皇帝命朝野搜集前朝作战被杀死的臣民，经筛选查证后，赐其中二十六人专谥"忠愍"，一百一十三人通谥"忠烈"，一〇七人专谥"忠节"，五百七十三人专谥"烈愍"，八百四十二人专谥"节愍"。此外，还有四百九十五个职官和一千四百九十四个士民，加上建文殉节诸臣一百二十八人，共三千七百七十八人，并另附录二百四十五人，于各地忠义堂立牌位祭祀。亓之伟获谥"忠愍"，朝廷敕命按大清规制建造茔园，人称"御葬林"。茔地规模宏大，威严森森。墓塚前神道笔直，两旁翁仲恭立，石羊、石马、望天犼,座座栩栩如生,令人望而生畏;茔垣甃凿围绕,松柏、古槐覆盖,墓碑高丈余,正面中堂大字楷书:"前明阳和兵备道赐谥忠愍亓公之伟之墓"。莱芜汶河以南,民间古来就有"金头御葬"的传说。传说当初亓之伟与李自成大战朔州,七七四十九天,身不卸甲,夜不闭目。有副将金、银(尹进贤)二守备,与敌私通,预谋加害,邀功领赏。一天半夜,二人来至谯楼,正欲动手,见亓之伟持刀稳坐,二目圆睁,终不敢下手。等到天明,问:"为何夜不睡觉?"亓之伟答:"老爷我从来就是睁眼大睡!"二守备得知,壮起胆来,于是乎趁其不备,再次将其暗害,割下头颅,献于闯王马下。李自成则念亓之伟忠节,怒斥二守备叛主求荣,遂杀之。皇帝知道后,下旨令以样仿制金头,葬于奄岑,斯"金头御葬"之传说。

一门九世祖亓诗教,字可言,又静初,当地人尊称"亓老敬"。因晚年客居劝礼村苍龙峡,故号"龙峡散人"。生于明嘉靖三十六年(1558年)莱芜牛泉镇李条庄村。少贫,曾自撰《父母黄告墓文》曰:"我父教儿于穷愁困厄之时,我母抚儿于艰苦伶仃之日,盖初心望儿以显扬,而后事待儿以成立。儿学也晚,早岁无成;父数也奇,中年见背,彷徨无主,一家寡母孤儿哽咽,何言?数载吞声忍气。"然其自幼亦立志改变命运,以刻苦读书来获得功名,俟出人头地而光宗耀祖。于是经三十余载考场,以至而立之年仍不能如愿。但他并未灰心,立下"不达目的誓不罢休之志,"继续苦读拼搏。万历二十二年(1594年)邑考,莱芜知县冯月祯赏识其才,取秀才,时三十岁;万历二十五年〔1597年〕乡试前,冯公亲自予以指点,茅塞顿开,再考而中举,时年四十岁;继而春闱,与熊廷弼、官应震等三十二名宦一同殿试得中,皇帝御批"赐同进士出身"三甲第一百七十五名,登二十六年戊戌(1598年)科赵秉忠榜,时年已四十又一矣。及筮仕,任荆州、淮安二府推官,主事两府刑狱诉讼。

亓诗教以贫民释褐,最了解生活在社会最底层的平民的诉求,又值而立之年,故执法公正,办公老练。他在淮十四年间,盖无冤案、积案,多次获朝廷敕命褒奖,万历三十五年(1607年)朝廷敕命:"尔直隶淮安府推官亓诗教,志行端纯,才道朗练。自抢廷献,再理邦刑,而尔能察丽,

卷一·著述

求中缘经，辅律敬慎，重一成之。"尤其在荆州，因其清正廉明、吃苦耐劳、办案得力旋名声大起，朝廷诰赠其府君亓三顾"文林郎"，母亲程氏诰封孺人。

万历四十年（1612年），亓诗教调京，授官礼科给事中。明朝设"六科"，这是一个独立的机构，权力很大。据《明史·职官三》（卷七十四）载：六科，掌侍从、规谏、补阙、拾遗、稽察六部百司之事。凡制敕宣行，大事覆奏，小事署而颁之；有失，封还执奏。凡内外所上章疏下，分类抄出，以俟封驳、科抄、科参、注销，

亓诗教画像

参署付部，驳正其违误。"封驳"即是辅助皇帝处理奏章，"科抄"与"科参"即是稽察六部事务，而"注销"则是指圣旨与奏章每日归附科籍，每五日一送内阁备案，执行机关在指定时限内奉旨处理政务，由六科核查后五日一注销。另外，给事中乡试可充考试官，会试充同考官，殿试充受卷官；册封宗室、诸蕃或告谕外国，充正、副使；朝参门籍，六科流掌之；登闻鼓楼，日一人，皆锦衣卫官监莅；受牒，则具题本封上；遇决囚，有投牒讼冤者，则判停刑请旨。凡大事廷议，大臣廷推，大狱廷鞫，六掌科皆预焉。由此可以看出，明代给事中不仅能够稽查六部百官之失，另外诸如充当各级考试参与官廷议、廷推这些只有各部堂上官才能参加的活动，也要由这些只有七品的官员参加，由此可见其职权之重。

然而出乎意料的是，他刚入京师，便陷入"党争"。何为党争？原来在万历二十二年（1594年），朝廷会同推荐选任内阁大学士，顾宪成提名的人都是明神宗所厌恶的人，进而更触怒了神宗，顾宪成被削去官籍，革职回到江苏无锡老家。顾宪成回到家乡以后，同弟弟顾允成倡议维修东林书院，偕高攀龙等讲学其中，同时宣扬他的政治主张。万历三十二年（1604年）农历十月，顾宪成会同顾允成、高攀龙、安希范、刘元珍、钱一本、薛敷教、叶茂才（时称"东林八君子"）等人，发起东林大会，制

定了《东林会约》。顾宪成等人在东林书院讲学之余，往往讽议朝政，要求改良政治，以缓和统治危机，这样便得到了在野及部分在朝士大夫的呼应，逐渐聚合成一个颇有影响的政治集团，称"东林党"。同年，浙江宁波人沈一贯入阁成为大学士，任首辅后，便纠集在京的浙江籍官僚结成东林党的反对派，被称作"浙党"；此外，朝中官僚组成的东林党的反对派还有"齐党"（以亓诗教籍贯山东而显名），以及"楚党"（以其同年官应震、吴亮嗣籍贯湖广而得名）、"宣党""昆党"等，也都是以地缘关系结成的党派。其中，浙党势力最大，齐党、楚党皆依附于它，故合称"齐楚浙党"，联合攻击东林党。东林党也与他们展开了激烈的斗争。从万历二十二年（1594年）"京察"（考核官吏）时开始，一直到弘光元年（1645年）"党争"就没有停止过，无论是在政治上还是在军事上，都争论不休。其实，这是明朝中后期严重的政治统治危机和财政危机，加深了社会矛盾，同时也是统治阶级内部矛盾日趋激烈的必然结果，是不以人们的意志为转移的。

"党争"则始于"争国本"（拥立太子）。明神宗之皇后无子，王恭妃生子常洛（光宗），郑贵妃生子常洵（福王），常洛为长。但神宗宠爱郑妃，欲立常洵，乃迁延几十年不立太子。内阁大学士王锡爵、沈一贯、方从哲等先后依违其间，东林党人则上疏反对，各党派又群起反对东林，于是"国本"之争缘起，从此，东林党与它的反对派展开了长达二十余年的争论。加之期间发生的"梃击""红丸""移宫"三案，绵延数十年愈演愈烈。对立双方还都利用每六年一次的"京察"作为排挤打击对方的手段，使明末考核京官的制度成为党争的工具。万历三十三年（1605年），东林党人、都御史温纯和吏部侍郎杨时乔主持京察，贬谪浙党官员钱梦皋、钟兆斗等，沈一贯从中阻挠。万历三十九年（1611年）北京京察便驱逐齐、楚、浙党官员；而南京京察主持在齐、楚、浙党人手中，又大肆贬谪东林党人；正值此时，亓诗教进京任职言官，岂能独善其身！

万历四十一年（1613年），顺天府乡试的分校官邹之麟舞弊录取童学颜，遭到御史弹劾，并同时弹劾汤宾尹越权录取其学生韩敬之事。皇帝下旨交部、院议，但却没有牵扯汤宾尹之事；御史再次上疏弹劾，皇帝下旨再议；而礼部侍郎翁正春便以"不谨"之名，仅将韩敬撤职了事，这便是明朝万历"乡试舞弊案"之缘由。而亓诗教看不惯礼部侍郎翁正春庇护同党主考官而追责宣党汤宾尹，更出于职责所在，于是便和同事赵兴邦两次上疏争辩，直质翁正春，弹劾其作为主官包庇考场徇私。《明通鉴·七十四卷》载："正春乃坐敬不谨落职，于是党人亓诗教等交章论列，并劾正春，纷呶不已。"翁正春遂以回乡侍奉父母为名，转官归养。通过此事，亓诗教崭露头角，他"遇事敢言，不避嫌怨"、论事"迅于发机，洞于破的"、论人则"鉴无遗照，权无失衡"，具有政治智慧和过人胆略、敏锐、机智、果敢，敢于直言，被推为"齐党之魁"，齐、楚、浙"三党"也由此随他皆一呼而百应。《明史·翁正春传》："四十年，进士邹之麟分校乡试，私举子童学贤，为御史马孟祯等所发。正春议黜学贤，谪之麟，而不及主考官。给事中赵兴邦、亓诗教因劾正春徇私。正春求去，不许。顷之，言官发韩敬科场事，正春坐敬不谨，敬党大恨。诗教复劾正春，正春疏辩，益求去。帝虽慰留，然自是不安其位云此。"但是，翁正春是东林党人的骨干，亓诗教如此弹劾翁正春，也把自己推向了东林党的对立面，以至嗣后几经变生肘腋，祸起萧墙。

翁正春辞职后，亓诗教便动员赋闲在家的恩师方从哲入朝补缺，万历皇帝对方从哲也颇有好感，于是在万历四十一年（1613年），方从哲入阁为相。

《明通鉴·第七十四卷》载："彼浙江则姚宗文、刘廷元辈；湖广则官应震、吴亮嗣、黄彦士辈；山东则亓诗教、周永春辈；四川则田一甲辈；百人合为一心，对抗东林。"此时，朝廷内忧外患，局势水深火热，党派之间的争斗也十分激烈。东林党人虽掌握朝政，但其余四个党却联合在一起，与东林党相对抗，然亓诗教则利用山东籍老乡吏部尚书赵焕左右时局。《明通鉴》第七十四卷记载："焕素有清望，愿雅不善东林，唯同乡亓诗教言是听。"亓诗教为方从哲门生，齐党首领，自然春风得意。一直持续到万历四十七年（1619年），齐、楚、浙三党权倾朝野，炙手可热，依附者众多，再加吏部尚书赵焕（莱州人）又"唯诗教言是听"，因此人皆称其为"巡皇城给事中"。亓诗教曾言："我疏语如悬一镜，令人自照，夫曰悬一镜则明察过，人不可干以私；曰令人自照，则欲及时猛醒，否则弹章上矣！"东林党人黄遵素谓之："出疏，每作隐语，人人自卫。"尤其重要的是万历皇帝亦对亓诗教非常欣赏和信任，曾敕曰："尔礼科给事中亓诗教，博大渊冲，贞纯直亮，论事则迅于发机，洞于破的，论人则鉴无遗照，权无失衡。"

万历四十三年（1615年），山东遭遇百年不遇的旱荒灾，《莱芜县志》云："一岁皆空，千里如扫，斗米斗金，尸枕藉，人相食"，饥民"流离失所，盗者蜂起，流离入江淮间，遂成人市"。邑名仕张家台村张布云："汶水断流，宫山火炽。斗米斗金，饿殍遍野。"都察院御史淄川人韩浚疏曰："四十三年（万历）八月以前，斗米可钱三百，后登莱（登州、莱芜）报斗米千钱，而今则无颗粒，犬马牛羊之类尽行宰食，而今则更无可宰。十月以后，有剉荞麦及绿豆之萁为末而嚼者，有望饥殣（埋葬的死尸）刮其肉而嚼者，有母死而子刮之、子死而父刮之者，有以数十钱鬻一妻、而买者剥其衣以去仍弃其人者，有全家阖门饮鸩以尽者，有夫妇同绳而缢者，有子女委弃于道旁之井、井水为之不汲者，有将子女弃于路或系于树、孱孱哀哀、父子不相顾者，有墟间之间日僵卧以数十计而旋为人食者。"尤其是青州，受灾害更加严重。《明通鉴·第七十四卷》载："青州举人张其猷，上《东人大饥指掌图》，各系以诗，有'母食死儿，夫割死妻'之句。"于是，青州一带饥民砸了县衙，劫了监狱，作乱造反，抢粮活命。适逢亓诗教持节册封晋藩，便道还里，一路上所见所闻，大为震惊，回家后便连夜赶写奏章，以便尽快奏明皇上，这就是著名的《饥民疏》。《饥民疏》洋洋千言，谈古论今，观点明确，言辞中肯。他从政治、经济、军事、地理等方面分析，从历史上历次农民造反起义的原因，以及给国家带来的灾难加以论述，议论国家政策存在的弊端与苛捐杂税带来的危害，他指出：必须废止农民正常赋税之外的额外负担。亓诗教在文中谈到山东农民造反的规模、形式和山东所处的地理位置时，力陈："山东海处其东，南接江淮，西通河洛，北则直拱神京称门户焉。青州一府凭负山海为四塞都会，其人多好侠使气，习射猎为常，易动难安，尤诸郡所视以为嚆失者。自昔草泽之雄尝出期间，既在我朝亦数举见之，如石棚寨的妖妇之乱，矿贼王镗之乱，大盗杨思仁号为赛宋江之乱皆在青州所属境内，至烦调遣乃克平定。今安丘非其覆辙耶，盖青州动则东省摇，东省摇则中原之路梗，而京师震，辇下一矣。"他直言不讳地道出了山东在朝廷所处的重要地位和山东交通的重要地位。那么此时朝廷对待叛乱的灾民是镇压还是安抚？亓诗教为民请命，奏道："欲捕乱民必先救饥民，乱民非尽出于饥民，饥民非尽入于乱民，我无所以救之，则乱民之为招，饥民为之驱，愈捕愈多不胜捕也，我有所以救之，则饥民不复趋之去，乱民不复招之来，或捕灭之或解散之，则一举可定矣。"而对之造反者，亓诗教在上疏中一针见血地指出："自古国家之祸，非一端，而其中盗贼之乱居多。……盗贼之乱，虽民之所乐为也，非困于大役即迫于饥寒，非重以天灾则益以虐政，无生之乐，有死之心。"他认为：治乱必须先治本，造反的原因就是迫于饥饿，应首先解决饥民的生活问题，叛乱自然得以平息。为了保活山东百姓的性命，亓诗教向皇上提出三大赈灾措施：第一，特发帑银十万两；第二，从上缴朝廷的税银中酌留十万两；第三，免除山东六郡包税二万三千两。这三项措施，得到万历皇帝的恩准，并很快得到了实施。

但在当初，亓诗教手捧奏疏，四处奔波，欲联络在京山东籍官员，期冀签名共同解救家乡父老。但因朝廷党争激烈甚至是你死我活，加之《饥民疏》措辞尖锐，所以诸多官员怕由此引祸及身，临朝退缩，独亓诗教一人不顾风险，直面上疏。此上疏得到万历皇帝嘉奖，改授尔阶"征仕郎"锡之。敕曰："朕受纳谏之实，天卜享直言之利，则于尔有厚也。"嗣而亓诗教又对朝廷在山东推行的粮食征购政策及其存在的弊端，提出停征、改折、抵平、留人四种方法，调整山东粮食征购政策并解决税收方面存在的问题，此举"救活东人无数"，尤青州饥民免遭涂炭，为感其德，莱芜、青州两地百姓在莱城西修建了生祠。生祠气势雄伟，规模宏大，整座建筑飞檐斗拱，雕梁画栋，苍松翠柏环绕，是时堪称莱芜祠堂之最。后人赞曰："一纸饥民疏，声名天下传。唯诚能动主，至性可回天。气肃严威象，祠成感戴年。至今瞻拜际，风采尚森然。"诗曰："觥觥静初祖，独立万仞巅。河南开府临，孤月当空悬。清风携两袖，大任克负间。当其立朝日，风霜肃班联。每有所论列，毅然一身先。其时东省饥，青州独尤焉。洋洋数千言，至诚乃格天。亿万万生灵，顷刻获安全。公德系人思，功业垂史篇。"这首诗道出了亓诗教为整个山东黎民百姓做出的卓越贡献。

万历四十四年（1616年），正值亓诗教嘉谋善政，如日中天之时，《明通鉴·第七十五卷》载："丙辰春，正月，百官贺正旦。礼毕，至端门，有革任督捕凌应登，突击御史凌汉翀于门。汉翀与应登同籍长洲，遂通谱。及汉翀为御史，恶应登所为不法。先是应登缘事吓取奸民王好贤四千金，汉翀廉得，发其状。应登亦讦汉翀为福清令贪黩及以贿得御史列款上，图报复，疏俱留中。至是应登乘汉翀不备，潜率其党伏门侧，持铁钩击汉翀，败面裂衣。同官力护，得不死。巡视皇城给事中亓诗教以闻，下九卿会勘互讦情事。"由此可得，此时能下九卿会勘互讦事者，势非炽而不能及矣。

万历四十五年（1617年），齐、浙、宣三党再次联合击败东林党，《明通鉴·第七十五卷》载："时三边势盛，而齐人亓诗教尤张甚。诗教，阁臣方从哲门生，而焕其乡人也，时焕年已七十有七，诗教以为老而易制，力引代之。比至，一听诗教指挥，不敢异同，由是素望益损。上终以焕清操，委信之。"《明通鉴·第七十六卷》载："方从哲独当国，请补阁臣疏上，始命廷推。与从哲同里相善，给事中亓诗教等缘从哲意，以及继偕名上。"这句话是说：当时方从哲独自担任内阁大臣，建议增补内阁大臣的奏书上交了十余次，才诏命朝廷大臣推举。有个沈潅，和方从哲是同乡，亓诗教爱方从哲之意，把沈潅和史继偕作为人选上报。但这两个人都在家乡，过了一年才赴京上任。万历四十八年（1620年）赵焕致仕后，给事中惠世扬、程诠相继弹劾方从哲，方从哲被迫辞官，齐、楚、浙三党之魁遂失去靠山，相继引去。三月，亓诗教亦乞归故里，隐居莱芜城南苍龙峡之"漱石山房"。八月，神宗驾崩，光宗继位。天启元年（1621年）熹宗即位后，东林党人得到重用。被亓诗教弹劾归养的原礼部侍郎翁正春启任吏部尚书偕理詹事府詹事，亓诗教虽已告归，但仍受周宗建等人的不断弹劾追论，处境险恶。天启三年（1623年）又逢六年一次的"京察"，东林党人赵南星任礼部尚书，实际掌控朝廷，主京察，他便借机排除党异，尽逐齐、楚、浙党人，不但将浙党骨干赵兴邦、楚党首领官应震、吴亮嗣等人扫地出门，亦将远在千里之外"乞归故里"的亓诗教予以罢黜，以防其东山再起。

当时朝里有个太监，名叫魏忠贤，字完吾，属北直隶肃宁（今河北沧州肃宁县）人，汉族。原名李进忠，由才人王氏复姓，出任秉笔太监后改名魏忠贤。明熹宗时期，出任司礼秉笔太监，极受宠信，被称为"九千九百岁"。他排除异己，专断国政，以致人们"只知有忠贤，而不知有皇上"。天启四年（1624年），东林党人杨涟上疏"二十四条"罪状，严厉弹劾魏忠贤，但在奉圣夫人客氏的庇护下逃过一劫，于是他对东林党人恨之入骨，必欲除之。先在万历四十七年（1619年），熊廷弼以兵部右侍郎代杨镐经略辽东，召集流亡，整肃军令，造战车，治火器，浚壕缮城，守备大固。但在熹宗即位，建州叛军攻破辽阳，熊廷弼再任辽东经略，但由于与广宁（今辽宁北镇）巡抚王化贞不和，终致兵败溃退，广宁失守。因当时王化贞是东林党人叶向高（当时首辅）的弟子，所以熊廷弼被东林党人"背黑锅"，于天启五年（1625年）被冤杀。魏忠贤借"熊廷弼事件"，诬陷并杀害东林党人左光斗、杨涟、周起元、周顺昌、缪昌期等人，史称"六君子案"。嗣而"阉党"谋士阮大铖编写《点将录》，把东林党骨干及同情东林党的社会名流编成类似于《水浒传》中的一百单八将，并按谱追捕。天启六年（1626年），魏忠贤又杀害了高攀龙、周宗建、黄尊素（大学者黄宗羲之父）、李应升等人，东林书院被全部拆毁，讲学全部中断。甚至连负责防守边疆的孙承宗、袁可立等正直大臣也相继遭罢官，至此，东林党被阉党势力彻底消灭。

阉党利用掌握在手中的东厂和锦衣卫，四出抓捕。他们不需要证据，甚至不要口供，用闻所未闻的酷刑折磨政敌，杀害政敌。史可法曾秘密进狱中见老师左光斗，但见其"面额焦烂不可辨，左膝以下筋骨尽脱矣"。杨涟受刑最多，五日一审。酷吏许显纯对其百般折磨，起初将烧红的铁球塞入其口中，继而令人将他头面乱打，齿颊尽脱；钢针作刷，遍体扫烂如丝；以铜锤击胸，肋骨寸断；最后用铁钉贯顶，立刻致死。死后七日，方许领尸，止存血衣数片，残骨几根。左光斗估计锦衣卫狱对他或是"亟鞫以毙之"，或是"阴害于狱中"，如果送到法司，或无死理，于是"靡焉承顺"。他也被五日一审，"河话百出，裸体辱之。弛扭则受拶，弛镣则受夹，弛抄与夹，则仍戴扭镣以受棍"。魏忠贤就是用这种恐怖手段来巩固自己的权势。

天启五年（1625年）以后入阁的大臣，大多为魏忠贤的党徒。这里包括顾秉谦、魏广微、黄立极、施凤来、张瑞图，以及魏忠贤被罢以后入阁的来宗道、杨景晨等人。而此时，方从哲的老乡，大学士沈㴶操握朝纲，权势日炽。沈㴶乃是亓诗教爱方从哲之授意而推举的，天启五年（1625年）八月，方从哲的老乡冯铨在魏忠贤的亲信鲁生推荐下登上相位。冯铨与亓诗教同是方从哲的门生，其父冯月祯在莱芜任知县时便与亓诗教有知遇之恩，所以两人关系甚契。故在天启五年（1625年）九月，亓诗教便被冯铨召回京城，超迁都察院右佥都御史（正四品），钦差巡抚河南等处地方，提督军务，兼理河道，集河南军政河务系于一身，堪比封疆大吏。天启六年（1626年），黄河泛滥，亓诗教念及百姓之苦，亲率吏卒苦守河堤，日夜巡查堵漏，万众百姓免遭水患之灾，河南民众感其恩德，在亓堂村修建生祠。孰料是年仲夏，冯铨被罢。冯铨列魏忠贤逆案第一帮凶，亓诗教再次陷入危险的境地。他知道魏忠贤等逆心狠手辣，当初若不听宣召，会立即以抗旨遭到杀头，但现在"阉党"又作恶多端，扰乱朝纲，恐势若冰山，难以久长，遂亦抱病请辞以求自保，自"夷门"（开封）归里。

天启七年（1627年）秋八月，熹宗病死，信王朱由检入继帝位，改元崇祯，即为思宗。思宗登位后，嘉兴贡生钱嘉征弹劾魏忠贤十大罪状，十通关节。思宗下令清查"阉党逆案"。一共清查出首逆同谋六人，交结近侍十九人，交结近侍次等十一人，逆孽军犯三十五人，谄附拥戴军犯十五人，交结近侍又次等一百二十八人，祠颂四十四人，共计二百五十八人，再加上"漏网之鱼"五十七人，共计三百一十五人。十一月，魏忠贤在被流放凤阳途中上吊自杀。而亓诗教果然被列入逆案，命悬一线。然经核实，徒为虚名，遂赎徒为民。

亓诗教致仕归里，看透宦海之沉浮，世间之炎凉，遂客居苍龙峡之"漱石山房"，逐日与友对吟诗词，赏花钓鱼，饮酒刻石。他远离朝廷，过起了淡薄清闲的隐居生活。崇祯六年（1633年），亓诗教薨，享年七十六岁。契友谭性教与章丘大中丞焦馨亲临李条庄泣吊并撰墓志铭。亓诗教一生著述颇多，除《礼垣疏草》外，还著有《莱芜县志》《胡公去思碑》《石痴居士传》《石痴诗集序》《饥民疏》《亓氏族谱·序》等留传后世。尤以在苍龙峡所做的《清闲词》，朗朗上口，流传最广，影响最大，在莱芜可谓家喻户晓。词曰："清闲二字真无价，隐向山林罢。邻舍四五家，种几亩田禾稼，结座茅庵自在，似我无冬夏。出门来随处安插，菜畦儿紧靠着葡萄架。桃李盈山谷，梨杏绕周匝。村酒熟，不用柞，稚子提壶，山妻把盏，野调歌论不着板眼错打，信口诗哪管他字韵讹差。喂几只看家犬汪汪嚓嚓，养几群花凤鸡叽叽哈哈。段机车哧棱棱，琴棋声响乒乓。到春来寻芳不用远处踏，到夏来涧边流水在枕峡，到秋来黄花咫尺遍半塔，到冬来梅雪相邀把酒哈。山家说不尽，你请我来我请他，山家说不尽，阴阴晴晴樵牧话。石底下掬螃蟹，草窝里扑蚂蚱。钓的鱼儿三指大，面里托，油里炸，嚼一嚼，咂一咂。四时无烦恼，遂日笑哈哈。客来有啥咱吃啥，不必你东挠扫西刷刮。李杜诗千首，圣贤书半榻。后代儿孙全不挂，是非荣辱一任他。朝廷任有多大大，不犯王法管不着，咱不是神仙是什么？庚午夏日，薄暮雨过，诘朝大晴，风括云净，天气晴和，草木敷荣，万家咸宜。与友人在峡谷避暑，探幽览胜，开怀畅饮，坦然率性，觉不逾矩。有飘飘欲仙之致，历历有得，皆自清闲。遂为词一首，兴动书已，以纪入道概矣！"

亓诗教葬于何处，至今不详。据老人们传说，当时出殡之日，从家里曾抬出棺椁多具。苍龙峡以西旧有其墓冢，当地人称为"大坟子"。墓碑高丈余，无墓表文。"文革"时期墓冢曾被打开，墓穴内仅有几件丝质衣物类，并无发现尸体。以东数十米处是其长子墓冢，"文革"时期也曾打开过，仅在墓穹嵌一锃亮圆镜，取出后不知去向。两墓中取出若干锡制品，诸如马车、酒具、茶具之类陪葬品。

亓诗教历官：初任荆州、淮安二府推官、礼科转吏科给事中、前翰林院提督四夷馆、太常寺少卿、都察院右佥都御使（正四品）奉敕巡抚河南等处地方、兼理黄河提督军务。

亓诗教离世后，其家人迁居河南，亓堂村建有"都宪祠"（参见本书219页《李条庄马孺人墓表》）。

莱芜市高庄街道团山村亓煦，字子恒，号暄严，四门升祖后之十二世孙，其高祖亓彩，身躯丰伟，有勇有力，在明末土匪四起之时，手持两把铜锤，匹马杀群贼，纵横莫敢挡，邻近依为保障。享寿一百多岁，其品德受乡人敬重，经保举，蒙恩荣冠带，下诏嘉奖。明万历时置田八百亩，富甲一方，为其家族繁荣及其科举仕进打下了基础。其父亓任，邑秀才，热衷科举，故而亓煦自幼便受到了良好的家庭教育，而父辈们的影响也使他学业进步很快。在兄弟三人中，亓煦行三，二哥亓丞

亓煦画像

为秀才，亓煦十六岁亦成秀才。亓煦擅长诗文，为人刚正，品行高洁，尤尊承父志，好学上进，热衷科场功名。康熙三十年（1691年）乡试中举，莱芜同乡魏锡祚也在其中。康熙三十六年（1697年）荐国子监贡生，时亓煦已过知天命之年。翌年二月会试，名落孙山；三年后再考不中；再历三年又赴京赶考，仍旧榜上无名。虽屡试不中，但他仍不气馁；康熙四十八年（1709年），已含饴弄孙的亓煦由家人陪伴，再次步入礼部贡院，参加会试，二月初九、十二、十五放榜，终于会试得中。他历经十几年，四次落第，终于成为一名进士，时六十有三矣！此科进士共二百九十二人，是历次会试录取进士最少的一科。新科状元是江苏常州赵熊诏，同科考中的还有莱芜张嵩（张四教之孙）。遂即按照惯例任命为直隶河间府青县知县。但这迟到的功德，并没有使他飘飘然，而是脚踏实地为官，实实在在造福百姓。也由于年龄的优势，已经成熟的性格和处事的干练，使他处理起公务游刃有余。他德才兼备，克己爱民，朝廷敕封文林郎，调任长芦都转运盐使，负责沧州分司。时间不长，亓煦告老还乡。颐养天年之余，他对道教之说颇有研究。清雍正年间（1678—1735年）四修《亓氏族谱》，因病未梓。为选茔地，亲自实地察看，去世后葬于郭娘泉之西汶水之阳杜官庄东北处，茔田一亩。

潍坊远里村亓玮，字信卿，号还浦，一门十世。万历戊午年（1618年）中举，天启乙丑年（1625年）秋帏，中三甲一百九十九名进士。初任泌阳知县，二任陈留知县。为政以抚循百姓为心，不事刑朴而境内大治。钦取江西道监察御史，厘弊摘奸，务以进贤。升主事，敕封文林郎。钦命提督江南苏松等处。崇祀乡贤。靖江人为其立生祠。

亓键，字子斡，号北庵。一门十一世。潍坊远里村人。顺治丁酉（1657年）武举人，辛丑年（1661年）武进士。任凤阳右卫守备。

潍坊亓士英，字迈群，一门十二世，康熙戊午年（1678年）武举人，康熙己未年（1679年）成武进士。举人亓廷俊，字有三，一门十四世，曾任恩县教谕，敕授修职郎。亓祁年，字倬田，一门十五世祖，道光乙酉科（1825年）举人，捷取知县。时莱芜倡修亓氏先祠，亓祈年率先捐款捐粮，故潍县数十宗亲赴莱芜奉捐善款，队伍行至里许。功竣，撰《建修先祠碑记》载于谱（详见《圣旨墓表》）。咸丰、同治年间，捻匪炽，亓祈年治西乡团练，匪窜县境，亓祈年登圩固守。圩破，率众巷战，力竭被缚，骂贼不屈死，与侄文丰及全家一百四十二人同时阵亡，朝廷恤赠道衔，赏世职，建专祠，文丰等附。

商河县河沟村亓保，字守庵，一门十六世孙。他幼年读书，天资颖异，凡逢考试皆为冠者。童子试，受知师提学赵佑有谓之为国中人才出众的人。清乾隆己酉年（1789年）保送入京，翌年朝考，授乐安县训导。嘉庆辛酉年（1801年）乡试中举，补乐安教谕，期间，振兴文教，培养士气。嘉庆戊辰年（1808年）科成进士，任保定县（现为保定市）知县，秉公持正，兴学爱民，尤耻遇事求人之徒。再补临城县令，历经五个月而卒。亓保是亓氏第十位进士，虽聪颖端敏，然命运多舛，诸事受阻，壮志未酬。一生致力经济之学，亦未得展布焉！著有《琅槐遗编》传世。

莱芜大官庄亓因培（1861—1953年），字养斋，号荇荪，三门十九世，清咸丰十一年（1861年）出生。因幼年家贫，寄读于外祖父家。1879年中秀才。1900年中举人。1911年赴菏泽任省立第六中学语文教师。时值知天命之年，自书座右铭："王命不足畏，祖宗不足法，人言不足恤，大有之日正此时也。"自刻闲章曰"实行家"。期间，加入中国同盟会；与同事丛连珠、范明枢、张雪门等制订校训："习勤养勇敬业乐群"；支持学生自治会组织各种研究会，并为"心学会"指导者之一。民国初年，他首先支持妻子放足，因此获县政府颁发的"放足褒奖"，并支持妹妹和女儿到外地求学。五四运动期间，积极支持并参加师生反帝、反封建的爱国运动。以心学会为中坚，掀起菏泽地区学生运动，师生罢教罢课，走出校园，查封日货；捉拿贩毒商会会长，促使当局查封商会；追逐各县麇集菏泽参加曹锟贿选活动者，直到其销声匿迹，学校始复课。此举蜚声遐迩，震动各界。1919年秋，被泰、莱、新、费、蒙、沂、肥七县推选为广州非常国会护法议员，1921年南下广州，参与孙中山领导的民国政府工作，参加制订各项除旧布新法令。1922年6月16日，在陈炯明叛乱中，幸免于难，后与山东的六名议员共同向全国发出《广州非常国会声讨陈炯明宣言书》。尔后，越海经安南绕回云南，辗转四川等地，于1924年回到莱芜。1928年12月，出任博山县县长。

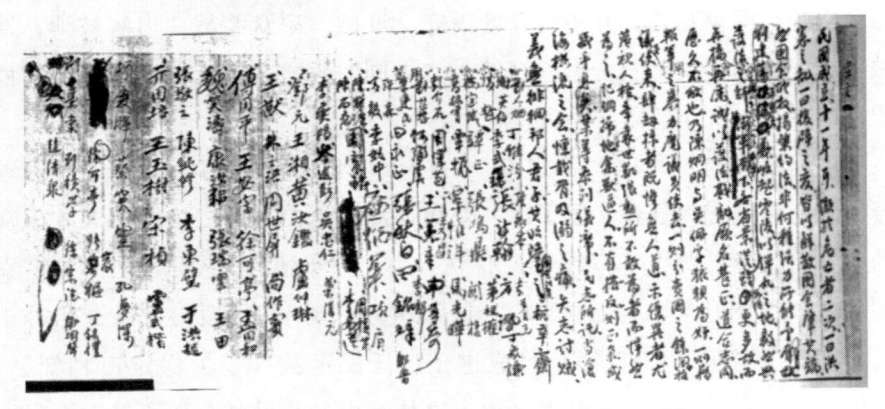

亓因培在广州非常国会签署《广州非常国会声讨陈炯明宣言书》草稿

翌年夏，在全省县长会议上，因仗义执言得罪山东省政府主席孙良诚，引退回乡，并谢绝官场活动。1934年秋末，与许子翼、王希曾编纂《续修莱芜县志》，在这部志书中，他提出重民庶、重工商等重要观点。1938年日军侵占莱城后，派汉奸拉着人力车登门请他为伪政权效力，遭到其严词拒绝。汉奸追踪胁迫，他便毅然出走，拄着拐杖，辗转来到沂蒙山抗日根据地，与李澄之、范明枢、彭畏三、耿光波在第四联中任教。在反

"扫荡"中跟随机关和部队行动,虽条件艰苦但仍坚定乐观,被称为"抗战老人"。1940年2月,在鲁南当选为山东省宪政促进会主任。1940年8月26日,在山东抗日根据地各界人民代表联合大会上,被选为国民大会代表和山东省临时参议会参议员。同年9月,当选为中国国民党抗敌同志协会监委。1941年秋当选为泰山区参议长。1946年春回到家乡,虽已八十五岁高龄,仍任县参议员,在"土改"和"支前"及恢复战争创伤中协助政府工作。

1948年,动员家族伐倒祖茔大批柏树支援胶济铁路修复工程。中华人民共和国成立后,拥护中国共产党的方针政策,在给子孙的信中赞叹"百物欣欣向荣,凌乎唐虞之治"。1953年逝世前,还让人用椅子抬着出席政府的会议。1953年谢世。

迄今六百七十余年间,我亓氏由一人而分四支,长支勤祖及其后裔世居豫皖之阜阳、兰考,次支宾祖与四支世能祖及其后裔居住莱芜,多盘桓于吻合两岸;三支全祖及其后裔,迁平阴及鲁西北,生齿繁衍,一而十,十而百,百而千,千而万,若瓜瓞绵绵,生生不息,几近十五万众立于中华民族姓氏之林。代有才俊,其中,进士十人:一门九世祖亓诗教、二门十世祖亓之伟、一门十世祖亓玮、一门十一世祖亓键、一门十二世祖亓士英、四门十二世祖亓煦、一门十六世祖亓保;文进士共七人。武进士有:勤祖后之六世孙亓涣、全祖后之十三世孙亓九功、亓九叙;共三人。而举人者二十有余,前文有表,后文有传,故不赘言。正如诗教祖所言:"尝观往古数千年间,有一人焉,起草莽,经乱离,独创一家,独开一姓,而根基气派流贯;滋息于数百年之远,直将于国运相始终。若此未易数数然也,乃于我亓氏!"

山东省莱芜市劝礼村
莱芜方志办《莱芜古今》编委会委员
二十一世孙　亓贯德

主要参考资料:《明通鉴》《明史》《明史演义》,吴晗《朱元璋传》,商传《永乐皇帝》,《中国通史》《话说中国》《明朝那些事儿》《中国皇帝全传》；河南《仪封县志》，新编《旧兰考县志》，清康熙《莱芜县志》，《莱芜历代志书集成》《莱芜区域文化通览》。清嘉庆莱芜《亓氏族谱》、清道光《亓氏南三门族谱》、民国莱芜《亓氏族谱》、民国阜阳《亓氏族谱》、平阴《亓氏族谱》、潍坊《亓氏族谱》、阜阳四修《亓氏族谱》等。

亓诗教墓志铭残片

莱芜高庄街道南梨沟村，今存墓志铭残片，由亓屹保存。据他介绍，大约在1996年前后，他在劝礼煤矿井任口下料矿工，发现此块石料有字迹，故从中挑了出来。后经莱芜金石专家吕建中先生考察发现，这是亓诗教墓中的一块墓志铭，是从劝礼村亓诗教墓冢出土。残片长约四十六厘米，宽约三十四厘米，厚约二十厘米，仅剩十几行字迹依稀可辨："莱芜静初亓公盖海内第一端人也与余先……不□□

今存亓诗教墓志铭残片

无何而讣音至矣余偕焦中承往哭之痛越八月……拮据先恭人□事而能执笔札之后□念公交游满天下□……自士伯士伯生世能世能生积积生正正生宁宁生玤玤……以公贵累赠征仕郎礼科给事中娶于程是为公母累赠孺人……字可言别号静初生而聪颖不类常儿七岁就外傅塾师所讲……丧空如□□于大邑候涿鹿冯月祯公诚廪生见公文大加赏识……为□子师唯□□恒至（两）夜自定谋明深必五□虽祁寒盛……同考楚间□戴礼录何若（焉）可等养而人交（林）□□……□帑金八两辛丑丁大母忧历明年壬寅后丁程孺人忧□□毁□□……"

此文为焦卿与谭性教撰写，佐证了三个方面的历史事实：第一，传说亓诗教曾屡试不第，后有冯知县点拨而中举的事实；第二，明万历四十七年、四十八年，亓诗教曾在家丁忧；第三，亓诗教卒，章丘焦卿确实前来吊唁。这为进一步研究亓诗教的生平历史提供了可靠而翔实的实物证据，弥足珍贵。

注：文中"□"为缺字，"（）"为判断加字。

【相关人物】

谭性教，字生伯，号笠翁，莱芜谭家楼村人。明万历三十八年（1610年）进士。万历壬子年（1612年）被选调河南省开封陈留县任县令。此处荒草遍地，庄稼枯黄，又常遭黄河泛滥，乡民饥寒交迫，难以维持生活。谭性教到任后，经认真考察，发现主要问题在于庄稼不能合理密植，外加荒草遍地，特别是茅草丛生。但此地土质尚好，谭性教便发动乡民给庄稼间苗、锄草，但遭到百姓极力反对。他们认为，这个密度栽培的苗子还不够吃，如果间苗岂不更挨饿吗?! 但直至间苗后庄稼当年大获丰收，百姓才心服口服。于是乎，皇帝将这一方法定为"赈荒投柜法"，并令全国效仿。万历丙辰年（1616年）任襄城太守，新修六十余里来家渠一条，为襄城人民创造了长久的幸福。万历戊午年（1618年）河南同考所举五人，联第者四人，榜首乃后来当朝大司马梁廷栋。谭性教曾智破杀人奇案，降服"二大王"，有《谭性教智破案中案》和《谭性教降服"二大王"》等民间故事广为流传。

万历庚申年（1620年），谭性教升任南京吏部验封司主事转任稽勋司郎中；天启丙寅年（1626年）升任陕西省按察司副使，主事兵粮兼管学政兵备西塞。期间，曾会同大中丞焦卿大战宁夏长沙窝。天启五年（1626年），亓诗教由河南开封抱病回故乡，居苍龙峡"漱石山房"，谭性教也从宁夏因腿疾回归故里，客居小北冶村"黄雪山房"。

谭性教才华横溢，工于古文，甚至有后来者称："莱芜有古文，始谭性教。"所遗书稿《诗文杂稿》《两县谳语》《金陵谱游》等。但谭性教却很谦逊，逝前自语："吾十有五进于学，三十三而仕，五十二而退，五十八而逝；功不足及人，名不足垂世，生无可述，死无所系。"亓诗教多次莅临小北冶做客，而谭性教也常来苍龙峡游览，二人结为契友。

焦卿，章丘人，与亓诗教同年进士。宁夏长沙窝之战，谭性教于与焦大中丞椎牛酾酒，享士演武台，醉千百健儿，裹大锟马鞍上，令右手持刀，左手悬血颅，率队而入；战场上钲鼓振天，吼声若雷，威风所慑，毳幕远遁矣！故而二人结为生死之交。

冯月祯，河北涿鹿人，明万历二十年（1592年）前后曾任莱芜知县，时亓诗教考取秀才，他对亓诗教的文章"大加赞赏"，并指导其乡试中举。冯月祯之子冯铨（1595—1672年），字振鹭。顺天涿州（今河北涿州市）人，明万历进士，受检讨。天启五年（1625年）以礼部侍郎兼东阁大学士入内阁，晋尚书加少保兼太子太保，曾召亓诗教回宫，擢其升任右佥都御史巡抚河南等处地方。

莱芜南梨沟村二十一世孙　亓屹
2017年12月8日

阜阳族谱门说

南院长门说

十世祖敬祖公、敬铭公、敬佑公之父九世祖，与豫公是同世兄弟，首谱时未入谱，不做深究。据祖上传说考证：十世祖敬祖公、敬铭公、敬佑公，原居阜阳茨河铺东亓家营，后敬祖公、敬佑公迁居沈丘集（今临泉县城）亓家湾。九世祖豫公首次续谱未入谱，十四世祖潜溪公二次续修收入族谱，该分支系南院长门，今特续入正谱南院长门分支系族谱。

敬记：亓氏阜阳第四次续修办公室于七里铺
2001年10月12日

茨河铺东一门说

按庄前立营，九代祖中一穴，十代祖右一穴，艮山向左一穴，乃留长门敬祖地，后葬沈丘未用。现左一穴凤来，右二穴亮，左二穴老虎。沈丘集系长门三门，此系二门，坟葬庄前中穴左，凤鸣右，凤祥左二窨。玮葬老营西北,凤仪附焉从田妻张氏,耆张抡鑑之妹。

生员张毓恒之胞姑,守节三十余年,从先住周家营,余住亓家营。

十四世孙濂潜溪敬记
大清乾隆五十四年
岁次戊申小阳月

沈丘一门说

住亓家湾埠口,亦名亓家埠。口相传以为建侯公庶长子,以原谱未入,故收之而别为一门。再查此与茨河铺一门,其分门之祖乃与建侯公同代,则传闻之讹可知矣。

十四世孙濂潜溪敬记
大清乾隆五十四年
岁次戊申小阳月

小运河一门说

其始祖,相传葬于城南三里岗祖茔忠公墓西北一穴。前明,建侯公讳豫;前清,潜溪公讳濂;两次修谱俱未入谱。今收之者,以第八世汝进公之神主及其后人之神主,即:居先祠西山龛。而汝进公之字讳及其后人之字讳,续载家谱,又一支耳!

十六世孙振清虚谷敬志
中华民国五年岁次丙辰小阳月
全篇资料:阜阳四修《亓氏族谱》

亓氏十进士

亓 涣 勤祖后,居颍州。万历十三年(1585年)天子下诏求武士于乡。亓涣挺身应试,陈策千百言,凿凿如石画,而论武功,则一路过关斩将,遂中河南武举。继而再战成武进士。墓在阜阳。

亓诗教 字可言,又静初,一门正祖后宁祖系之九世孙。因晚年客居劝礼村苍龙峡,故号"龙峡散人"。赐同进士出身三甲第一百七十五名,万历戊戌年(1598年)科赵秉忠榜。莱城建"都宪坊"。已发现墓两处,一处在劝礼村,另一处在李条庄村。2017年10月,亓诗教被选中为"莱芜市历史名人"之一。

亓之伟 字坦之,号超凡。明天启壬戌进士,令成安、调浚县,有铁面不发私书之颂。天启六年(1626年),朝廷敕命褒嘉"文林郎",升山西金事分巡阳和。崇祯末年战死朔州,乾隆四十一年(1776年)皇帝赐谥"忠愍",在羊庄村敕建茔园,谓之"御葬林"。

亓 玮 字信卿,号还浦,一门十世孙,潍坊市远里村人。万历戊午年(1618年)中举,天启乙丑年(1625年)春闱,中三甲一百九十九名进士。初任泌阳知县,二任陈留知县。为政以抚循百姓为初心,不事刑朴而境内大治。钦取江西道监察御史,厘弊摘奸,务以进贤。升主事,敕封文林郎。钦命提督江南苏松等处。崇祀乡贤。靖江人为其立生祠。

亓 键 字子斡,号北庵。一门十一世孙。潍坊远里村人。顺治丁酉年(1657年)武举人,顺治辛丑年(1661年)武进士。任凤阳右卫守备。

亓士英 字迈群,一门十二世孙,潍坊市远里村人。康熙戊午年(1687年)武举人,康熙己未年(1679年)武进士。

亓 煦 字子恒,号暄严,四门升祖后之十二世孙,居莱芜市团山村。康熙三十年(1700年)乡试中举,康熙四十八年(1709年)会试得中。敕封文林郎,调任长芦都转运盐使,未几告归。去世后葬于郭娘泉之西汶水之阴杜官庄东北处。

亓九功 平阴付庄全祖后之十三世孙,乾隆己卯年(1759年)、乾隆庚辰年(1760年)联捷成进士,授福建督标左营守备。升台湾淡水都司。授直隶天津镇标左营游击。后告瘫疾归,杜门不出,朝夕父母侧。皇封都督府,当地俗称"大官府"。

亓九叙 字丹弼,平阴付庄全祖后之十三世孙。自幼练习王翀"太平拳"。由武生中乾隆乙酉年(1765年)举人,乾隆己丑年(1769年)成进士,恩赏兰翎侍卫,乾清门行走。因在任积劳成疾,卒于客馆。诰授武将军,皇封都督府,敕曰:"为国为民保天下,南征北战定太平,御前侍卫都督府"。当地俗称"二官府"。

亓　保　字守庵,一门十六世孙,商河县河沟村人。幼年读书,天资颖异,凡逢考试皆为冠者。童子试,受知师提学赵佑有谓之为国中人才出众的人。清乾隆己酉年(1789年)保送入京,翌年朝考,授乐安县训导。嘉庆辛酉年(1801年)乡试中举,补乐安教谕,期间,振兴文教,培养士气。嘉庆戊辰年(1808年)科成进士,任保定县知县,秉公持正,兴学爱民,尤耻遇事求人之徒。再补临城县令,历经五个月而卒。著《琅槐遗编》传世。

济南市平阴付庄二十世孙亓树磊
2017年12月15日

乡贤士绅选录

亓士伯　字阁臣,亓氏始祖,江南贵胄。元末明初,因避兵乱,举家北迁,先适宋,再徙鲁,旋至莱芜定居!明嘉靖十七年(1538年)初创《亓氏族谱》,六世祖銮公云:"昔闻祖父遗言,上祖原系江淮人氏,姓亓,当元末明初兵乱,因流移至此。初至本邑住东关裴氏家,后迁在汶水以南。时至治平,乃就定籍汶南保当差。洪武改元,又移居汶北钟徐铺,占军匠两籍,家成子大,遂创立祖茔于羊庄。"明万历二修族谱,八世祖亓遇、九世祖亓诗教尊为始迁祖,亦称"明始祖"。子四,长讳勤,次讳宾,三讳全,唯四讳四,官名世能,出生莱芜。元末明初,天下动荡,为防不测,始祖遂令诸子或从军或各分散盘桓于汶滨南北。卒,葬羊庄祖兆。

谱云:"先桃事亲以孝,勤俭治家。处世忠厚,恬静寡言。教尊孔孟,谆谆为言。务积隐德以裕后世焉。善端种种,难以尽言。余因先训记忆心间,不敢隐昧,录而述之,以为永传。"2011年复修始祖墓于羊庄祖茔。

资料来源:《亓氏族谱》

亓　勤　又名三、宇、成。生卒年月待考。莱芜族谱谓之勤、宇公;阜阳族谱谓之三公;考则实属一人而多讳,即明始祖士伯之长子。原本江淮人氏,元朝末年,为避战乱,随父举家迁徙,曾居河南仪封县(今河南省兰考县红庙镇亓庄村），辗转数载而徙居莱芜。或以军籍返回河南仪封县（今兰考县），参加地方武装。洪武元年（1368年）三月，归附大将军徐达，嗣而随明军南征北战，屡建功勋。初为骁骑小旗，一日，明太祖朱元璋亲选军卒，至成名，上曰："此必海外异姓。"即举笔易"亓"为"祁"，今子孙后代，仪封者仍姓亓，官承袭者皆从祁。建文四年（1402年）十一月二十九日因子亓英（忠）有功，得诰命，钦封明威将军镇南卫军事指挥佥事。墓在莱芜羊庄祖茔，于二〇一六年亓氏文化研究会重修。

河南兰考县二十一世孙　亓令志
2017年12月18日

亓　英　又名忠、祁英，字、号，俱缺。勤祖长子，生卒年月（？—1431年）。明嘉靖、万历《仪封县志·人物志·勋业篇》（卷十）载："祁英、本姓亓，前明以靖难军屡立战功，授副千户，迁指挥史。洪熙元年（1425年），升中军都督府都督佥事（正二品）。宣德六年（1431年）卒，宣宗赐祭葬，子孙世袭寿州卫指挥佥事。……英父亓成（勤），洪武元年（1368年）从军，归附大将军徐达，升骁骑小旗。一日，太祖亲选军卒，至成名，上曰：'此必海外异姓。'即举笔易亓为祁。至今，子孙家仪封者仍姓亓，在官承袭皆从祁。至七世孙民表，曾任中都留守司副留守。"宣德二年（1427年）十月，皇封锦衣卫指挥使，大明《宣宗章皇帝实录》（卷三十二）载："壬戌，赐都督张昇、马亮、高成、马聚、谭青都督同知；程忠、杨泽、任礼、高文、冯斌都督佥事；郭志、祁英（亓英）、李玉、王敬、韩僖、李道、郭义锦衣卫指挥使；李顺、刘庆、中所正千户；王曾二十人诰命。时昇等同奏：请授行在兵部言武臣颁诰之例，俟清理贴黄，然后给授。上曰：'昇，朕舅氏马亮辈，多效劳勤，锦衣卫官朝夕侍卫，左右俱与之，勿拘例。'"另据《大明仁宗昭皇帝实录·蹇义等纂修》记载："洪熙元年正月上，丁丑日，加祁英为中府都督佥事，山东都司都指挥佥事。"勤（成）祖子亓英，即谱载亓忠是也："洪武二十二年（1389年）代父役。二十三年随燕王朱棣征以都山"。《明史·本纪三》记载："二十三年春正月丁卯，晋王、燕王棣帅师征元丞相咬住、太尉乃儿不花。……三月癸巳，燕王棣师次迤都，咬住等降。"洪武二十四年（1391年）远征洮儿河。《明史·本纪四》："癸未，燕王棣督傅友德诸将出塞，败敌而还。"洮儿河是黑龙江水系松花江西源嫩江右岸最大的一条支流，位于中国内蒙古兴安盟境内与吉林省西北部。明洪武二十五年（1392年）兑换燕山中卫。建文元年（1399年）秋，七月癸酉，燕王朱棣举兵反，杀布政使张昺、都司谢贵，史称"靖难之役"。亓英随指挥马宣走蓟州，通州、遵化、密云，相继降燕。丙子，燕兵陷蓟州，马宣战死。八月，克雄县、漠州、真定有功，升本卫小旗。九月接应永平，十月克大宁。十一月辛未，征虏大将军曹国公李景隆与燕兵战于郑村坝，李景隆败绩，奔德州，诸军尽溃，英祖因战功升总旗。二年夏四月已未，李景隆及燕兵再战于白沟河，亦败之。明日复战，再败绩，都督瞿能、越巂侯俞渊、指挥滕聚等皆战死。五月燕兵陷德州，遂攻济南。李景隆败绩于城下，南走。亓英因攻济南有功，升百户（明代卫所兵制亦设百户所，为世袭军职，统兵一百人，正六品）。建文三年（1401年），亓英参加夹河大战。《明史·本纪四》载："三年三月夹河大战，盛庸败燕兵于夹河，斩其将谭渊。再战不利，都指挥庄得、楚智等力战死。壬午，复战，败绩，庸走德州。"至是夹河大战全胜。建文四年（1402年），亓英以千户之职，五月过淮，六月渡江，遂定京师。十一月二十九日，钦升亓英为明威将军镇南卫指挥佥事（指挥佥事，秩正四品，明代京卫指挥使司所辖，协理禁中警卫部队，为"分巡道"前身）。自永乐十二年（1414年）始，亓英曾三次随御驾亲征，第一次从南京进征鞑靼，至和林行省等处（和林行省，时蒙古帝国的中心区域，元朝后期改为岭北行省）。

永乐十九年（1421年），明成祖朱棣迁都北京后，永乐二十年（1422年），亓英二次随驾钦征，至西凉亭（位于今内蒙古自治区锡林郭勒盟），永乐二十三年，第三次伴驾至清水源。此次北征，明大军分东、西两路回师，预期在开平会合。明成祖亲率东路军由近路返回，七月七日途经清水源，命大学士杨荣、金幼孜等撰文纪行，在数十丈摩崖上刻石，说是"使后世知朕曾亲征过此"。十七日，到达距开平尚有十一日路程的大兴安岭西坡的榆木川。明成祖朱棣自定都北京以来的三年间，三次出征，劳瘁愤恼，终因病体日益不支，亦惭悔不听夏原吉等的忠言，次日，在榆木川中病死，年六十五岁。洪熙元年（1425年）正月上，丁丑日，皇封祁英为中府都督佥事，山东都司都指挥佥事。宣德二年（1427年）十月，加封锦衣卫指挥使，宣德六年（1431年）六月初九朝罢，皇上退朝后，驾临左顺门，对兵部尚书许廓等人说："作为大臣侍奉君王，应该尽心尽力，不辞劳苦。如果年迈或有病，就应当好好对待他们。都督郭志、祁英、杨泽现在都已年迈有病，应该叫他们辞官养老，有子孙的让他们承袭为官。"于是，郭志等三人都辞官回乡养老了。当年仙逝。明宣德九年（1434年）三月十一日五更，皇太子（朱祁镇）在文华殿接受朝拜，文武百官身着朝服，施叩拜之礼。这一天，天空晴朗，春色明媚，众大臣仰望太子伟仪，止不住欣喜异常。太子遂令以官职大小赏赐群臣。钦闻中军都督府都督佥事祁英去世，遂敕命礼部主管依正二品礼仪祭祀安葬，并赐祭葬于今河南省兰考县红庙镇亓庄村，子孙袭爵，后裔多居安徽阜阳，人口上万。配李恭人、赵氏。生男长讳升，袭爵承祀，乃南北院大宗也；次名失传，现存策用等，其裔也。升公葬州城南三里冈东茔第二穴（寅山申向）。

2016年清明，阜阳、河南勤祖后裔根据《仪封县志》所载，在兰考县亓氏祖茔复建三世亓英墓。

河南兰考县二十一世孙亓令志
2017年12月18日

亓　豫　字非鸣，号建侯，勤祖之十世孙，居安徽阜阳市。万历壬子年（1612年）庠生、崇祯癸酉年（1633年）食饩，崇祯丙子年（1636年）河南乡试中式第四十名举人，授严州府推官，严平奉法，不畏强御，民无怨案。地苦皇绢运船之累，豫考旧额，条上抚按两台，力请奏疏分派，积害得除。所属遂安等县，贼党啸聚至数万人，豫兼布施恩，扼其要领，单骑往喻之，随为解散。抚按藩臬方具疏交荐，竟病不起。

资料来源：《阜阳府志》
资料提供：阜阳亓进涛、亓明礼

亓应龙　字虚斋，拔贡生。勤族后，居阜阳。性孝友，读书务穷理奥。弟早亡，抚教其三子，皆有声庠序。授生亦先德后文艺。接人谦和，

从无疾言厉色，一时有经师、人师之目。当事者重其名，举为乡饮大宾。

资料来源：《阜阳府志》
资料提供：阜阳亓进涛、亓明礼

亓 恕 字如心，别号筠洲，勤族后，居阜阳。少贫力学，精敏不群，作文操管立就，试辄冠军。中年尤邃经学，著有《周礼节钞》一卷，《春秋三传集要》一卷，未经刊行。从学者半皆颍之英俊。惜仕路未登，仅以岁贡终焉。

资料来源：《阜阳府志》
资料提供：阜阳亓进涛、亓明礼

亓 兴 鲁府王亲，常相往还，说则藐之，无视巍然。王敬其德，恩赐钞官。出任九江，在任三年，日进斗金，全不贪恋。商民感德，刻碑流传。余历其地，见而诵焉，至今不忘，是以永传。盖闻有功不著，无以启后人，有德弗彰，无以承先绪。功也德也，诚不可隐没弗道也。维我族谱，经兵燹水患，残缺不备，养宽公心焉忧之。窃念先君遗言曰："尔欲修谱，祖坟旁碑文可凭。"公恪遵先训往而视之，但历年久远，字迹不明，公为之顿足捶胸，唯有悲叹已耳！无奈，焚香祝告在碑诸先人之灵，曰："吾先人若不显明其字迹，孙虽有修谱之愿，何能遂乎？"踌躇久之，夜不能寐。细思非清水和灰刷之，其文莫显。至旦，掇水复至碑前刷之，诸先人神讳即时显出，斯乃公诚孝之心所感而致者也！嗣后，公按此碑文续残补缺，而谱赖之以成。庶俾先代祖宗弗绝祀典，后世子孙莫乱宗祧，其功德为何如也？俯思所为，其光前也远，其裕后也深，而其所以睦族敬宗也，亦罔不厚。倘不于伟功告成之后敬以述之，将何以对先人乎？故记之以载于谱云《濮州志》。

资料来源：《亓氏族谱》

亓国昭 亓闪，字国昭，六世祖贯之仲子也。公生而醇谨，恂恂慄慄，以绳尺自闲，每一举念，可矢鬼神。公少时，家徒四壁，甚至日不举火，亦以贫自怡，毫不肯妄干。稍长，力田服稿，遂逐渐有所蓄赢。即乐施，贷者无问亲疏远近，悉以给之。会有值岁祲，及世业飘零不能偿者，公悉举券火之，揾无所较，亦弗沾沾以为德也。公初寄踪于庄之东北村落，后徙居羊庄，始卜墓焉！今之栋宇，实公所缔造故址，而子若孙重为结构，以广衍之也。公之贻谋远矣，公之积德厚矣！公配李氏，举丈夫子三，长邦卿、次邦相，季邦宦，即之伟之祖也。之伟童卯时，尝闻之祖曰："尔曾祖殁后，尔伯祖与仲祖俱徙他乡，吾亦家事萧条，几不克终葬事，遂卜窀穸于此，以图岁时伏腊展墓之便，尔识之勿忘。"呜呼！先人已矣，屈指斯言五十余年，谁知为后人发祥之地，心田之说，殆非诬耶？之伟父万历甲午举于乡，数上公车弗利，空赍长志以没。未及，援笔以扬祖德。之伟邀祖先之灵，引父业而克终焉！自天启壬戌释褐，历官中外已二十年，眷吾茔而葺治之，不为强有力者，成其垣舍俾先灵，以妥修乃祀事，谨据平日所闻，括其概以勒贞珉，永垂不朽，实未及当年之万一也，唯令后之人有所追寻，云尔。

赐进士第中宪大夫直隶河间府知府
曾孙之伟谨撰

时　崇祯十二年仲夏之吉

亓进孝　字子顺，一门七世，居莱芜坡草洼村，例贡生，县志曰：公性直弱，不好弄长而究心愤典，概然有用世之志，卒不售于有司。乃贽入太学，初授孟县（现为孟州市）主簿，甫之任即署县事。清白有声，尤调宜阳县知县，比治更最，数膺御史台奖檄，不次擢用。公以征疴请老，宜阳人恋恋不忍，扳辕涕泣。祖饯者相属于道，乃《扳辕卧辙图》相赠。南刑部亚卿王公正国为之文："子孙数十人，悉为诸生，亦天道之报"云。

资料来源：《莱芜县志》

亓　彩　字静轩，八世，大力士，居团山村。明万历时，迁居亓毛埠，置田八百亩。身躯丰伟，以勇力闻。明末，土匪四起，尝持二铜锤，每柄重十余斤，匹马杀群贼，纵横莫敢当。邻近依为保障。寿百余岁。邑人以齿德兼尊，保举，蒙恩荣冠带，下诏嘉奖。

资料来源：《亓氏族谱》

亓斗南　九世祖，居莱芜坡草洼村。省祭官，乡饮介宾。其四岁丧父，事母至孝。家赤贫而孝养，所需无不毕具。历六十年如一日。御史台屡次旌奖。至表其门"一门节孝"。建有孝子祠。

资料来源：《亓氏族谱》

卷一・著述

亓占桂 字瀛洲，居劝礼村，亓氏南三门之八世祖，七世祖亓性之三子。明朝隆庆年间（1567—1572年）生人。自幼读书，勤奋好学，为邑"饱学之士"。明万历年间邑廪生，以教书为业。其弟子亓诗教官至都察院右佥都御史（正四品）。一生著述颇多，流传至今的有《族谱序》《亓氏门序说》等。文曰："人之为善，莫大于修身教子孙；能修身，则子孙视效之有则；能教子孙，则吾人修身则有终矣。"子四，文炳、文美、文杨、文德。劝礼村亓姓多为亓占桂之后人。

资料来源：清道光《亓氏南三门族谱》

亓 旺 字美玉，缵承丕续，敬尊祖言，务积功德，广结善缘。修东狱天齐于大潴潭东首，建寺修塔于花儿坡中间，报施不爽，信不诬焉。不持身享，百顷有余巨富而且子孙众多森森绵绵，立身制行真可欣羡。寿享八旬端坐终天。历来传说，敬以永传。《濮州志》文："公讳旺，字美玉。先世有善行，旺尤能同才，好施与乡里。贫乏能读者，资之读；能贾者，资之贾。余亦斟酌其所长，位置一业。婚嫁丧葬，力不及者，不待告而筹之，靡不周至，尤加意茕独薪米钱文，按岁月补助，以为常。族党赖以举火者无算也。其积而能散，好行其德类如此。及殁，州人勒碑以颂之。"

资料来源：《濮州志》

亓元士 亓氏为吾邑望族，自前明以讫国朝，或以德行著称，或以文章名世，或以忠孝节义彪炳史乘者，代有伟人。而与余寒族累世姻亲，凡得诸父老之所传，简策之所记，盖久之已，高山仰止矣。岁丙午，少亲家修益持其祖鉴明公旧所为长人公实录，乞余为之传。余自愧言之无文，行之不远，然昌黎有云："莫为之前，虽美弗影，莫为之后，虽盛弗传，"则乡先辈之嘉言善行，赖有人焉。道扬盛美，以志无忘者，是亦同乡后进者之责也，余不敢以不敏辞。公讳元士，字长人（西汶南村），岁进士（贡生的别称），任泗水训导。公父孝廉岩叟公，以孝行入孝子祠。祖大参超凡公，以殉难入忠义祠。曾祖孝廉成所公，以德行入乡贤祠。公兄弟三人，长即公。公事亲不敢有违。公父性最严，公至五十余岁犹恪守庭训。公父捐馆，与公母相距数月，公俱哀毁如礼。公性最和，能友弟。当析著时，让美取瘠，宅产物件皆然。公性颖敏过人，为文雅隽秀逸，下笔立就。弱冠补博士弟子员，早食廪饩，屡试冠军，人咸以大成卜之。奈数战秋闱不利。雍正七年，以岁进士任泗水训导。到任即明伦励行，日无他务。自是人习诗书，户敦孝弟，泗水之上，循循雅饬。八年，大涝歉收。泗水县尊姜公委公放赈。公最公平，无分毫不如民意。姜公因公放赈得民心，谢以米二十石，公坚执不受，曰："与其给我，何如留活百姓？"姜公始允。泗水县尊姜公后任为高公，即文渊阁大学士高中堂也。喜公心志和平，为人端方，与公最相得。屡邀入署，殷勤备至，曰："吾日与先生觌面，愿始慰也。"在任八年。归里后，与乡党处，不立崖岸，能排难解纷。故公在日，汶河两岸乡人无拘讼者。公尤善与人交，吏科掌印刘公，自幼为密友，至老不衰。待族人亦甚笃挚。沧州分司族弟子恒，与公相得，亲如胞兄，悉公有以感之也。公以泉河寺关帝庙在伽蓝殿偏侧欲建修正殿，因宦游未果，临终，犹叮咛子式愚等。今之改修，皆公志焉！

公生于顺治十四年十月十八日，卒于乾隆六年九月十一日。元配吴孺人，孝事舅姑，治家有法，凡奴婢等悉以礼绳之。生于顺治十四年八月初四日，卒于康熙四十年八月十九日。继妻李孺人性最和，事舅姑常得欢心，待子女等皆以宽平，即待前子与前女，并无歧见。公好会宾客，凡所具酒醴，皆赖孺人内助。生于康熙十九年十月二十二日，卒于乾隆二十二年八月初八日。公子五人，长早殇；次式愚，增广生；次式慧、式怦、式忠。女五人。孙九人，孙女十一人；曾孙十五人，曾孙女十五人；元孙八人。今夫人学问之所成，勋猷之所著，特患我无其具耳！苟其具在我侧，随地皆可以自见。以公之才与公之志，所得于祖宗之培植者甚深，父师之训迪者甚至。令大展其长，则凡前人之德行文章忠孝节义，毕其所优为。而区区以冷暑间曹小试其技，遇亦俭已。然而士民胥蒙其惠泽，长官咸钦其品谊以视叹老嗟卑而实碌碌无所短长者，其相去何如也！是亦足以见其一班矣。至于居乡恂恂睦族党，敦友谊，急公好义，排难解纷，一乡尊为长者。公殁数十年，至今人思其德，愈久而不能忘。所谓乡先生殁而祀于社者，微斯人其谁欤！以故积德获福，为善降祥，觇刑于之化，则琴瑟静好也，发麟趾之祥则子孙众多也。迄今观其家，五世一堂，霭霭怡怡，桂秀兰芳，亭亭玉立。士其业者，必志于登名，农其业者，必志于积粟。聪听祖考之遗训，深知稼穑之艰难，则所以敦本勿实。下学上达，于以光祖德而继祖功者，又何可量耶！要非公之盛德积累，有似锦先泽而裕后昆，何以能然与？余故乐为之传其事，以无忘前贤之美，且以勖其后人。

候选知县　吕克仁

作者简介：吕克仁，莱芜吕芹村人，自幼聪明好学，性格内向，不善交往，博览群书，且有过目不忘的天赋。中举后候选知县未补，应聘授教。执教期间，往往不用教本，生徒无不敬佩。任章丘教谕期间，县令不但佩服吕克仁学识渊博，更佩服他为人低调、不居功自傲的高尚人品，成为章丘头面人物，每遇难事，县令皆去问计。

亓敬庵　呜呼痛哉！我府君竟一旦无疾，弃不孝等而长逝也耶！痛府君平时精神健旺，饮食兼人，动作步履无异少壮。胡昊天降割不孝等茕茕失怙一至于此也。不孝连年远游，少得至家。生既疏于定省，殁又不得视含殓。终天之恨，真百身莫赎其罪！呼天抢地，五内崩摧之际，复何能举笔以状我先府君哉？顾念府君一生之嘉言懿行，美不胜书，若使湮没不彰，是愈重不孝之罪也。故于苫块余息，哀乱荒迷之次，谨泣血和墨，粗陈梗概，伏冀当代大人先生怜鉴而采择焉！府君姓亓氏，讳元臣，字敬庵。先世淮人也，明初多树武功。后迁于莱芜之羊庄，耕读相传，世有隐德。九传至我高祖成所公，讳才，登万历甲午科贤书，赠山西按察司佥事，莱芜亓氏发科自此始。继之者则高叔祖大中丞静初公，讳诗教，加以子姓繁衍，遂为吾邑望族云。逮我曾大父超凡公，讳之伟，复以名进士。内官郎署，外应郡守。历任山西布政司参议，分守朔州大同兵备道。时值明季闯逆之乱，秦关二百跶躏殆遍，势已不可为。犹复独守孤城，力挫贼锋，后外援绝，遂身殉国难。事实载在邑乘，班班可考，至今春秋祀典不衰。当我曾大父之尽节朔方也，我父岩叟公讳必迪，时方六龄，与我曾大母冯太孺人流离辛苦，扶柩于三千里之外。抵里，值家门不造，产业中微。我曾大母熊丸授经，以慈母而作严父。茹淡食，贫不施膏沐，称未亡人者六十载。我王父攻苦力学，恐家声失坠，自幼遂有声于庠序间。岁戊午，荐于乡，四上公车皆不得志于礼闱。遂绝意于仕进，入奉曾大母。事事必禀命而后行，亦事事必得欢心而后止，生事死葬，无毫发遗憾。至今邑人每以孤忠、奇节、纯孝并称焉！我府君犹逮侍我曾大母。先王父举丈夫子三，府君其仲也，而独为曾大母所钟爱，以故朝夕膝下，不离左右。我王父尝顾我府君与我母而谓之曰："尔祖母春秋高，我虽时勤定省，犹惧有不到处，尔夫妇能善体吾志，使尔祖母每顾之而色喜，亦每向人称为顺孙，是吾之所深慰也。"此不孝幼时所亲聆而犹能记忆者也。府君赋性温恭，质干瑰伟，举动凝重，言笑不苟。三韩副使李公杰者一见辄奇之，谓府君诚实端庄，福禄人也，遂执手订交。府君自幼攻儒业，补邑博士弟子员。读书力学，久而不息。每遇时艺佳者，必手自抄录，装订成帙，口诵心维。凡入目者，终身无遗忘之虑。下棘闱者十二次。乙酉科，文已入彀矣，后以数年不遇。时同考官为范县令胡公，榜发，亟将其文付之剞劂。公诸四方，见者无不称赏，至今犹脍炙人口。生平诵读之外，一无所干预。唯耽花卉，凡树木之可玩者，必手自植之，时勤灌溉。人称谓有王父之遗风。足迹不履公庭，从无片纸只字干求官长。以故邑父母率皆爱重焉。呜呼！以府君之立身行事如此，宜乎躬享大年，介有眉寿。奈何变起，仓促无端，遽赴玉楼之召也。府君移箦时，不孝方驰驱道途，缘今上极御之六年，特沛恩纶，命内外大小臣工各举所知，以备国家任使。不孝以樗栎庸材，谬膺保举，入觐天颜。帝语春温，问及家事之细皇恩优渥，俾膺民社之司。不孝自念：幼而困于童子试者若而年，不得已援例入国学。六战秋闱未得一捷，时乖运艰，田野终耳！不意一旦遭逢盛世，行将备员熙朝。私心窃计迎亲就养，聆听朝夕之庭训，庶少报君恩于万一。孰意一命之荣甫邀，而府君已不及待也！彼苍者天曷其有极！不孝上既未能宣力于国，下复不能尽孝于家，其何以颜偷生视息人间也！使为人子而皆若此，则有子反不如无子，何乐以子为哉！呜呼痛哉！君生于康熙七年戊申二月十二日申时，卒于雍正七年己酉正月十八日丑时，享年六十二岁。不孝母李孺人，同邑太学生、候选州同知李公晋女。

生不孝二人，长，即不孝式愿，贡监，以江西驿监道、按察司副使保举吏部带领引见、奉旨交于福建督抚酌量试用题补。闻讣回籍守制服阕候补。娶魏氏，同邑庚辰进士、中宪大夫、现任江西通省驿传监法道、按察使司副使魏公锡祚女。次式懋，业儒，娶牛氏，新泰县拔贡生、任登州府招远县教谕牛公德隆女。女五，一适同邑封文林郎、晋阶中宪大夫魏公似浚孙男、廪贡生候选训导振祚男、太学生谭；一适同邑毕淑育，邑庠生；一适泰邑前丁丑进士、历任苏松等处巡按御史赵公弘文孙男、廪贡生候选训导之程男、庠生丕昌丙午科举人元昌胞侄庠生濂；一适同邑庚辰进士、吏科都掌印给事中刘公国英男、业儒天章；一适同邑庠生吕公□男，贡监世显。孙男一，式懋出，早殇，孙女三；一式愿出，二式懋出，具幼未字。不孝哀痛荒迷之余，语无伦次。今择于雍正七年□月□日，奉府君灵柩葬安于莱芜城西泉河庄南之先茔。伏祈当代大人先生不惜藻笔，惠以鸿篇，则存没沾光，不孝等感且不朽！

清康熙进士　刘国英

作者简介：刘国英，字乐三，号松园。莱芜西泉河村人。清康熙三十九年（1700年）进士。初任江西泰和知县，兴学课士，澄清讼狱，治绩为当时赣省之最，士民皆怀其德。六年后入京，授吏部文选司主事，选为考功司员外郎，补任验封司郎中。当时正值乐亭大饥，他奉命携帑金两万前往赈灾，回京途中，遇饥民流徙者甚多，均给资遣归，救活无数。遂升任户部掌印给事中，后转吏科。当时有两桩疑难案件，皇帝交由刘国英办理，刘国英办理妥善，让人心悦诚服。皇帝在众大臣面前表扬刘国英说：像刘国英，可以说是为官忠诚老实。时人便称其为"刘老实"。后因病引归，杜门教授生徒，以终其身，学者尊称为"松雪先生"，悬匾"老实门第"。

亓雅斋　亓公雅斋，嬴西封丘，德望人也。自先世号素封，称书香。愚与之里比桑梓，谊契累世，自髫年即尝睹其风采，聆其雅训。况与家严又年相若，性相洽；遇有吾乡要举，多相邀协处，意见辄不约而同。令公殁，已有历家严尚乐道其事略，吾乡口碑啧啧亦频倾耳鼓。甲子春，公哲嗣文魁，录公行迹，嘱为文载之家乘以传公。辞不获已，因不揣谫疏，撮其生平略史，希备传公者之刍荛焉！公姓亓，印子宏，字雅斋，熙堂公仲器也。躯貌修伟，气度大方，少年就传颇聆师教，即识经史大要。继以亲迈兄事商业，诸弟稚弱，家宰需人，伊先君勒令废帖，括课桑农，家政罔巨细，悉专责成。公乃外务耕作，内尽子职。及友于道，晨昏定省，情深蓼莪，埙篪互和，无忝唐棣。嗣萱室沉婺，椿堂骑箕，丁口繁殖。家道稍微，**诸昆弟协商析著**。凡美田宅，委诸昆季自择陋室瘠田，甘受不较。然公不以寒素累，尝曰："人患不能自立，何贫困之是虞！"乃服田力穑，立志恢宏先烈。雨晴无怠，寒暑无间。未数载，以善居积，田产迭增，储蓄渐裕，吾乡推小康焉。一生尚艰朴，憎纷华，韩昌黎所谓得朴而不华者传之，公其人欤。且公虽以寒素起家，最好施与，不吝于财。遇有戚友缓急若邑中善举辄推粟解矿以温饱之，或捐赀疏财以提倡之。他如焚卷，不究故债，分润以起人家诸端，尤近今所罕有。而仅有者终身嗜学，每以未获卒读憾，以故乐与士林接延。一时老师宿儒，俾令器束发受学，巨费有所不惜。吾莱当时学彦，若张鹏万、吕文韬、苗书堂、郭清源辈，罔不聘作西宾，自为东主焉。至其天秉极刚决公直，不私不阿。遇事敢言，刚不吐柔，不茹暴，暴人恶豪，见辄畏避之。治事最有长才，凡里中丧葬庆宴诸屑务，或极无端倪之讼争，多集公门，取决于公。公为理烦治剧，排难解纷，井然就理，均为之心怳衔感。公之作古，迄今已滨二十年，吾乡或有弄强权，俾孀迈孤少受其凌轹者，佥曰："有公在，当不至遭此冤，抑累至巨讼也。"噫噫！公之存殁，令人景慕若兹，其为人之梗概可知矣！昔年五秩晋八而卒，未免寿不酬德之憾云尔。

郡庠生愚世晚刘松亭敬撰

亓熙堂 熙堂亓君，以外祖家为伯叔行。与先君交莫逆，余幼时从祖母之外家，即得亲其颜貌。今君以归道山，犹忆其易箦时，先君视疾归，喟然曰：立身行己如斯人，庶几无憾！今老成凋谢，曷禁人琴俱亡之感，因痛悼者久之，今又四十余年矣。其嗣孙文魁，以君之行状属余，追维君之行谊，与先君痛惜之言，有不能自己者。君讳春和，字熙堂。自先世徙莱，累世书香，家门鼎盛，一邑推为望族。父笃信，性恬淡，不慕荣利，咏歌自好，不问家人生产。君兄弟三人，己居长，与昆弟同就外傅，深以生计为忧。请于父佐作家政，遂废学。自是留意耕课。因天时乘地利，修白圭之术数年而年益饶。自以功名未遂，使二弟改试武科，季弟义和身入武庠。己则一意色养，终其身未尝离膝下也。君体貌魁梧面黝而长，方口广额，目光射人。与论事，则侃侃而陈，音类洪钟，人皆严惮之。然望其颜色而畏，聆其言论钦且服，以故事无巨细，咸取决焉。咸同间，捻匪之乱，乡人筑寨御寇。推君之父主其事，君锐身佐之，昼夜督率工。甫竣而贼至，环村数十里咸避得免于难。后频年倾圮，君严立章程。随时修葺，至今岿然，一乡依为长城焉！光绪三年，值岁祲，后有司檄各村设义仓以备灾。封丘里西十余村积谷数百石，储存君家。某年，岁又祲，君按户分给，纤毫无私，人以是皆衔感之，其醇德穆行多类此。以光绪二十九年三月十六日卒，年八十六岁。呜呼！君殁矣！余深愧不足以传君，然回忆少时，侍杖履聆声欬，抚今追昔如目前事，略掇其大者著于篇，俾刑于家而式于乡云。

邑廪生　苗建章

亓良箴　武庠生。孝友性成，善事父母，友爱昆弟。弓马熟娴，特精武艺。不唯子侄聆其教训名列虎榜，即异地科举殿元者，多出其门。所可异者，尤精岐黄之术。有贫而无告者，无食资之食，无衣资之衣，既有患病者，乐饵无资又施乐以活之。后世子孙，富贵功名绵绵不绝，宜也！《易》曰："积善之家，必有余庆。"其类如此。

资料来源：平阴《亓氏族谱》

亓清言　莱邑亓清言，玉霏，跅驰才也。生于嘉庆癸亥年二月初九，享年五十三岁，卒于咸丰五年正月初十，葬于城西北伊祖茔之次。其嗣子凌汉，将于同治四年七月吉日勒石以志，而属其文于诰。诰与公为忘年友，知之最悉，故不以不文辞。按公姓亓讳清言字玉霏，世居西关大街。累世清贫，公不以为意廓如也。性通脱有心计，粗涉诗书，不屑为刻厉之学。壮岁喜与都人士游，为人排难解纷，善因事为功，宛转得其把握，不随流俗之毁誉为进止。亓氏为邑望族，其先世登台辅莅监司者踵相接。后裔散处他乡，常以无专祠为恨。公乃身任其劳，纠合族党往返数千里外。择西门外善地一区，建为家祠。俾子若孙各展孝思，群慨然于木本水源之义，则公之敬宗收族，尽心于伦物者已如此。莱芜旧无考棚，值岁科两试，诫诸童搬运桌凳，设立于堂之上下，拥挤喧哗。猝遇风雨，千余头鹄立泥水中，叫嚣若狂。公为恻然，倡建考院，重修文庙。合计书院三工，赀费当数万。一时绅耆云集，毫无疑难，且逸兴遄飞。若大功将自己出者，至讹言四起，乃逡巡遁逃，埋其头不敢一出。其终不去者，公与二三君子与诰等兄弟而已。公词气奋厉，义形于色，督率匠役数百名，誓神告众，与同卧起，越数月而工成，流言亦息。则公之尽心于学校者，又复如此。以公之才力，得遇乘时，其思以裨益，当时者岂浅鲜哉！暨德配安人谷，安人亦能黾勉，有无相济，以有成。

清咸丰举人　吕传诰

作者简介：吕传诰，字星使，号蕉雨，其始祖原籍河南，元末避乱登州，明洪武三年（1370年）迁莱芜牛泉南宫村，自二世祖迁居吕家芹村，自此世代繁衍生息。咸丰五年（1855年）中举，任济宁州学正。曾在莱芜汶源书院师从潘绍烈，因聪颖过人，学习勤奋，文章精彩，成为潘的得意弟子。他积极筹资倡修汶源书院，并主讲其中。还在家乡修建学堂"蕉雨山房"，培养了一批批科考人才。其子吕宪瑞先中举人后中进士；侄子吕宪春、吕宪和、吕宪秋中了举人。侄子吕宪栋成为拔贡，一门科第皆出其手。

亓进德　清咸丰年间，南匪过境，进德依团山为寨，数十村得以获全。时钦差杜经略山东，委绅士为练长，汶河以南，进德任之。备械扼要，联络声息，屹然为一方保障。僧邸剿办兖州白莲教，馈饷络绎不绝，公赍粮数千斛，冒暑犒军，积劳成疾，由此不起，识者惜之。

资料来源：《亓氏族谱》

亓孝廉　讳三奇，清初人也。州庠生。善事父母，有疾，汤药必亲尝。及殁，擗踊几绝，三日水浆不入口，坐卧柩前，出告反面，一如事生。及葬，庐墓三年，筑土崇封，风雨不避。迨三年丧毕，旋反墓侧，崇筑如初，不敢违礼。至处事待人，取与不苟。其严以律己，宽以待人类如此。顺治十六年，州牧钟锡匾额其门曰："孝廉可风"。

资料来源：《亓氏族谱》

亓灿锦　先生姓亓，讳缎，字灿锦。性朴诚明敏，少时读书略观大义，而独专注于农事。尝曰：后稷教穑，樊迟学稼，吾何人，斯敢荒田功以隳先业乎！由是于辟土植谷之方，剀耨决耘之法，讲求不遗余力。犹复时巡阡陌，躬课耕耨，不自暇逸，故收获常较他农多倍蓰，勤苦居积遂增产百数十亩。兄维时已析爨分居，读书饮酒不问生计，先畴半荒芜。先生慨然曰：何可令吾兄独贫？乃代为经营，使男耕女织，内外井井，久之而畎亩亦有增益，兄获温饱以终。至邻里之穷而不能力田者，则助以谷种，贷以农具，俾无废田事。道光末年，岁大祲，道殣相望，先生出仓粟赈济，存活无算。邻村富室某家有积粮，匿不敢放，饥民噪而攫取之，村人亦攘臂往冀分余粒，先生要于路曰：吾不愿见尔曹之触刑章也，吾麦将熟，足疗而饥，周而急，盍刈取之。众诺而归。未几，官役果拘系犯法者纍纍以去，人始服先生之意厚而识远。先生以累世诗书，恐子弟失学，谓耕而不读，其如进德修业何？乃延名师立家塾，远近从学者亦日众，凡菜蔬薪米供给周至。平时见诸生，辄勖以先器识后文艺。其无力具修脯者，皆伋助之。诸生感先生德，无不循循雅饬勉励学问。村南龙王庙为群丐所息，暇则挈残羹余酒躬往施与，丐见白髯者偻伛至，争呼曰："亓善人来活我！"先生曰："否！否！尔我皆人耳，尔等饥，我何忍独饱？所以频频相饷者，不过行吾心之所安，何善之有焉？"其仁慈忠实实类如此。年八十二薨，德配刘孺人，性行与先生同，宜乎白首相偕，各享大年而克昌厥后也。裔孙因培与予交最久，以概略寄示予，何敢以不文辞，爰就事实谨书于此。论曰：亓氏为莱望族，阅省县志名臣循吏忠臣孝子世不绝书，其家乘所载好善乐施者又多隐君子。唯其积累者厚，故其流泽也长。先生可谓追踪先哲而善冠一乡者矣！

山东滕州　陈名豫

作者简介：陈名豫，滕州人，同盟会员，长期任教职，1928年任山东民政厅长，教育厅长等，以书法名著于时，济南千佛山辛亥革命烈士陵园石刻书法为其手笔。《山东书画家汇传》《中国美术家补遗二编》《山东清代科考录》均有介绍。

亓滋园　先生讳延培，字滋园，灵皋公之孙，省谟公之子。省谟公善居积，饶于财。最爱敬士人，时思以诗书兴家。及先生，颖悟好学，为之延宿儒课之。少长，应童子试，辄冠其曹，旋补县学生。逾年，廪于庠，科岁每试，前列名，躁甚，乃益负笈从名师讲授者有年。会邑前辈整理"汶源书院"，遂肄业焉。先生聪敏过人，又济之以学力，为文操笔立就，洋洋有策士风。即偶出单词片语，亦卓有明理。制艺清刚隽上，罕有其伦。及屡应乡试不售，则慨然曰："吾族当明代科甲鼎盛，入清则渐势微矣！二十年惮精举子业，思博一第，以慰亲心。乃闱艺一出，类皆妃青丽白，堆砌豆丁。此等犹孟衣冠，吾不能为，亦不肖为也。"遂绝议进取。光绪年间，文体一变。甲午，余举于乡，先生喜甚，曰："吾族前途庶有望乎？惜吾年老矣！"谆谆以诸孙属子鬶鸿，必令其学有成名。钟鑫、钟璐，毕业高等师范，成其志也。并科宗海、中式，先生不及见矣。先生机警逾恒，凡邑中学务及官民之调剂，皆得与其事，遇有疑难，当机立断，邑人士无不折服。最著者，为县署门丁横肆，辱及士子，先生倡议禀官驱逐之。武君中和院试首场毕，以母疾遄归，榜发得售，然误覆矣！学官惧不敢请，先生独为言，学宪允随他县复试，武君功名得全。晚以明经贡国子，杜门谢客。又素不善治生产，以家务付其子。读岐黄书有得，里敵钟门求方者日不绝，皆应手奏效。先生博闻强记，论古今得失成败之所由，旁及杂家说部之精蕴，谈恒竟日不倦。性质直外如其中，或面斥人过，必服而后已。体素强壮，年五十三，得胃疾，日久渐重，遂致不起。生于清道光二十二年三月二十八日，卒于光绪二十一年十月初九，春秋五十有四。配魏孺人，素行淑慎，能相夫子，生于道光十八年四月初一，卒于光绪二十四年七月十九日，春秋六十有一。子一鬶鸿，太学生；女三。孙钟鑫、钟璐，俱高等师范毕业。钟琛，工业专门学校修业二年。钟瑶，中学肄业。曾孙昭文，肄业东南大学；修文，高学毕业；揆文、曜文、尚文。

清末举人　亓因培

亓钦成　公讳钦成，字省谟。曾祖施训，祖元戌。父允清，太学生，生三子，长钦容，母孟氏；次钦尧，早故；次即公，母王氏，允清公之继配也。居城南劝礼庄。嘉庆中随父迁居城东大官庄，与吾家为隔壁邻。嘉庆十五年十二月二十九日卒，于同治十三年九月二十七日葬劝礼庄南祖茔东南之新阡坟陇，相望约里余近。盖不忍远离先人坟墓，而祖茔又苦于满溢也。公颖悟绝伦，幼与兄居，货杂操作，恒以不读书识字为憾，时取稗官野史及一切杂众小说而博览之。尝积数十百字就质塾师，塾师一一告，不再问，无一字遗忘者。继则进以史鉴，辄能博通而论断之。虽老宿儒，皆折服。又洞达事故，自幼出言即惊其长老。邻村某家，尝有大疑难，邑绅耆数十人愕贻棘手。公时方弱冠，指陈缕析，曲尽其情，事得解，其排难解纷类如是。后与兄析居，推多取少。兄不许，则曰："兄食指繁弟，无庸多为也。"村西有牟城故址，咸丰辛酉岁，捻匪入邑境，六十余村保聚城中。推公为长，听约束训练，乡人独严整，时吾先祖于本村创立土埠，以备不虞。因流寇数至，公欲襄事本村，辞不就牟城之约，举他人以代。城中亿万众惶惧失措，几于自溃。长老乃复匍匐，诣公苦相求。不得已，从其请，人心遂定焉。呜呼！公之沉毅英哲于此可见矣。配李儒人，勤俭自持，动循礼法，后公十二年卒于光绪十二年七月十三日。生于嘉庆十三年五月初四，享年七十九岁。子延培，岁贡生，候选训导。孙鬻鸿，太学生。曾孙钟鑫，钟璐，钟琛，钟瑶。

清末举人　亓因培

亓延祥　先生讳延祥，字吉人，世居县治南劝礼庄。自先生之祖太学生允清公迁居兹土。父钦容，太学生。墓均在劝礼村西之祖茔。生三子，先生其仲也。生而凝重端方，不妄言。笑恂恂，守礼法，不稍越。见不孝不友及无礼于尊长者，则愠不可释，不啻身受。博涉经史，至老不衰。尝谓："读书必熟，理境乃澈。"诚心得语也。为文不专投时好，屡试童子高等未售，遂援例成贡终。其身为童子师，诲人以笃，循矩矱为宗讲诵而外，教以持身涉世之方。故游其门者，从不能卒业，亦克自立。培自幼羸弱多疾，先生父母怜之，九岁始令从先生读塾中。族众邻儿十余，培始读，稍异偶有问难诸儿，不能对。培辄举之先生，嘉曰："此子读书材者。"噫！先生没二十年矣。生平一博士弟子，垂老不能得而所谓读书材者，又不能副其所期许，不适成笑柄哉！配吕儒人，淑德婉容，一乡模范。性慈，好施与，与人同欣戚。至孝与先生齐，盖本性生，非强为也！先生爱吾甚，儒人尤，过之从其嗣，君请谨缕述之以表于阡，不知涕之何自来也。生三子，长子所乐，乡耆。次锡三，郡庠生。次所符，监生。孙九，钟华，监生；钟麟、钟骏、钟干监生；钟堃，监生；钟秀，监生；钟田，从九品；钟骧、钟森、种岑。曾孙六人：彰文、博文、同文、大文、佐文、教文。（编者：《亓氏族谱》记孙十人，曾孙十八人）。

清末举人　亓因培

亓长乐 又名永康，勤祖后，阜阳大田集汤庄人。幼年家贫，辍学后，当徒工，每遇邻里困难，则解囊相助。四十五时，四处串联、化募，组建旨在救助穷人的"善工会"，其精神感动一方。不数年，捐资入会者达五万人，公推他为会长。善工会成立后，哪里荒灾，就向哪里施钱、施衣、施药。后将慈善会范围扩大至修路修桥。仅民国七年至民国二十五年，修路十二条，建桥四十二座。但凡化募之资，专人严加管理，不许任何人动用。众尊称"亓善人"，并在亓氏祖茔（今七渔河东）一则为他建功德碑。民国二十八年，因操劳成疾卒，得寿八十二岁。

资料来源：《亓氏族谱》

亓瑞卿 瑞卿先生，予之舅氏行也。向业儒，科举时代应试，尝冠军。中年以后，皈心释教，啡经茹素。力图善举，盖行乎心之所安。非仅动于因果报应，福田利益之说也。近二十年来，所行之善事，其大者有数端。曰：修族谱、立墓碑、葺宗祠、设学校。亓氏族谱历久未修，先生于民国初元即注意此事。于是，不辞劳瘁，赴各乡调查户族，考稽世系，竭数年之心力使得成帙。俾亓氏后裔，人手一编，得以识昭穆相传之概况，而生敬宗睦族之心。由是而谋立墓碑。凡亓氏祖墓，多勒石以志，使后世子孙，一览而知为某祖、某宗之墓。二者既举，更进而议修宗祠。夫亓氏本有宗祠，规模未广。先生乃积赀购材，经营筹划，鸠工构造。亦历数年，而祠宇亦焕然一新，与程氏宗祠东西辉映。犹有进者，以教育乃近今之要务，爰于宗祠中划出房舍，设立学校以造就人才。既以仰慰先人，复以加惠后学，其热心公益，可谓无微弗至矣！且此数事，并非尽出于族中之公款，其由个人捐赀补助，亦复不少。然先生祇视为分所当为，不居功、不矜名，更为人之所难。昔宋之范文正公，其盛德丰功，固非一言可尽，然大半有益于国家生民。至于专惠家族者，祇闻义田一举而已足以煜耀千秋，况先生之数事并行耶！去岁，予曾晤及先生之族侄孙子波君，子波曾言："先生苦心孤诣有功宗族，宜有以表彰之。"并言："此乃吾亓氏合族之公意，非吾一人之私也。"予与先生既有渭阳之谊，且素有深交，闻子波言，急为载笔，亦代表亓氏之公言，非予一人之私也。夫先生固有儒而入释，兹之所为，在儒教中，固为仁孝事，在释教中，非亦善知识哉。

亓袁文、亓田稼、亓如甫

民国二十三年甲戌仲夏

亓步超 君讳步超，字亦堂，号竹溪，莱芜亓氏。大父肆三，父荇洲，皆诸生。君生有至性简重，寡言笑。幼承家学，为文力追先正，弃华取实。应童子试，屡列前茅。每一艺出，学者争传诵之。尝以府试案元，丁母忧，或劝其奉祀叔父，可以降服就试，君泣然曰："亲丧，何事而规避求荣？吾不忍为也。"服阕后卒以第一人入邑庠。尝病干禄之文，迎合时尚，有志者所不屑为。一应乡试不售，遂终身不再试云。兄弟三人，君居其次。伯兄及弟以采煤故负债，时兄弟已析居矣，君曰："是吾责也！"为鬻田以偿之。博山猾商某，负弟债贩豕。过邑境，弟责其璧还，否则，以豕议价作抵。某大窘，夤缘其县，学官假豕为文庙祭物，罗织成狱。弟几陷于不测。迭经上控，始得平反。一切讼费，君力任之，无难色。当狱急时，君夜赍金赴泰安。遇盗数人，将劫之。君告以兄弟急难之故，词气蔼然，盗为感动，相戒勿犯，且请护送其行。君力辞乃已。其后，弟复以债务涉讼，君诣县代质，今日屈身以纾弟难，仁人之事也，为嗟叹者久之。君既屡耗其产，家计萧条。乃授徒自给，如是者几三十年。戊戌政变后，君以时事多艰，纠合村众增修土坞，以备非常。近年，匪氛大炽，得无害。辛丑，会邑汶源书院监院阙人，邑人推君，君固辞，强之，乃至任事。未一年遂卒。书院废弛久矣，冀君大有所作为，设施未竟，士林惜之！君生于清道光二十四年三月十六日，卒于光绪二十七年九月初九，年五十八。配吕孺人。子三，长因培，甲午科举人；次因征，次因征，邑庠生。孙润田、泽田、澍田、涂田、瀛田、灏田、滋田、汶田。曾孙丰玉、丰义、丰琳、丰理、丰瑜。玄孙同五。张梅亭曰："以君之笃于内行，置之古人孝友传中殆无所愧，而窃怪当时之人无有张大其词以称君者，何也？盖孝弟庸行，本非惊世骇俗之事。又其时俗尚未漓人知礼义，故虽如君之行谊，亦以为固然而熟视之，若无睹焉！予与君相知虽深，在当时亦仅以醇谨之士目之而已。由今日观之，乃觉难能可贵。噫！此可以观世变矣！"

清光绪进士　张梅亭

作者简介：张梅亭，字雪安、松庵，号对溪。清光绪八年（1858年）出生于莱芜曹家庄。九岁能写诗作文，二十岁中秀才，三十岁中举人。清光绪二十年（1894年）私纂失修二百余年的《莱芜县志》。历经四年初成志稿。光绪三十四年（1908年）考中进士，遂在礼部任主事，兼任齐鲁学堂教习，教授史地。十三年后挂冠归里，曾受聘于莱芜古嬴民众学校教授古文，后办设塾授徒。其间重修县志，历三四寒暑，引用书至百种而后克成（《莱芜县志·序》），1922年由济南启明印刷社承印出版。《续修四库全书提要》评说："是志虽属私家之作，而搜罗之富，取舍之严，体例内容皆精备，较之官书多抄袭前书者，实有霄壤之别……在地志中，殊为罕见杰构也。"另著有《万国地理学讲义》《中庸札记》《一松山房存稿》《一松山房随笔》等。张梅亭一生为官清廉，淡泊自甘，重视礼仪，尽职教育，热心文化，精通书法。1933年去世。

全篇资料整理
山东省莱芜市牛泉镇亓省庄村
二十一世孙　亓欣军
2017年12月18日

人物录

亓　恭　勤祖后之五世孙，居颍川（今河南许昌市及禹州市一带）。天顺二年（1458年）钦准袭爵受事，明成化十二年（1476年）升授河南都司、怀远将军领陈颍寿班军大同操备。

亓　麟　字世祥，勤祖后之六世孙，居颍川（今河南许昌市及禹州市一带）。弘治六年（1493年）钦准袭爵，十月受事，正德三年（1508年）例升都指挥佥事。正德十年（1515年）调河南府监军。

亓　夔　字舜卿，三门六世，莱芜市叶家庄村。弘治八年（1495年）贡生，任直隶宁津主簿。

亓　万　字鹏举，三门六世，莱芜市叶家庄村。正德十年（1515年）贡生，初授河南儒学训导，升唐县教谕，后升鄂王府教授。

亓　銮　字朝王，一门六世，莱芜市坡草洼村。例贡生，敕授征仕郎河间卫，嘉靖十七年（1538年）初创《亓氏族谱》者之一。

亓　瑾　字朝璇，一门六世，莱芜市坡草洼村。敕赠宜阳县知县，敕封文林郎，吾祖第一次修谱创始人之一。

亓恒省　字克曾，三门七世，莱芜市叶家庄村。明隆庆三年（1569年）贡生，河南淇县训导。

亓　扁　字汝才，二门七世，莱芜市。由庠生纳典宝官。

亓经伦　字淑治，一门七世，莱芜市。嘉靖三十九年（1560年）贡生，太平县主簿，有孝行，入县志。

亓元吉　字克修，一门七世，侯门官，有墓表。

亓　鲸　勤祖后之七世孙，居安徽阜阳市。袭爵指挥佥事。

亓　雏　字玉田，二门八世，莱芜市孟家庄村。敕授登仕郎湖广德安所吏目。

亓明成　字唐卿，二门八世，莱芜市，省祭官，有墓表。

亓惟一　字纯吾，一门九世，居潍坊市远里村。庠生，敕赠文林郎，江西道监察御史。

亓尔显　字绍亭，二门九世，莱芜市孟家庄村。扬州监远司经历。

亓以旌　四门九世，莱芜市团山村，省祭官。

亓万选　一门九世，莱芜市，庠生，例贡生，任山西省平阳府赵城县主簿。

亓仲雅　字子坦，号宛如，勤祖之十世孙。居安徽阜阳市。万历戊午年（1618年）中河南乡试第八十五名，官内阁中书。

亓可权　字之长，三门十世，莱芜市康陈村。崇祯庚午年（1630年）科举人。

亓　琰　一门十世。居潍坊市远里村，庠生。敕赠武德将军凤阳右卫守备。

亓介石　安徽阜阳。武举人，例授武略郎。

亓平光　安徽阜阳。庠生，例承德敕封征仕郎。

亓　超　安徽阜阳。武举人，例授琥略郎。

亓书林　安徽阜阳。扳贡生，候选直棣州州判，试用知县，例授承德郎，善书画。

亓祥林　安徽阜阳。六品军职，例授武信郎。

亓尊稳　安徽阜阳。库增生，例封承德郎，敕封征仕郎。

亓怀德　安徽阜阳。诰封征仕郎，追赠奉直大夫。

亓汉武　安徽阜阳。武庠生。

亓书田　安徽阜阳。庠生，军功六品，赏戴花翎，例封承德郎。

亓怀仁　安徽阜阳。监生，军职五品，赏戴花翎。

亓毓瑶　安徽阜阳。从九品，例封登仕郎。

亓兴智　安徽阜阳。六品军职，例授武信郎。

亓毓珩　安徽阜阳。从九品，例授登仕佐郎。

亓毓琨　安徽阜阳。从九品，例授登仕佐郎。

亓毓瑶　安徽阜阳。从九品，例授登仕佐郎。

亓振国　安徽阜阳。六品军职，例授武信郎。

亓毓康　安徽阜阳。六品军职，例授武信郎。

亓凤翔　安规阜阳。

亓裕庆　安徽阜阳。从九品。

亓裕度　安徽阜阳。六品军职。

亓松年　安徽阜阳。从九品。

亓裕德　安徽阜阳。六品赏戴花翎。

亓裕成　安徽阜阳。从九品，授登仕佐郎。

亓瀛藻　安徽阜阳。例授武信郎。

亓毓秀　安徽阜阳。从九品。

亓毓良　安徽阜阳。以州判用例封承德郎。

亓裕庆　安徽阜阳。从九品。

亓廷珠　一门十世，莱芜市牛泉村。顺治辛卯年（1651年）科举人。

亓　蓁　字建白，全祖之十世孙，居平阴县亓集村。庠生，乾隆四十六年（1781年）覃恩追赠武翼大夫，晋赠武显将军。

亓元庚　全祖之十世孙，居平阴县亓集村。太学生，候选册判，诰授议大夫。

亓钟田 南三门二十一世，莱芜市大官庄村。从九品。

亓 任 字蔼吉，四门十一世，居莱芜市亓毛埠村。廪生，敕赠文林郎，直隶河间府青县知县，迁长芦都转运盐使司，沧州分司。

亓 勋 字清佩，一门十一世，潍坊市远里村。康熙乙巳年（1665年）岁贡生，候选训导，敕授修职郎，蒙阴县教谕。

亓麟址 字振公，一门十一世，居莱芜市柳行沟村。敕奖善士。

亓 品 字长儒，号柏园，一门十一世，居潍坊市远里村。康熙戊午年（1678年）京举考授知县。

亓万九 字鹏博，一门十四世，居莱芜市坡草洼村。贡生，布政司经历，诰封承德郎。

亓 馨 字兰子，一门十二世，居莱芜市柳行沟村。吏员候选经历司。

亓 珽 一门十四世，居莱芜市柳行沟村。敕封旌节孝。

亓士斌 字双允，号朴亭，一门十二世，居潍坊市远里村。贡生，初任蒙阴县教谕，升补浙江严州府建德县（现为建德市）丞。

亓 键 （详见《亓氏进士》）。

亓士炳 字英坦，全祖之十一世孙，平阴县亓集村。武庠生，诰封武大夫晋赠武显将军，妻刘王氏，封诰命夫人。

亓 镛 一门十一世，潍坊市远里村。清顺治时为岁贡，曾任县丞。

亓士英 （详见《亓氏进士》）。

亓永清 字轮秋，全祖之十二世孙，居平阴县亓集村。武庠生，赠昭武大夫，贵州新添营都司。

亓永宁 字天诚，全祖之十二世孙，居平阴县亓集村。武庠生，例授守乐所千总，诰封武翼大夫，晋赠武显将军，江南等处地方，浩水师总兵。妻王氏，诰封淑人，晋封诰命夫人。

亓万青 字大山，全祖之十二世孙，居平阴县亓集村。例赠武信郎。

亓万年 字松苓，全祖之十二世孙，居平阴县亓集村。廪生，候选训导，敕修职郎。

亓应龙　字虚斋，十二世，安徽阜阳市。康熙年间拔贡生，应授修职郎、例赠文林郎。

亓元蔚　字文庵，二门十二世，莱芜市西汉南村。庠生，任职衍圣公府。

亓九苞　全祖之十三世孙，居平阴县亓集村。乾隆甲子年（1744年）科武举，钦考授卫所千总。

亓化吉　二门十三世，莱芜市北任洼村。登仕郎。

亓　轴　字玉衡，四门十三世，莱芜市亓毛埠村。正八品。

亓九围　全祖之十三世孙，平阴县亓集村。例赠修职郎文庠生，公于道光五年（1825年），做领袖创造祠堂于亓集村。

亓九同　全祖之十三世孙，居平阴县亓集村。嘉庆癸酉年（1823年）科拔贡生邱县教谕。

亓九德　全祖之十三世孙，居平阴县亓集村。封赠昭武大夫，贵州新添营都司。

亓行举　字殿升，十三世，阳谷县大布乡亓庄村。正九品，寿官。

亓克勤　字懋修，十三世，阳谷县大布乡亓庄村。九品寿官。

亓　礼　二门十三世，济南市，九品。

亓　云　字宏波，号西园。一门十三世，潍坊市远里村。乾隆壬辰年（1772年）贡生。候选教谕，敕赠修职郎，恩县教谕。

亓廷俊　字有三，号远村，一门十四世，潍坊市远里村。乾隆己亥年（1779年）科举人，恩县教谕，敕授修职郎。

亓养肃　全祖之十四世孙，居平阴县亓集村。例赠登仕郎。

亓鸿官　全祖之十四世孙，居平阴县亓集村。贡生，以孝弟入平阴县"孝弟嗣祠"。

亓　洪　字清一，二门十四世，莱芜市南梨沟村。正九品。

亓养沛　全祖之十四世孙，居平阴县亓集村。例授恩骑尉。

亓文木　字位东，全祖之十五世孙，居平阴县亓集村。诰授朝议大夫。

亓有守　全祖之十五世孙，东平县丁坞村。诰封宣武骑尉。

亓孟兴　字振堂，二门十五世，居济南市。高唐营都司。

亓世玒　字冠衡，一门十五世，莱芜市坡草洼村。布政司经历。

亓世顺　一门十五世，商河县河沟村。诏封修职郎。

亓象鲁　字省己，一门十五世，莱芜市西关村。附贡生。

亓　浦　二门十五世，莱芜市冯家坡村。军功六品。

亓　瑚　字宗复，二门十五世，莱芜市张家高庄。登仕郎。

亓盛虞　二门十五世，莱芜市孟家庄村。从九品。

亓有仁　二门十五世，居莱芜市孟家庄村。军功六品衔。

亓魁元　字殿，二门十六世，居济南市。山东抚标左营参将、抚院营务处。

亓　保　（详见《亓氏进士》）。

亓　屏　字诗品，四门十六世，莱芜市东上庄村。正八品。

亓　洙　字圣源，一门十六世，莱芜市西关村。武生加六品军功。

亓须礼　一门十六世，莱芜市五龙口村。奎文阁典籍。

亓三元　字梅卿，一门十六世，莱芜市坡草洼村。附贡生，候选训导。

亓行远　字迹从，一门十六世，莱芜市坡草洼村。监生，诰封昭武督尉。

亓占魁　四门十六世，莱芜市北梨沟村。例贡生，军功六品。

亓进英　南三门十六世，莱芜市张高庄村。候选州右堂。

亓学智　三门十六世，莱芜市西上庄村。监生，敕旌节孝。

亓凌汉　字星槎，一门十六世，莱芜市西关村。武庠生，五品衔军功，议叙千总。

亓　润　二门十六世，莱芜市孟家庄村，九品。

亓揆一　字节堂，一门十六世，莱芜市坡草洼村。岁进士候选教谕。

亓林围　全祖之十六世孙，居平阴县亓集村。例赠朝议大夫。

亓德林　全祖十六世孙，居东平县丁坞村。例授武德将军，候选卫守备。

亓希舜　字圣虞，二门十六世，莱芜市张高庄村。从九品。

亓金粟　字磐石，二门十七世，莱芜市西汶南村。军功九品。

亓兴邦　二门十七世，济南市。五品衔。

亓淑廷　一名佰陶，字菊农，一门十七世，莱芜市曹家庄村。中学堂毕业，专门高等巡警学堂正科毕业，任巡道警署科员和科长、蓬莱县（现为蓬莱市）一等警佐。

亓增砚　字凤池，全祖之十七世孙，居郓城县亓楼庄。增生，宣统元年，诰封县丞。

亓　湘　字溶泉，二门十七世，济南市、山东扶标右营都司抚院先锋官、黄县武装警察队总队长。

亓良弼　字梦臣，全祖之十七世孙，居郓城县亓楼庄。官任和州加同知衔。

亓九恩　全祖之十八世孙，居郓城县亓楼庄。文庠生五品衔。

亓庆唐　二门十七世，莱芜市南梨沟村。七品。

亓汉亭　二门十七世，莱芜市南梨沟村。善事翁姑，敕旌节孝碑曰《辉彰彤史》。

亓元春　二门十七世，莱芜市冯家坡。军功五品，衔赏戴花翎。

亓静海　字莱仙，一门十八世，莱芜市坡草洼村。奎文阁典籍。

亓淦州　字汉槎，一门十七世，莱芜市坡草洼村。衍圣公府百户厅籍，补奎文阁典籍。

亓少松　字南桥，一门十七世，莱芜市坡草洼村，廪贡生，候选训导。天资秀颖，文采斐然，十八入邑庠，二十二食饩，名重一时。著有诗集《南游吟草》。

亓汝瀛　字海峰，一门十七世，肥城市亓家庄。旌表节孝。

亓子桐　字凤蓊，一门十七世，莱芜市西关村。附贡生。

亓　怀　二门十七世，莱芜市南梨沟村。从九品。

亓成玉　二门十七世，莱芜市龙尾村。武庠生，晋举大宾。

亓墨馨　字馥如，一门十七世，阳信县古佛镇村。从九品。

亓松南　字冬岭，十七世，阳谷县大布乡亓庄村。六品军功。

亓允慎　字翼庵，南三门十七世，莱芜市劝礼村。卫千总。

亓立宗　字锡翰，南三门十七世，莱芜市鲁西村。正九品。

亓通书　二门十七世，莱芜市孟家庄村。七品。

亓林清　字竹斋，四门十七世，莱芜市贺小庄村。七品衔。

亓通源　字海亭，二门十七世，莱芜市孟家庄村。七品。

亓爱仁　字行建，四门十八世，莱芜市小辛庄村。庠生，军功五品。

亓知三　字效曾，一门十八世，莱芜市西关村。旌表节孝。

亓金升　字东轮，四门十八世，莱芜市贺小庄村。七品衔。

亓爱姜　四门十八世，莱芜市龙尾村。衍圣公府奎文阁典籍。

亓凌云　字仙度，四门十八世，莱芜市东上庄。军功六品。

亓金斗　字星垣，四门十八世，莱芜市贺小庄村。七品衔。

亓金文　字秀春，四门十八世，莱芜市贺小庄村。七品衔。

亓逢源　二门十八世，莱芜市胥家庄村。从九品。

亓逢吉　安惠卿，二门十八世，莱芜市胥家庄村。从九品。

亓振酉　二门十八世，莱芜市圣井村。庠生，授大宾。

亓钦孔　字宗尼，南三门十八世，莱芜市劝礼村。正九品。

亓佰达　字兴周，南三门十八世，莱芜市鲁西村。登仕郎。

亓若海　一门十八世，莱芜市坡草洼村。诞生表节孝。

亓魁选　一门十八世，莱芜市营房村。军功五品。

亓应达　字景赐，南三门十八世，莱芜市鲁西村。从九品。

亓肖均　二门十九世，莱芜市南梨沟。例授文林郎。

亓延龄　南三门十九世，莱芜市劝礼村军。功五品。

亓兰春　字允甫，号殿卿，二门十九世，莱芜市羊庄村。廪贡生，候选训导。

亓毓章　安徽阜阳市。前安徽宁国府教授，加三级。

亓玉玺　字印符，南三门十九世，莱芜市劝礼村。军功五品。

亓传钦　全祖之十九世孙，居郓城县亓楼庄。五品衔，候选县丞。

亓玉壁　字连诚，南三门十九世，莱芜市劝礼村。军功五品。

亓　侃　字晋陶，南三门十九世，莱芜市鲁西村。军功五品。

亓子瀛　字登州，一门二十世孙，莱芜市嘶马河村。七品衔。

亓生辉　南三门二十世，莱芜市鲁西村。七品衔。

亓荃仁　南三门二十世，莱芜市鲁西村。军功五品。

亓子铭　字右箴，一门二十世孙，莱芜市嘶马河村。七品衔。
亓子元　字汉三，一门二十世孙，莱芜市嘶马河村。七品衔。

山东省莱芜牛泉镇亓省庄村
二十一世孙　亓欣军
2017 年 12 月 18 日

颍川勤族再考

明嘉靖《亓氏族谱》载："上祖原系江淮人氏，姓亓，当元末明初兵乱因流移至此。初至本邑，住东关裴氏家，后迁在汶水以南。时至治平，乃就定籍汶南保当差。洪武改元，又移居汶北钟徐铺，占军匠两籍，家成子大，遂创立祖茔于羊庄。"明泰昌庚申（1620 年），八世祖亓遇二修族谱，尊士伯为始迁祖，亦称明始祖。但这段历史，与河南有太多的关联，近查资料，又有诸多新发现。

亓勤，又名宇、河南讳成，阜阳讳三，实属一人而多名焉，即始祖士伯之子，三世亓英之父也。《亓氏族谱》载："宇祖即勤祖，从江苏淮安随父士伯祖迁莱，后复返淮安，因战乱，于洪武戊申年（1368 年）二月充华指挥部下军，八月克北平，九月拔燕山，左卫。五年征和林省，二十二年以年老免役。"这不但说明始祖后代归附了朱元璋，而且从经历也可以看出，亓勤刚入伍即具有战场杀敌的经验，是战场上的一员骁将。这从一个侧面反映其不平凡的军旅背景和军事素质，或许能看出亓氏先人的军事背景，并推测出始祖迁徙时的年龄当在三十至四十岁，最有可能在三十五岁左右。而从他到莱芜即改姓的这一情况，可以看出以下几点：①由于亓氏始祖身份特殊、位置显要，在逃难过程中目标太明显，因此必须改姓。②在从淮安逃兵乱的过程中，遇到了特殊事情被迫改姓埋名，但是改姓的时间一定在 1368 年（洪武元年）四月之前。因为四月以后亓勤从军，已经姓亓。③近来，笔者查阅资料，进行充分考证，得出：莱芜始祖士伯，原本江淮人氏，有四个儿子，即勤、宾、全、世能，元朝末年，为避战乱，举家迁徙，初居河南仪封县（今河南省兰考县红庙镇亓庄村）改姓"亓"，数载再迁山东莱芜。长子亓成（勤）在河南仪封从军，洪武元年（1368年），归附大将军徐达。三世祖亓英于宣德六年（1431年）卒，宣德九年（1434年）宣宗赐祭葬，亓英墓位于河南仪封县（今河南省兰考县红庙镇亓庄村）。由于三世祖亓英被宣宗赐祭葬，回原籍河南仪封，长子世袭，只有次子随灵车回原籍守墓，在此繁衍生息，故今世居兰考县的亓氏一族应为亓英次子（《亓氏族谱》载之"失讳"）之后裔。

《徐达传》载：明洪武元年（1368年）三月，进军河南，以计收降元将左君弼、竹昌，取汴梁（今河南开封）。《华云龙传》载：（元）至正二十七年（1367年）十一月，华云龙随大将军徐达北征，率军攻克山东诸郡县。元至正二十八年（1368年），华云龙率军在通州和徐达会师，接着攻克了元大都（今北京），华云龙升任大都督府佥事，总管六卫兵留守兼任北平行省参知政事。而《亓氏族谱》也这样记载："1368年4月，亓勤从军，七月充华（华云龙）指挥部下，拔燕山、克北平、征和林，到颍州平寇，屡立军功。"二者记叙皆相吻合。

河南省兰考县旧称仪封县。今存《仪封县志》（卷十《人物志·勋业篇》）载："祁英，本姓亓，前明以靖难军屡立战功，授副千户，迁升锦衣卫指挥使。洪熙元年（1425年）升中军府都督府都督佥事。宣德六年（1431年）卒，宣宗赐祭葬，子孙世袭寿州卫指挥佥事。七世孙民表，任中都留守司副留守。"明嘉靖《仪封县志》（《建置·沿革篇记》）载："（元）至正二十八年三月，达鲁花赤（达鲁花赤后是长官或首长的通称，在元朝的各级地方政府里面，均设有达鲁花赤一职，掌握地方行政和军事实权，是地方各级的最高长官）。木灭剌沙，县尹张士让、主簿刘毅、县尉贾也先丕花、典吏王居中，闻总兵徐达等领兵至，归附。"仪封县治于洪武二十二年（1389年）圮，迁址徙白楼村。永乐三年（1405年），勤祖以子忠（英）有功授指挥，得诰命赠明威将军指挥佥事；妻王恭人，卒，葬安徽阜阳市城南三里岗；亦传勤祖回山东，葬于故乡。据《仪封县志》"长子亓英，于洪武二十二年（1389年）代父役，有功，升本卫小旗、升总旗、升百户、升千户，钦升明威将军、镇南卫佥事钦调河南都司颍川卫指挥佥明蹇义等纂修《大明仁宗昭皇帝实录》载："洪熙元年（1425年）

正月,上丁丑日,加刑部尚书金纯太子宾,命二俸俱支,升中府都督佥事;马聚,后府右都督;谭青,俱为本府左都督右府都督同知;高成,后府都督佥事;马英,俱为本府右都督佥事;杨泽、倪宽,俱为本府都督同知;山东都司都挥指指使高敬为中军都督府右都督;狭西都司都指挥使海亮为右府右都督;浙江都司都指挥同知徐甫为左府都督同知;大宁都司都指挥同知冯斌、中都留守都指挥同知李得,俱为前府都督同知;河南都司指挥同知高文为中府都督同知;都指挥佥事崔聚为左府都督佥事;祁(亓)英为中府都督佥事、山东都司都指挥佥事;郭志为右府军都督府督都佥事;狭西为行都司都指挥佥事;韩僖为前府都督佥事、后府都督佥事;李贤为本右都督、后府都督佥事;把台为右府都督;柴永正为左府左都督;吴成为后府都督;马性良为右都督、右府都督佥事;苏火耳灰为本府左都督。狭西都司奏:临洮、洮州诸卫兵,调守宁夏、甘肃,其家在原卫者,皆仰给于公,而凤翔等府税粮,未输于临洮等卫者,尚四十余万,无以给之。"又据《大明宣宗章皇帝实录》载:"宣德二年(1426年)冬十月乙卯朔月壬戌日赐都督张昇、马亮、高成、马聚、谭青都督同知;程忠、杨泽、任礼、高文、冯斌都督佥事;郭志、祁英、李玉、王敬、韩僖、李道、郭义锦衣卫指挥使;李顺、刘庆、中所正千户;王曾二十人诰命。时昇等同奏:请授行在兵部言武臣颁诰之例,俟清理贴黄,然后给授。"

"……宣德九年(1433年)三月,戊寅朔,皇太子初受朝于文华殿,文武百官俱朝服,行八拜礼。是日,天宇澄清,景象明丽,群臣仰瞻,欢喜踊跃。命赐钞有差中军都督府。都督佥事祁英卒。英,河南仪封县人,起卒伍,从太宗皇帝靖内难,以功累升河南都指挥佥事。洪熙元年(1425年),升中军都督佥事;宣德六年(1431年),以老年致仕,至是卒。讣闻,命所司祭葬如例。""……宣德四年(1429年)三月,丁未朔,行在兵部奏:军士在外,牧马扰民,往年,命都督提调约束,请如旧例。"上命:"都督祁英、郭义,提督且谕之日,军士无知,多纵口腹之欲,为民害。朝廷待军民一体,无有重轻,卿等宜严约束况。今耕种之时,尤不可纵恣蹂践,妨废农业,违者必治以法。""……宣德六年(1431年)六月,癸巳朔,上退朝御左顺门,谓兵部尚书许廓等,曰:'人臣事君,虽当鞠躬尽瘁,若老疾，则当优待之，都督郭志、祁英（亓英）、杨泽，今皆年老有疾，宜令致仕闲居。有子孙者，令嗣职。'于是三人皆致仕。"

再从明嘉靖、万历《仪封县志》记载的有关朝廷封赏爵位的资料证明，亓姓出现要早于1368年，始祖或其子孙原来或许是地方武装或是元军的大员，有一种可能供推敲：那就是元朝末期（1366年以后）亓成（亓勤）或许返回仪封县，并组织了地方武装。洪武元年（1368年）三月，达鲁花赤灭刺沙，县尹张士让、主簿刘毅、县尉贾也先不花、典吏王居中闻总兵徐达等领兵至，遂于1368年初归附大将军徐达。这也与《徐达传》中"明洪武元年（1368年）三月进军河南，以计收降元将左君弼、竹昌，取汴梁（今河南开封）。"的记载相吻合。

据考亓成的子孙中姓氏则分为两部分：一是在军中的姓祁，二是在地方的仍姓亓。明太祖选军卒者大多为骁勇之才，时朱元璋对此姓感到生疏，认为："必海外异姓。"（《仪封县志》），说明亓姓当时非常少，也许是刚改姓不久，不被世人熟悉，所以分析亓成与亓勤的身世、祁英和亓忠的身世有很多非常惊人的相似之处，因此，我认为亓成与亓勤系同一人。理由有三：一是过去没有推广普通话，豫东地区、皖西地区在语音较为特殊，"成"与"勤"很难分清，至今单从读音上"程""陈""秦"也很难分清，《仪封县志》与《阜阳县志》之所以记载不同，是因为口口相传误读、误记所致；二是在同一地区，两个同姓的人同时升迁同等职务，又同时被皇帝御封世袭，且同年去世，实属非常罕见的甚至是绝无仅有，故祁英和亓忠是同一人；三是祁英为什么姓"祁"而亓忠姓"亓"，因为祁英钦调河南都司颍川卫指挥佥事，遂家居于颍川（今河南禹州市一带），而没有参军的孩子仍居住在颍川，恢复祖姓姓亓；其子孙为炫耀祖辈家门，将祁英（祁忠）改写为"亓忠"或许有之；另外，明嘉靖、万历《仪封县志》中描述：祁英、本姓亓，是正确的，与《大明仁宗昭皇帝实录》记载相符。而道光《阜阳县志·明武秩世表》载"指挥佥事，亓忠，阳信人，洪熙年任"与阜阳《亓氏族谱》所载"吾祖原籍山东阳信"，以及北伐的作战路线都证明，其父亓勤曾在山东阳信境内盘桓居住，甚至娶妻生子也未置可否，直至因子功觐封"明威将军镇南卫指挥佥事"后，迁颍川。

道光《阜阳县志·明武秩世表》载:"指挥佥事亓忠,阳信人,洪熙年任。世袭七世,至亓渭而终。二世亓升,一名亓任,正德年袭;三世亓恭,天顺年袭;四世亓麟,弘治年袭。五世亓鲸;六世亓洲,嘉靖年袭……"另有四世亓升,安徽省阜阳市同,宣德六年(1431年)袭爵,宣德七年(1432年)赴京操备。正统二年(1437年)调大同修筑新设威远卫城池。正统六年(1441年)调京,正统十年(1445年)奉敕领大同操备。五世亓恭,安徽阜阳市。天顺二年(1458年)钦准袭爵受事,成化十二年(1476年),升授河南都司怀远将军、领陈颍寿班军,大同操备。六世亓麟,字世祥,安徽阜阳市,弘治六年(1493年)钦准袭爵,十月受事,正德三年(1508年)例升都指挥佥事,正德十年(1515年),调河南府监军。故明、清两朝,勤祖之后文武兼济,贤达辈出,亓英官拜二品,亓涣中武进士,还有七人中举,贡生、秀才更是代不乏人。阜阳北关建设街南,即今云亭小区处,原有一处亓家宅院,居民俗称为"亓家花门楼",旧时武官路过下马,文官路过下轿。

从明朝初期的行政地图区划分析,颍川与颍州分别在今河南省与安徽省,故勤祖之后裔大都居住在河南禹州、开封、亳州、登封、宝丰和尉氏,以及安徽阜阳区域,且与阜阳一族同宗与莱芜亓姓同源,即明始祖士伯之后裔无疑。

河南省兰考县人大常委

兰考县人民医院主任医师

二十一世孙亓令志谨撰

2017 年 12 月 28 日

阜阳武进士

2013 年 5 月 19 日,颍泉区工业园一家企业的施工工地上,出土了两块明代武进士墓志碑,其中一块墓碑上刻有"明武进士联川亓五公墓志铭"12 个字。根据墓志铭记载,该墓主人姓亓,名涣,子宗文,别号联川。亓涣的祖先是山东莱芜人,其高祖亓忠,元末明初参加了朱元璋领导的农民起义军,南征北战,军功卓著,明朝建立后论功行赏,被封为颍川万户侯。民谚云:"文到阁老武到侯"。封侯拜相,古人追求,莫过于此。于是,亓氏便定居颍州,荫及子孙,世代繁衍,遂成巨家大族。

亓忠以下:曾祖亓恭,祖亓麟,父亓鲲。生有四子:亓润、亓泽、亓涣、亓浚。亓涣排行第三,亓浚是同父异母的四弟,还有一个姐姐亓武氏。墓志称亓涣为"亓五",尚不知为何。

清末民初,颍城就有"新老八大家"之说,除程、倪、邓、潘、邢、同、吕、"新八姓"外,还有张、李、王、刘、鹿、宁、连、储"老八姓",泛指自明清以来六百余年间形成的颍州望族。"新老八姓"之外,未曾听说有别的姓氏可以跻身颍州望族行列。然而,明武进士亓涣墓志铭的出土,打破了这一沉寂百年的旧说,亓氏亦成为自明初以来世居颍川,螽斯繁衍、簪缨累世的"阀阅大族"。

先说颍州与颍川的关系。众所周知,颍州作为地方行政区划,初置于东魏,治长社,在今河南省长葛县(现为长葛市)西一里,后移至颍阴,改曰郑州,即今河南许昌县治。唐置颍州,改曰汝阴郡,即今阜阳,不久复颍州。宋初曰颍州,升为顺昌府。金复为颍州,治汝阴,元、明、清均设颍州。而历史上有三个颍川:颍川郡,秦置,在河南境,汉因之。南朝宋侨置,故治在今安徽巢县东南。后魏置,当在安徽境。颍川县,后魏置,一说在河南旧光州境,一说在安徽旧凤阳府境。明代实行卫所制,在颍州设颍川卫,属河南都司,隶中军都督。这是历史上颍州、颍川合一并称的确切记载。

亓氏作为颍州望族,据墓志记载,自明初亓忠以下,曾祖讳恭,祖讳麟,父讳鲲。鲲生四子,曰润、曰泽、曰涣、曰浚。从洪武初年(1368年)至万历四十四年(1616年),二百四十八年间共历五世。而据道光《阜阳县志》卷八《秩官志·指挥佥事》记载:"亓忠,阳信人,洪熙年任;二世升,正德年袭,《府志》曰任;三世恭,天顺年袭;四世麟,弘治年袭;五世鲸,六世洲,嘉靖年袭;七世渭。"县志和墓志铭比较,县志中增加了二世升,三世恭、四世麟相同,五世、六世不同、增加了七世渭。从时间跨度上看,亓忠于洪熙元年(1425年)任颍川指挥佥使,到六世亓洲袭任该职,即便在嘉靖末年(1566年),两者相距一百四十年,似更合情理。

另外,关于亓氏祖籍,县志记载为阳信,墓志记载为东齐莱芜。查《古今地名大辞典》:莱芜,清属山东泰安府,今属山东济南道;阳信,清属山东武定府,今属山东济南道,两地同属山东济南,相距不远。

亓涣出身名门,自幼聪颖,相貌异姿,与众不同。墓志说他"秀雅如翠竹碧梧,岐嶷若鸾停鹄峙"。亓涣在同辈中出类拔萃,鹤立鸡群,亓氏把振兴家族的希望寄托在他的身上。然而,尽管他三更灯火五更鸡地刻苦攻读,甚至于头悬梁、锥刺股,"工翰墨、习雕龙",科举之路仍荆棘载途,屡试屡厄。无奈之下,转局学剑。或许是家族基因,武学世家的潜移默化和影响,使得他很快精通《武经七书》和孙武兵术。万历十三年(1585年),天子下诏求武士于乡,亓涣挺身应试,不仅陈策千百言,凿凿如石画,而且武功深厚,一路过关斩将,为主司所赏识,遂中河南鹰扬之选,即考中了河南武举。

中国武举历史悠久,源远流长。明朝武举是唐、宋武举的继承和发展。据《中国历代武状元》一书记载:在明朝一百八十年的武举历史中,在四十九科武举考试中,已知二十五科武进士一千九百六十六人,其余二十四科人数不详。另从地方文献中查到,有名可考的武进士一千八百四十二人,其中安徽一百五十七人。显然,亓涣不在其中。

颍川卫作为一级军事机构,设指挥使二员,指挥同知五员,指挥佥事六员。亓忠国初仗剑从军,以武功授万户侯,仁宗洪熙元年(1425年)亓忠任颍川卫指挥佥事。指挥佥事相当于武职正七品,协助长官分理屯田、验军、营操、巡捕、漕运、备御、出哨、入卫、戍守、军器诸杂务。"见任管事",征行则率其属,听所命主帅调度。虽然朝廷有规定不论指挥使、同知、佥事"考选其才者充任之",但从亓忠至亓渭七世世袭这一职位,可知明代"考选其才"的制度形同虚设。

这里有几处疑问:一是亓涣作为颍州亓氏第六代传人,为什么没能世袭颍川卫指挥佥事这一职务?二是亓涣参加万历十三年(1585年)乡试,中河南鹰扬之选,考中的应该是武举,这在《颍州府志》卷之七《选举表·武科·阜阳武举》中有所记载,但何时参加三年一届的会试,考取武进士,待考。三是亓涣中武举,成为武进士后,墓志中并未交代他到底做了什么官职。只说他"才能不显于时,心事不表于世"。而且现存的清王敛福纂辑《颍州府志》和道光《阜阳县志》中,对亓涣其人中武进士及任职一事也只字未提。有记载的是,明代嘉靖庚戌年(1610年)、丙辰年(1616年)两科,阜阳人刘密(河南武举)、杨洁(河南武举)、方献可均中武进士。而且有明一代,阜阳武进士仅此三人。

值得一提的是,立碑者之一的亓涣之孙、亓文标之子亓豫在《颍州府志·人物志》中有传记,全文如下:"亓豫,字建侯,颍州人。崇祯丙子举人,授严州节推。郡苦皇绢运船之累,豫力请疏奏分派,积害得除。所属遂安等邑,贼党啸聚,豫兼布恩威,扼其要领,单骑谕之,随为解散。"看来,亓豫虽是文举,但兴利除害,有勇有谋,文武双全,政绩斐然。得以入志,事属当然。从亓忠,到亓涣,再到亓豫,方志文献记载七世,墓志铭文记载八世,两相参照,互补互证,明代颍州亓氏家族脉络大致清晰起来。虽然亓涣何时成为武进士、又为什么称"亓五"、曾经担任过什么职务等问题一时还不能回答清楚,但墓志的出土,却真真切切地为明代阜阳武进士金榜增加了亓涣的大名,弥补了方志文献中记载的不足,证实了明代颍州亓家曾经的辉煌。而且,墓志的出土也丰富了阜阳的古地名。我们只知道,现在颍泉区的工业园位于古西湖旁边,但却不知道这个地方明代称为"丰乐原"。这一内涵丰富且语音秀美的地名,必将随着墓志的出土和研究的深入而逐步扬名于天下。

本稿原载《阜阳日报》
2013年5月

阜阳出土明代亓涣墓志铭考

2013年5月19日,安徽省阜阳市颍泉区工业园一家企业的施工工地上出土了一方明代墓志铭,盖文楷书"明武进士联川亓五公墓志铭"十二个字，志文楷书三十四行，行三十八字左右，整篇《墓志》一千五百余字，较为详细地记录了武进士亓涣的生平、世系、历史功绩等诸多历史史实，为阜阳明代历史文化研究提供了可靠的第一手资料。为研究方便，兹据拓片，进行释读点校，详细录文如下：

阜阳出土明代亓涣墓志铭

  尝闻怀才抱奇之士，文足经邦，武足戡乱，不能遭时遇主，作轰烈事，沉沦以没者，岂鲜人哉？韩子曰：大江之溃有神物焉。得其时，吞吐风云，鞭挚雷电，上下于天，不难也；不得其时，与常鳞凡界无异。由此推之，人之穷与通，时也；贵与贱，命也；生与死，教也。考镜人品者，当问其人之才不才，不当计其穷与通、贵与贱、生与死也。

  有庠生名文标者，父没后，卜吉安葬，索铭于予。予曰："方今学士之家，名位显赫于时，文章璀璨于时，吐词为经，永垂不朽。予蠛蠓小子，敢当钜托耶？"亓曰："吾父才能不显于时，心事不标于世，所借以阐扬者，文公。公，至诚也，尚谦让惜一语，敢望之他人乎？千载下，先人有不扬之色，不孝魂魄梦寐宁能怗然？"言罢，泣数行下，哽咽不能语。不肖何敢固辞？遂腼颜搦管为公修千秋不朽之词，惭愧至极，汗流浃背，岂能他诿乎？

  按：公姓亓氏，讳涣，字宗文，别号联川，其先东齐莱芜人也。有祖讳忠者，国初仗剑从军，以武功受颍川万户侯，于是亓氏世居颍川焉。厥后，螽斯繁衍，簪缨累世，为阀阅大族，远迩咸知，有亓氏巨家云。曾祖讳恭，祖讳麟，父讳鲲，举四子：曰润、曰泽、曰涣、曰浚。涣即公也。公有异姿，年方六周，秀雅

· 92 ·

如翠竹碧梧，岐嶷若鸾停鹄峙。有术者相之曰："异日振家声者，此子也。"稍长，工翰墨，习雕龙，屡试屡厄，及后转局学剑，精孙武兵术。万历乙酉岁，天子下诏，求武士于乡，公陈策千百言，皆凿凿如画也，为主司所赏识，遂中河南鹰扬之选。噫！非公之素志也，公天性克孝，庭闱间承颜顺旨，历壮而老，未曾瞬息有逆父志者，及父春秋高，抱疴日甚，苦于药，公跪曰："儿非不欲奉甘脆，奈疾非药莫攻也。"晨昏祈请，愿以身代。不幸，父捐馆舍。公抢地吁天，誓从先人于地下，哀毁骨立，见者痛心。免丧后，蒸尝之祭必涕泗滂沱，依然孺慕之切切也。

母刘氏，家训严，见诸子负贵介气辄怒，独公锄娇气，慎举动，能得欢心。母曰："佳儿也，吾何虑？"母因生齿日繁，命诸子析箸，公于厚薄多寡间，任兄取舍，终身泊如也。有异母弟名浚者，公以兄道兼师道保爱教训，尤出常格外，迄今成伟男子，皆公力也。公有姊，适武万户侯，朝夕亲问，寒暑不言苦，虽然老耋而殷勤益笃。族中有亲死不能葬者，公探囊取金，毫无吝色，一切丧殓之费，尽系公出，其子德焉。友有子女过期不能婚娶者，公捐赀助合，友谊之笃，未见若此之极也。他如焚白金之券，容醉客之詈，赈饥馁之人，持月旦之公，种种懿行，笔端又何能磬哉？

公当年知名，尝有言曰："生，寄也；名，幻也。吾何效世之逐逐者，而今后，吾有乐地矣。"每于春夏之交，移陇亩，居精舍，颐养天和，以乐余年，一切世棼，不能扰也。时则鹿巾鹤氅，缓步长林，听枝头鸟叫，堤畔泉声，嘻嘻然如游羲皇上世，为葛天氏、无怀氏之民矣。卒于万历四十四年丙辰岁七月二十三日，生于嘉靖二十四年丙午岁正月初四，得寿七十有一。王致志曰："居今之世，能继先民芳躅者，宁能几人？"公砥砺名行，虽古豪杰，无以踰之，常人莫能及也。据公文学，可以掇巍科，列华胄，整齐中外；据公武略，可以统士马，建旗鼓，捍卫国家。乃贵不副才，福不偿德，寿不百年，一疾即逝，此何说哉？噫嘻！我知其故矣，凡物之主，不愿为材，牺罇青黄，乃木之灾。夫何尤焉！夫何尤焉！

公配张氏，庠生张可立女，先公卒，生子一，讳文标，娶王氏，孝廉巨川公女。孙三：长曰豫，庠生，娶武氏，中都总运烈之女。仲曰贡，庠生，娶田氏，处士之蓝女。季曰随，方当襁褓中。孙女一，名三姐，字庠生王致志子胤琦。丙辰岁十二月初一日，葬公于颍城之北丰乐园，开圹与张氏合焉。

铭曰：乘彼白云兮入帝乡，丧吾山斗兮心惨伤。为麟为凤兮显祯祥，为雨为露兮润下方。山川效灵兮穴且藏，鬼神呵护兮永安康。

汝阴后学伊甫王致志撰文
孝子亓文标、孝孙亓豫等立石

亓涣墓志的出土，为我们研究明代阜阳的历史文化提供了可靠的资料。亓氏家族史是近代阜阳历史文化的重要组成部分，是阜阳明史研究的一个重要切入点，其历史学价值将在日后的研究中进一步彰显。通读整篇墓志，笔者研究发现，亓涣墓志补史证史贡献巨大。

一、亓氏世系传承

亓涣的祖先是山东莱芜人。其高祖亓忠，元末明初参加了朱元璋领导的农民起义军，南征北战，军功卓著，明朝建立后，论功行赏，被封为颍川万户侯，此后亓氏在皖北定居发展。《墓志》云："公姓亓氏，讳涣，字宗文，别号联川，其先东齐莱芜人也。""有祖讳忠者，国初仗剑从军，以武功受颍川万户侯，于是亓氏世居颍川焉。厥后，螽斯繁衍，簪缨累世，为阀阅大族，远迩咸知，有亓氏巨家云。"阜阳历史上是一个民众移出地又是一个大规模移入地。移民的迁入对于阜阳人口增加繁衍，对于恢复发展阜阳经济和稳定社会秩序发挥了积极作用。不仅如此，大量移民的迁入还推动了阜阳地区原有居民的价值观念、社会习俗、思维方式等多种不同的文化在相同的生态环境下不断发生碰撞、融合，最终形成一种新的地域

文化。亓焕墓志的出土，为明代据墓志记载，自明初亓忠以下，曾祖讳恭，祖讳麟，父讳鲲。鲲生四子：曰润、曰泽、曰焕、曰浚。据《〔道光〕阜阳县志〔卷八〕秩官志·指挥佥事〕》记载："亓忠，阳信人，洪熙年任；二世升，正德年袭，〔府志〕曰任；三世恭，天顺年袭；四世麟，弘治年袭；五世鲸，六世洲，嘉靖年袭；七世渭。"县志和墓志铭比较，县志中增加了二世升，三世恭、四世麟相同，五世、六世不同、增加了七世渭。我们运用墓志，比较《〔阜阳县志〕》《〔颍州府志〕》《〔亓氏族谱〕》等资料，对阜阳亓氏世系二世至九世进行简要梳理。

二世亓忠，《墓志》记载较为简略。《〔亓氏族谱〕》记载："亓忠，三公之长子，于洪武二十二年（1389年）代父役有功，升本卫，小旗升总旗，升千户，钦升明威将军，镇南卫指挥佥事（洪熙元年即1425年），钦调河南都司颍川卫指挥佥事，遂居家于颍。""明诰授明威将军、颍川卫、指挥佥事，配李恭人。"亓忠之子亓升。三世亓升，《〔亓氏族谱〕》记载："明恩袭明威将军、颍川卫、指挥佥事任晋封怀远将军京城操备、大同操备、河南都司，殁于王事。配王淑人。"亓升之子亓恭。

四世亓恭，《墓志》记载非常简单。《〔亓氏族谱〕》记载："天顺二年（1458年），钦准袭爵受事，成化十二年（1476年）升授河南都司怀远将军、领陈颍寿班军大同操备。""明恩袭明威将军、颍川卫、指挥佥事、陛授怀远将军、河南都司使，领陈颍寿班军大同操备。配李淑人。"亓恭之子亓麟、亓獐。《亓氏族谱》记载："亓麟，字世祥。弘治六年（1493年）钦准袭爵，十月受事。正德三年（1508年）例升都指挥佥事，正德十年（1515年）调河南府监军。""明恩袭明威将军、颍川卫、指挥佥事。配宁恭人。"麟公之子鲸公、鲲公。亓獐配唐氏，生子亓鲤。

六世亓鲲，《〔亓氏族谱〕》记载："明恩袭义官。配刘孺人、冷孺人。"亓鲲之子亓润、亓泽、亓焕、亓浚。

七世亓焕，亓鲲第三子。《墓志》云："有异母弟名浚者，公以兄道兼师道保爱教训，尤出常格外，迄今成伟男子，皆公力也。"根据《〔亓氏族谱〕》亓浚当为冷孺人所生。据墓志，亓焕还有一姐姐，"公有姊，适武万户侯"。亓焕配张氏，生子亓文标。

八世亓文标，亓文标配王氏，生三子一女：亓豫、亓贲、亓随、三姐。亓润生子二人：亓文纬、亓文经。

九世亓豫，亓文标之子。《枟颍州府志·人物志枠》中有传记，全文如下："亓豫，字建侯，颍州人。崇祯丙子举人，授严州节推。郡苦皇绢运船之累，豫力请疏奏分派，积害得除。所属遂安等邑，贼党啸聚，豫兼布恩威，扼其要领，单骑谕之，随为解散。"《枟亓氏族谱枠》记载："亓豫，字非鸣，号建侯，万历壬子（1612年）庠生、崇祯癸酉（1633年）食饩、丙子（1636年）河南乡试中式第四十名，任浙江严州府司理一名节推。"墓志还提及了亓豫和两个兄弟及其妻子和一个妹妹，云："长曰豫，庠生，娶武氏，中都总运烈之女。仲曰贲，庠生，娶田氏，处士之蓝女。季曰随，方当襁褓中。孙女一，名三姐。"

二、亓涣其人其事

亓涣生于明嘉靖二十四年（1545年），卒于明万历四十四年（1616年）。亓涣生平事迹，《亓氏族谱》《颍州府志》《阜阳县志》等其他史书亦未见详细记载。不过通过对亓涣墓志的系统梳理，亓涣的形象渐渐清晰起来。墓志云："公有异姿，年方六周，秀雅如翠竹碧梧，岐嶷若鸾停鹄峙。"可见亓涣自幼聪颖，相貌卓异，出类拔萃。因此，有术者相之曰："异日振家声者，此子也。"父母也把振兴家族的希望寄托在他的身上，母亲对他更是严格要求，墓志云："母刘氏，家训严，见诸子负贵介气辄怒。"在母亲的严厉训导之下，亓涣在学业和品行方面进步都非常明显，墓志云："稍长，工翰墨，习雕龙。""独公锄骄色，慎举动，能得欢心。"因此亓涣母亲每每感叹道："佳儿也，吾何虑？"然而，尽管亓涣学习十分认真刻苦，极尽"头悬梁，锥刺股"之劳，但是，科举之路并未能如愿，其结果是"屡试屡厄"。无奈之下，转局学剑。武学世家的亓涣在家族基因的影响下和自身的努力下，习武效果明显，"精孙武兵术。万历乙酉岁，天子下诏，求武士于乡，公陈策千百言，皆凿凿石画也。为主司所赏识，遂中河南鹰扬之选"。成名之后的亓涣对父母极尽孝道："公天性克孝，庭闱间承颜顺旨，历壮而老，未尝瞬息有逆父志者。""及父春秋高，抱疴日甚，苦于药，公跪曰：'儿非不欲奉甘脆，奈疾非药莫攻也。'""父捐馆舍（亡故），公抢地吁天，誓从先人于地下，哀毁骨立，见者痛心。"亓涣对需要帮助的人，更是竭尽全力地济助，充分展现了阜阳民众乐善好施的民俗，《墓志》云："族中有亲死不能葬者，公探囊取金，毫无吝色，一切葬殓之费，尽系公出。友有子女过期不能婚娶者，公捐赀助合，友谊之笃，未见若此之极也。"晚年的亓涣，可以说是淡泊名利，《墓志》云："公年当知命，每于春夏之交，移陇亩，居精舍，颐养天和，以乐余年，一切世梦，不能扰也。时则鹿巾鹤氅，缓步长林，听枝头鸟语，堤畔泉声，嬉嬉然，如游羲皇上世。"

综上可见，亓涣是一位自幼聪颖绝伦、出类拔萃，长成后文武双全、乐善好施，且极尽孝道的铮铮热血男儿。

三、有待考察之处

亓涣《墓志》的出土，弥补了传世文献的诸多阙如。但是亓涣《墓志》本身还存在着一些有待深入研究之处，祈请方家教正。

①根据《亓氏族谱》之《亓氏祠图》，和亓涣在同一地点埋葬的还有其他亓氏家族成员，为什么只有亓涣墓志得以出土？

②亓涣之父亓鲲生有四子：亓润、亓泽、亓涣、亓浚。亓涣排行第三，亓浚是同父异母的四弟。墓志盖文称亓涣为"亓五公"，不知为何？

③亓涣作为颍州亓氏第六代传人，为什么没能世袭颍川卫指挥佥事这一职务？

④亓涣参加万历十三年乡试，中河南鹰扬之选，考中的应该是武举，这在《颍州府志》卷之七《选举表·武科·阜阳武举》中有记载，但何时参加三年一届的会试，考取武进士？待考。

⑤亓涣中武举，成武进士后，墓志中并未交代他到底做了什么官职，有待进一步的深入考察。

亓涣墓志的出土，弥补了阜阳方志文献的不足，从一个侧面描绘了颍州亓氏家族曾经的辉煌。同时，亓涣墓志的出土也加深了阜阳地理沿革和历史文化研究。现在，我们只知道颍泉区的工业园位于古西湖畔，却不知道这个地方明代称"丰乐原"。王国维早就指出史学研究的"二重证据法",诸多的历史疑难问题,必将随着墓志等文献的出土和深入研究而逐步大白于天下。

江苏兴化　周阿根

作者简介:周阿根(1970—),男,江苏兴化人,阜阳师范学院文学院教授,皖北文化研究中心副主任,博士,硕士生导师,主要研究方向为碑刻文献整理和汉语史。

明万历二修族谱考

亓氏恭编族谱,首创当在明嘉靖十七年(1538年),由六世祖銮、鳌、瑾三祖共议誊抄,名为族谱,实为"谱秩一扇"。二修族谱始于明朝万历二十九年(1601年),梓于万历四十八年(1620年),由钟徐铺八世祖遇公编修,九世祖亓诗教付梓剞劂。三修族谱则于明朝天启三年(1623年),十世祖亓之伟续修,未梓。四修族谱在清朝雍正年间(1723—1735年),团山村十二世祖亓煦续修,无传。五修族谱成于清朝嘉庆年间(1796—1820年),西汶南村十三世祖亓式忠倡导恭修,今存手抄孤本一部。六修族谱在民国十九年(1930年)圆谱,十八卷,由前清举人大官庄十九世亓因培倡议续修,民间多有珍存。

明万历二修《亓氏族谱》

据清嘉庆五修《亓氏族谱》记载或老人口传,明朝万历年间,八世祖遇曾编修族谱,但终未曾目睹。2013年春,偶见匿存几部族谱,其中有破旧不堪者,谨随手捧阅,但见世系记载十世祖亓之伟为"廪生",遂静默沉思:之伟祖乃明朝天启元年(1621年)举人,天启二年(1622年)成进士。但此谱名下则注为"廪生",固然成于中举之前的万历朝无疑;再阅世系、人口亦与资料所记完全吻合,故断定此谱为万历《亓氏族谱》。

再考九世祖亓诗教为官生涯：万历四十年调京进礼科给事中，天启五年（1625年）擢升右佥都御史，而世系记载亓诗教名下为"礼科给事中"，而在天启元年（1621年）亓诗教曾责成亓之伟续谱而未梓，这就足以证明此谱修成于天启以前，盖此即传说中的《万历族谱》无疑。

历史上，亓氏虽七次修族谱，然付之剞劂氏者仅二修、六修与七修。五修族谱仅手誊抄录一部，故而《万历族谱》弥足珍贵。据了解，莱芜现存较早的地方志嘉靖《莱芜县志》是1962年复印版本，原件尚藏于浙江"天一阁"，所以，由遇祖与诗教祖共同完成的这部《万历族谱》古本，很可能是迄今为止莱芜最早的一部资料类原创典籍，迄今已经有四百多年的历史。

族谱分上、下册两册，蓝皮布质封面。上册为资料与世系，下册为世系。上册前半部记载了历史渊

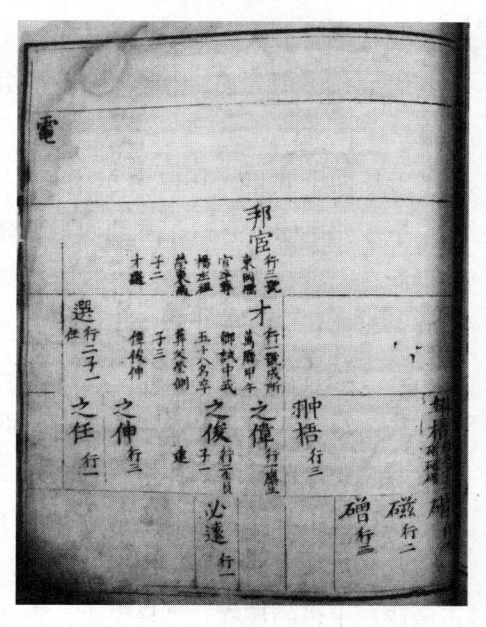

明万历族谱关于亓之伟"廪生"的记载

源和族谱序文，主要作者有亓占桂、亓遇、亓诗教等邑名仕乡绅；下册即世系，记载了当时家族人口、门派及宗亲辈分关系信息。自一世开山鼻祖至十一世之后人（个别十二世后添加），共计两千余口众。

亓遇，字济明，八世祖，一门端祖后，庠生，居钟徐铺（现为北十里铺村，其后代现居莱芜市方下镇龙泉官庄村和寨里镇北庵村）。祖父亓承继为宾筵大老，乡人称其为善人，富而好礼。其父亓元吉为侯门官。受到家庭的影响，遇祖自幼立志，科考入仕，光宗耀祖！因其强烈愿望，所以读书格外刻苦。但在通过童子试后，接下来乡试却屡试不中，遂以念绝，为人西席。

有一次，遇祖上报幼丁注户，但见多有幼儿与上祖重讳者，他便由此产生了增修家谱的欲望。万历二十九年（1601年），遇祖焚香祭祖，续谱

开始。他反复比对欧、苏谱例,遴选欧式样式编制谱稿。为征集世系,还出资动用县邑的官差、自己的学生、同族的家人等各方面的力量予以协助整理。但更多的是他自带纸砚,骑毛驴,背褡裢,跋山涉水,走乡串户,风餐露宿,挨家挨户登门登记造册。寒去暑来,历尽艰辛,足迹遍布齐鲁各处或有亓氏家族居住的所有村落,正如文载:"近采远搜,条分缕析,寻其居址,访其宗派,稽其苗裔。虽深山穷谷之中,衰门薄祚之微,无敢遗者"。

万历四十五年(1617年)仲夏,礼科给事中亓诗教奉命持节册封晋藩,事竣归里修茔祭祖,看到遇祖编修家谱书稿,深深为之感动,遂取稿进行润色。资料记载,曰:"叔前所修族谱,教得与闻,兹欲梓之,颁布阖族,彰前示后,征往诏来,在此一举。"并提出:"再加考核,增所未尽,俾有纲有目,可信可传。"于是乎遇祖乃夙夜:"既登于谱,又为之正其始焉,裁其式焉,删其繁焉,黜其讹而参订其疑误焉。以序引其端,以门分其类,以图括其说,以世别其系。"至时,已历十六年焉。

万历四十八年(1620年)大功告成,先后历时近二十个春秋,而续修家谱,几乎成了遇祖生命的全部。二十年的付出,倾注了他的全部心血,正像诗教说的那样:"是役也,遇盖始始之,终终之,寒暑互更,辛苦备尝,先后几二十余岁如出一手,始能了此,竭力竭心亦唯谱,予志毕矣!子念之乎?"

莱芜方下镇龙泉官庄二十一世孙　亓　斌
莱芜方下镇嘶马河村二十三世孙　亓　飞
2017年11月23日

坡草洼村清代亓家祠堂

坡草洼村现存亓氏家祠,据考为清朝同治年间由黄沟、南窑(南坛)、祥沟、西关、十里河、崖下、东汶南、坡草洼、塔子、鲁西、牛泉、庞家庄、老君堂等村捐资修建。整座院落房舍皆为青砖小瓦四合院建筑风格。家祠大门坐落在东南,朝东。大门内为影壁墙,上书大字。再北拐经二门方进入院内。二门高脊叠檐,甚为壮观!二门内耸立谱碑,南北向还竖立历次重修家祠"功德碑"多座。

旧有谱碑,为初修家祠所立,坡草洼亓氏一门始迁祖或迁至他村的亓家一门宗祧宗派世系与名讳。据该村村民亓仲达介绍:原来谱碑后面有一棵柏树,粗丈余,树荫遮阴半个庙院。大门悬挂朝廷官府匾额,上书"忠孝仁诚"四个字,据说匾额下方刻"誓言"二字。

现存家祠为正殿,前墙土坯为后人保护前柱填塞。前墙右下方镶嵌清代一块重修的亓氏家祠碑。碑文如下:"当思祖为作而孙为述,不作于前无以闻,后无以继前人之美,况报本追远,此意尤不容昧也哉。我亓氏自淮还莱,迄今四百余年,齿生繁衍,云仍不可以数计。村落迤逦,族居非等一方,自分门分支各建宗祧,所以妥先人之灵,于有地亦以志祖宗之德,于不忘也。自同治七年,坡草洼庄与夫徙居他乡,凡后乎,一门中者共襄,厥成建庙于此。自是而后,木本水源,展孝思,则左右如在,优然音容,可接秋霜春露俎豆,则长幼□集乐,夫馨香同升,子子孙孙绳绳继继,亦多历年所矣!无如垣墉,敝以风雨,栋宇不隔,星霜缺罅漏,近处

莱芜市坡草洼村现存清代亓氏家祠

者触目伤心，远处者抚膺浩叹，聚族共议，咸曰宜修！于是鬻林树，以为给用之籍，差谷旦，以定起工之期，而后按丁依户，量力出资，因而鸠工聚村旁，招远构底法，继以肯堂用光，绍夫前烈气象，为之一新，指日计工，不逾月而告竣焉。斯时之仲叔季弟莫不叹：焕然可观，足以安先人之灵，爽而忠尽裸献之忱矣！夫始忧虑程（成）功之不易，继则转庆功成之甚捷，此殆先人慰灵于九泉，有默佑我以继前人之志者乎！然终不敢谓能继前人之志，聊不没前人创建之功云尔，是为志。首事人十五世太风、贤才光绪十年荷月下浣。"

据《亓氏族谱》载，六世瑾祖第一个迁住坡草洼。此碑所立为光绪十年荷月，即 1884 年 6 月，因为后人复修时所立。家祠建造非常讲究，四梁八柱，两侧和后墙都是砖砌。家祠比一般房屋要高，房屋的脊兽已经残缺不全，但屋脊上的各种花型砖雕保存较好，其中有牡丹、芍药、莲花、兰花等。牡丹花王，芍药花相。牡丹为群芳之首，花中之王，香溢千载，作为国花当之无愧，象征着美满和幸福。而芍药花象征着依依惜别，难舍难分。兰花象征高洁、典雅、爱国和坚贞不渝。兰花风姿素雅，花容端庄，幽香清远，历来作为高尚人格的象征。莲花则出淤泥而不染。

旧时，家祠内原先摆放着亓氏列祖列宗的牌位和孝子亓经伦，以及宜阳知县亓进孝等名仕神木，后来家祠成为村委会办公地，如今家祠已经闲置。

资料提供：莱芜市畜牧局原局长
高庄坡草洼村二十一世孙　亓敦让
2016 年 6 月

永城"亓氏宗派"考

河南永城黄口亓庄，现存墓碑，额铭"亓氏宗派"四个大字。由于墓碑字面损毁严重，以至许多字迹亦无法辨认，仅凭模糊甄别顺句，粗略成文如下："□□□□□水源木本也，欲流长□□□徽尊祖，其谁于归？我亓氏自明洪武初，由直来永，居浍滨亓庄直南亓庄两村，历十有一世，约五百年余，户口凋□，□湮寡少，不胜□□，□赐好颜等心平直叔某也□□□，兄弟皆历□□秩序，尊卑载谱，□□□久，□□没刻之，于石□□□功德，不至于□□殿，花草□□，有同慨矣！后我子孙，嗣而修之，德于斯年，永垂不朽！□□□东居士刻铭。"

根据残存文字考证，永城亓氏一族当为二世长支勤祖一支。第一，文中"我亓氏自洪武初，由直来永，居浍滨亓庄……"说明了迁来之处。阜阳古称颍州，清雍正三年（1725年）升直隶颍州。文中"由直来永"意思是说：该碑铭所载亓氏宗派皆由直隶颍州（今阜阳）徙居永城，且此处也正是浍河之滨。第二，从时间上看，"历十有一世，约五百年余"，正是从明初至民国二十八年（1368—1939年），时间也正相吻合，由此推断，《亓氏宗派》所载一族，当与阜阳勤祖之后同属一支。第三，根据《亓氏族谱》记载，始祖士伯在元末明初从江淮携四子勤、宾、全、四（世能）徙居莱芜，然勤祖又返回投靠了朱元璋领导推翻元朝统治的队伍，屡立战功。明朝建立，皇封"明威将军府"，世袭二百年，故初步考永城亓氏族裔，肇始于莱芜，当今阜阳勤祖之后同属一支。

**河南省永城黄口
亓庄现存墓碑**

河南省永城亓涛（满堂）

2017年10月

这里的"王"家本姓亓

在山东鲁南与江苏北部交界的地方有个杜安村，属枣庄市台儿庄区张山子镇。村里有一千六百多口人，二十多个姓氏，其中，（亓）王姓人家占60%，有一千人左右。这里祖祖辈辈流传着一句话，叫"亓王一家"。不光这个村"亓王一家"，就连周边许多村子的五千多口王家人也是一样。这是怎么回事？原来在王家的祖茔里有一块古碑，是明正统十三年（1448

年）立的。墓碑中堂上刻着"明故处士王二公□讳瑞祥□字庆符□德配马张氏□之墓"，墓碑的上额有"祖居莱芜"四字，在墓碑的左下方清楚地记载着"旧亓姓"三个字。而墓碑题刻人是曲阜县（现为曲阜市）秀才（廪生）。

这里面有何缘由？又有什么故事？时隔五百七十余年，今天看了，真是令人十分费解。2017年5月22日，亓氏文化研究会续谱办公室的续谱人员前往该村进行实地考察和座谈，初步认定以下几点：第一，珍藏至今的明代正统墓碑是亓家的历史遗存，不是赝品！第二，根据墓碑题刻人的身份来看，碑文记载的信息真实可靠。第三，根据碑刻"祖居莱芜"推断，始迁祖瑞祥公迁徙的时间应在明朝（据说在永乐年间），世系在第四代前后。有族人推断：墓碑主人很可能本人或其先人面临凶险，无奈之下不得不隐居至此，改姓为王。又恐世久年湮，子孙不知根脉渊源，是故简略刻碑以志。正如杜安村王（亓）脉峙在微信中所言：我的家乡……枣庄市台儿庄区张山子镇杜安村，至今还保留着明清建筑，全村一千六百余人，王姓占60%以上。王姓族人自明朝永乐年间从莱芜迁徙杜安，已近六百年，一直在这块土地繁衍生息，无论在家或在外族人都知"祖居莱芜，旧亓姓"。

2015年复立《重修祖茔碑记》，亓（王）海珍撰墓表文："明正统十三年祭瑞祥祖碑载：'祖居莱芜　旧亓姓。'缘何至此皆无据可考，易亓姓取王为难解之谜，或任由后人无限遐想，更待后贤探明就里。然吾族根源昭然：莱芜亓氏之后也！王姓，以上古时期皇家王室为得姓渊薮，其源头之多，诸姓无其右，追根溯源，难得其首。吾族亓姓，脉清可鉴：始于明初，源自杜安，始祖瑞祥。六百年来，吾族先人杜安为央，聚鲁南苏北繁衍生息。据不完全统计，人口逾五千，尚有远居他乡族人待联。吾族虽非震古烁今之望族，但也朴实无华芳香四溢；虽无富甲一方之巨万豪贾，却也丰衣足食，安居乐业。参天之树，必有其根。祖茔是祭先祖、求庇佑之地，更是客居在外亓、王后人魂牵梦绕之所。为敦亲睦族、凝聚血亲，族叔脉峙倡修茔，族人雀跃响应，更有族侄慷慨解囊，族叔脉光协调运作，修葺工竣，祖茔庄严肃穆，预示祖先为后昆降瑞赐祥矣！古枳树根深叶茂，望天犹气宇昂然，盖昭示吾族亓王家族瓜瓞绵绵，繁荣昌盛焉。"

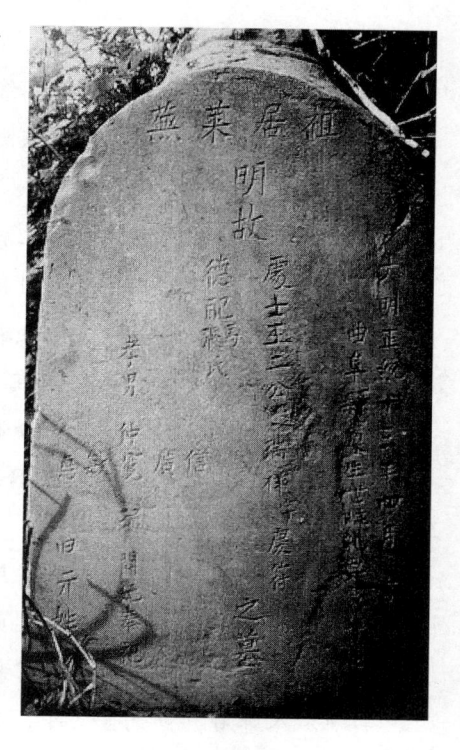

杜安初创《杜安（亓）王氏谱·序》曰："木有本而根深叶茂，水有源而源远流长。祖碑载：'祖居莱芜旧亓姓。'吾族本源昭然。明初，先祖瑞祥别离莱芜，定居杜安，为吾始祖。易亓取王之故，世远年湮，莫可得其详考。亓姓，莱地之望族。据考，亓氏先祖士伯，江苏淮安府人，'元末明初，连年战乱，洪水横流而无安栖之所，率子自淮迁莱'。'独创一家、杜开一姓'。亓姓自此始，'亓字由此生'。华夏亓姓根自莱芜无异。依吾族始迁祖生卒年与《亓氏家谱》散失者比对，瑞祥祖（亓二）当为亓四世，仅为推断俟考。一水之流而万脉，一木之茂而千条。悠悠六百余载，宗族代代相歇相续，枝繁叶茂，丁口群庶。以杜安为中心，多居住鲁南、苏北，繁衍生息，人口数千。尚有远徙他乡者不寡，更有年久失联、蒂落瓜离者不知凡几。族人多能秉承传统美德，勤于耕读，竭诚事职。仁义礼信，贤才辈出。勤于政事，奉公为民者有之；从戎入伍，保卫国家者有之；为人师表，济世活人者有之；独为农工贾众，然亦无不爱国睦族忠厚处世为本焉。

山东省枣庄市杜安村现存明代墓碑

欲木之茂者，必培其本，欲流之长者，必浚其源，欲子孙之盛，且远者必固其宗盟，尊祖敬宗收族为是。尊祖莫如敬宗，敬宗莫如收族，收族首当立谱。吾祖虽支派昭而未闻有谱，只凭碑记'祖居莱芜 旧姓亓'而知本源，矧口传谓'一脉真传广……'论尊幼。然始迁祖缘何落此再无从考？而易亓取王更难稽！尝有同宗相遇如同阡路者，更有远移他乡，数传而迷其辈分者，甚有终居故土，水源木本之思亦淡而渐忘者，凡此种种，

· 105 ·

皆无谱之故。

家谱之未修，恐年久失所考。修谱立牒，乃族人之夙愿，数辈贤达几多尝试：族中儒士品一祖，倾心族史探究，且有史料存世，爰时势所阻未梓；族人脉汉制表册、拟字辈，存心推动，然客观所限未果；再有族贤廷珍，只身单骑，村采户访，远收近录，孰料功亏恶疾，抱憾湿巾而去……唯宗亲脉峙，秉承祖上宏志，再创吾族世系图册而刊行，始圆族众家乘之梦，以垂后昆之世典，盖为当今数辈族众不二之贤矣！

脉峙追宗收族之心久矣！当在2011年，即率族众前往莱芜，捧悦家乘，拜祠谒宗，以求根源；数次分散苏、鲁、皖各地，寻亲续枝；数次邀请家族宗亲议事，频谒乡耆解惑释疑；更耐不明就里者设阻非议，故谱成，脉峙当首功！

园谱之后，脉峙咸缵承先人遗愿，发动倡导立碑筑茔。果然其不负众望，他率先捐款，鸠工庀材，泐之贞珉，赘之马鬣，不日工竣，神道宽阔笔直，华表巍然耸立，实为脉峙宗亲之所为，杜安族众之功德。

再有族人脉石，虽耄耋之年，然倾心谱轶，精编细排，不辞辛劳；传久、传强，捐资出力；各支编委，甚知谱重，准录正误，倾心竭力；然入谱诸宗亲，均出资百元，翊赞工程，彰显吾族对先人之尊崇、为后昆垂裕祈福之担当。

尝闻：'水源浚而流长，家谱修则族昌'，夫亦'本固枝繁'一理也。杜安《（亓）王氏族谱》，历时两年，上溯始迁祖，下讫当今族众，皆详列世系图表，凡世系、源流、昭穆、长幼一族者，亲疏支派，五服九族，虽历数百年久，皆一览释然。已身亦知有所出，再续之则有遵循，世代亲亲和睦，孙孙永传不辍，是为谱之初心焉！"

再考明万历二修《亓氏族谱》、清嘉庆《亓氏族谱》及清道光《亓氏南三门族谱》，明初四世讳"二"者，唯南三门四世祖"亓二"公一人，故而断定：明正统十三年（1448年）立碑铭刻"王二"即"亓二"无疑，非但二者生活的朝代与时间相符，而且序至今日，莱芜与杜安两地后人的辈分世系相差无几。同时断定"二"祖在永乐年间（1403—1424年）迁居鲁南，子"襄"留居莱芜，而宽、广、敏、信、惠五祖则居他乡或他乡出生，墓在张山子镇杜安村，属明始祖士伯次子宾祖之后焉！

绵绵几百年，先人名讳世系或有不详，故后者碑铭"开""鹤"辈皆一"孙"论之，"元孙、来孙"亦难揣摩。正确称谓：自己往下为子，子之子为孙，孙之子为曾孙，曾孙之子为玄孙，玄孙之子为来孙，来孙之子为晜孙，晜孙之子为云孙，云孙之子为仍孙，仍孙之子为耳孙。故亦断言"开"字辈与"鹤"字辈之间必有断代！况且杜安一族对此"也觉有瑕疵"，两地宗亲皆成共识，断代名讳暂为"待考"，留作后人释疑。

此次八修族谱，杜安一支宗亲终于对接成功，入谱人口近三千人。亓氏后裔遍及江苏、山东等十五省、市、自治区共计六十余个聚居地，详细情况如下。

山东省：杜安村、黑山西、鹿荒村、磨石楼、泉源村、徐塘、官庄、阚庄、妈妈桥、耿山子、侯孟、侯于、台儿庄、枣庄、薛城、滕州、微山、邹城、兰陵、济南、青岛、文登。

江苏省：徐州、镇江、贾汪、旗山、大李庄、赵桥、小杏沃、罗圩子、董庄、团埠、大泉、青山泉、石头镇、南庄子、大黄山、铜山、南京、扬州、灌南。

浙江省：杭州、湖州、舟山。

辽宁省：沈阳、锦州、铁岭。

黑龙江省：齐齐哈尔。

内蒙古自治区：满洲里。

新疆维吾尔自治区：乌鲁木齐。

甘肃省：嘉峪关。

宁夏回族自治区：惠农。

广西壮族自治区：南宁。

山西省：太原。

北京市：北京。

上海市：上海。

安徽省：淮南。

陕西省：闫阆。

四川省：绵阳。

资料提供：山东省枣庄市杜安村王（亓）脉峥
2017 年 11 月 20 日

北京的"亓莲关"

北京的怀柔区地处燕山南麓，位于北京市的东北部。它东临密云区，南与顺义区、昌平区相连，西与延庆区搭界，北与河北省赤城县、丰宁县、滦平县接壤。

怀柔区有"亓莲关"，《文化龙乡》载："独特亓连口"。亓连口，亓音齐，少用而不敢读。有位叫亓连的军官带领修关，不幸殉职，为纪念他而命名"亓连口"。有后人回忆说，亓连当为亓氏先人。明初，先祖亓勤从军，亓连应为勤祖后代。亓连口是重要关口，位于怀柔区。亓连口关，《四镇三关志》载，"永乐年建"。据光绪《顺天府志》记载："亓连口通大川，正关水口宽漫，通连骑，极冲。"山间之水流淌至今，只是水势减小。照此说来，亓连口则是石塘路西端的第一道关口了。

据考，长城关口"亓莲关"为亓连所修，因其为明朝永乐年间所建，所以推断为三世亓英或家人修建。《亓氏族谱》载：洪武初，二世勤祖，从军华云龙麾下，因攻占北平有功，擢升北平镇守使。其子亓英，洪武二十二年代父役。初随燕王朱棣"扫北"，靖难之役，作战足迹遍及河北、山东、河南等地，屡立战功，官至中府都督佥事、山东都司都指挥佥事（正二品），由此推断此关口为勤祖后代亓英一族所建。

此关是目前发现最早的以"亓"为名的国家级建筑。"亓莲关"当地俗称"缺粮口"，为极冲之地。东起山海关的蓟州镇，迤西接慕田峪，而长城则进昌镇黄花路界。原来关门甚好，门外还有两门大铁炮，前些年修公路大桥时，关门被拆毁，铁炮被卖了废铁。"亓莲关"东北长城大部分石砌墙体较好，存高三至四米，顶宽二米。关口西南至慕田峪大角楼段城墙先为砖砌，后改石砌，均很坚固。这段城墙墙体较好，砖垛口大部分已毁坏。墙内侧每隔十几米就有一个保存较好的花岗岩吐水嘴。

北京市怀柔区现存"亓莲关"

过大角楼另有一分支向南行约八百米止于一山顶。文墙石砌，墙体及砖垛口均较好。当地传说此为错修边。由大角楼主体城墙转西北方向，过五座敌楼便与新修复的慕田峪长城相接至慕田峪关。慕田峪关位于怀柔三渡河乡北。此关只是山脉中的一个隘口，并不处于交通要冲。据《昌平州志》载："慕田峪关，明永乐二年（1404年）建。正关并迤西王家坨、灯杆岭、榨子墩、刘家项分界墩、胡思谷至牌石止。各墩空俱山形平漫，外临大川，极冲。自此以西皆重边，以东皆单边。东十里接大水谷亓莲口，密云区界。"

公元1368年11月，刚刚建立的大明王朝，在"亓莲关"内外与败退的元军发生了一场血战：大将军徐达按照朱元璋的诏令，率领大军疾驰进入燕山山脉，追剿败退的元军。经过昼夜行军，于"亓莲关"外的三角村（今交界河）与元军遭遇。顿时狼烟四起，喊杀之声声震山谷，不绝于耳，马匹在交汇处昂起了头，长啸之间传来人头落地的声响，刀锋与刀锋在刹那间相逢，使人与人的缝隙里闪现出火花。血战之中，徐达擒获了职位相当于丞相的平章事康同金及一名皇家医官。元顺帝带领后宫妃嫔、诸多皇族，以及数万大军冲出重围，败走漠北草原之上，元朝就此灭亡了。

山东省平阴市付庄二十世孙　亓树磊
2017 年 11 月 27 日

潍坊远里庄的亓氏家族

远里庄位于 309 国道南侧路边，据村碑介绍：远里庄位于潍城西十三公里，东濒白杨河，南临胶济铁路，北靠王潍公里（309 国道）。明代建村，初于姓由登州府文登县（现为文登市）大水坡迁来，初居大于河，又移至大于河西数里处落户，故名远里庄。

早先的远里村，水源丰富，村东南二里地有龙池，长年不干涸，清澈见底，清凉人口，甘甜沁肺，喝过的人都说好，周围村庄的村民都喝龙池的水。后来龙池渐渐荒废，清代乾隆所立石碑也不知去向，大家都以为在"文革"期间被破坏了。近些年，人们却在枯井里发现了这块珍贵的完整石碑，于是又重新修龙王庙，以纪念龙池，取名"龙池文化馆"。又有白杨河流经远里村，曾建有三拱桥，后来水源紧缺，龙池荒废，三拱桥被填平，白杨河早先的河道也渐渐被杂草填充。村南曾有一大水坝，清澈见底，有鱼虾，村民可到水中洗澡、洗衣服，后来水质渐渐变差，无人愿意再到水坝去，这一片水坝彻底消失。二十世纪七十年代有山东省地质队在这里打出一口喷泉，泉水甘甜，呈弱碱性，堪比现代人推崇的苏打水饮料，但好景不长，后来泉水堵塞不喷，远里东村赖以自豪的水资源丰富的美名，也彻底销声匿迹了。

远里东村东接潍城区政府，西邻昌乐朱刘店，往西不远处就是在建的潍日（潍坊到日照）高速公路，潍城站口就在附近，就在之前的 309 国道收费站往东一点儿的位置。潍日高速公路计划 2017 年年底应该可以顺利通车。前些年，城区中心大道东风西街向西延伸，目前已经与杏乐路（原拥军路）相接，所以交通条件特别便利。

亓氏在明成化年间由莱芜迁潍县，后迁至远里庄。莱芜的亓氏家族始于明代，始祖亓士伯，元末明初为避兵乱率四子勤、宾、全、世能从江苏淮安迁至莱芜，初居东关裴氏之家，随着战乱的逐渐平息，遂迁至方下保与汶南保钟徐铺居住。

据考，明清以来，亓家获二品至七品职衔者一百二十七名，八品至九品者百人以上，他们的功名全部从科举中获得。其中进士亓诗教、亓之伟、亓煦、亓玮、亓保五人；武进士亓焕、亓键、亓士英、亓九功、亓九叙五人；中举者有亓才等二十人；秀才二百人以上。乾隆二十五年（1760年）《潍县志》记载，自莱芜迁来远里庄的亓氏家族，明清以来进士三人。其中杰出者亓玮，字信卿，号还浦，万历戊午年（1618年）中举，明代天启乙丑年（1625年）秋帏，中三甲一百九十九名进士，官至江西道监察御史。亓玮在任期间，为政以抚循百姓为心，不事刑扑而境内大治。厘弊摘奸，务以进贤。关怀民情，在坊间深得民心，口碑有加，有靖江人为其立生祠。亓玮家人当时住在潍县城西门里大街三条过道，去世后葬远里庄。今远里庄墓田存留一块清康熙二十二年（1683年）的石碑，为亓玮后人所立，以纪念御史公亓玮。

亓氏后人敬称御史公，其住宅在潍县西门大街三个过道。死后墓地在城西十余公里的亓玮老家远里庄。再比如武进士亓键，字子翰，号北庵，清代顺治丁酉年（1657年）武举人，辛丑年（1661年）武进士。任凤阳右卫守备。而亓键的儿子亓士英，字迈群，康熙丁卯年（1687年）武举人，己未年（1679年）武进士。

今远里东村南侧亓氏墓地，有一块保存完好的清代顺治元年（1644年）的石碑，上面刻有"北岗亓公守全"字样，经查询《亓氏族谱》得知，亓守全，字北岗，明皇陵省祭官，生子唯精、唯一、唯几、唯康。唯精断支无后，那么唯一是谁呢？他就是前面说的那位御史公亓玮的父亲，结合《潍县志》继续查得：亓唯一，字纯吾，庠生，以子玮贵，赠为文林郎，河南泌阳知县，续赠江西道监察御史。从亓守全到亓唯一，然后到亓玮，祖孙三代仕缙接踵。亓守全为明皇陵省祭官，亓唯一皇封文林郎，泌阳知县，后来是江西道监察御史；亓玮，明万历年间中举人，天启年间中进士，初任泌阳知县、陈留知县，旋升云南道监察御史和江西道监察御史、提督江南学政；儿子亓镛，清顺治时岁贡，曾官县丞。还有亓唯康之亓琰，与亓玮同族兄弟，邑庠生，敕赠武德将军，凤阳右卫守备。其子亓键，字子斡，号北庵，顺治丁酉年（1657年）武举人，辛丑年（1661年）武进士。任凤阳右卫守备。

在科举时代和儒家思想为主导意识形态的社会环境中，功名与官职一直是地方精英巩固财富和社会地位的重要资源，远里庄亓氏家族也不例外。明初亓氏先祖中的几位杰出者，不过是其中的代表人物而已，不论是进士，还是武进士；不论是监察御史，还是右卫守备，都是亓氏家族以科举而成名的一种表现。

今存清代亓守全墓碑

据远里东村亓姓村民介绍，亓氏家族自莱芜迁来定居后，曾建家庙祠堂一处。祠堂正面悬挂亓氏先祖的巨幅画像，祠堂东山墙上悬挂御史公亓玮的遗像，在二十世纪二十年代，家庙祠堂改建成民宅。自明初迁来的几百年里，在远里庄东、南、北侧的亓氏家族祖茔坟地埋葬着先祖遗骨，二十世纪六七十年代改为良田或者改建民宅。现在火化后使用的茔地是南老墓田旧址，其中遗留的清代顺治元年的亓守全碑和康熙二十二年为亓玮所立的墓碑都保存完好，它们竖立在墓田里已经几百年，仿佛在向人们述说着亓氏家族以往的名仕辉煌。

山东省潍坊远里村二十一世孙　亓保全
2017年12月18日

亓氏圣迹与遗存

明威将军府

今安徽省阜阳市革命烈士纪念馆北约三百米之建设街南巷，即亓氏二世勤祖"明威将军府"旧址。它占地大亩三亩八分，坐西，门朝东。建筑为砖木结构，画有龙凤图案。门前上马石、下马石，前街东有旗杆座。皇帝敕命建"花门楼"一座，御赐修建"将军府"，文官路过此地下轿，武官路过此地下马，世代荫袭二百余年。崇祯年间，李自成的队伍攻打花门楼。将军府全力抵抗，死伤三十多人，花门楼、将军府大部损坏。至明清之际，花门楼毁于战火。民国战乱，旗杆座被毁。1958年，原有的上马石、下马石均被毁，名扬几百年的古颍州亓氏"明威将军府"今已荡然无存。

阜阳亓氏先祠

颍州（阜阳）"亓氏先祠"，位于老行署西之待诏门"刘公祠"以东城门附近。亓氏先祠始建于明崇祯年间。清乾隆年间，迁于今人民西路路北，即文昌阁西边，民国二十一年（1932年）又三次扩建。亓氏先祠规模宏伟，庄严肃穆，大门上悬四块一米见方石料，题刻"亓氏先祠"四个大字。院内建有大殿、腰殿各六间，房檐垂珠帘珑，雕梁画栋，房脊高起，龙凤昂首。内设"绝祠"，东、西庙房，又分东、西两院：东院为祠堂，西院为亓氏私塾（小学堂），共占地大亩三亩六分。先祠设有公田三百多亩，以资修缮祭祖之庙用，抚恤助弱之善为。因先祠与公田皆由北院小宗四门捐资，故其董理事者，则由北小宗四门轮流掌管。1966年，大门被毁。1977年，大殿、腰殿被毁，改建为阜阳地区第二招待所。"绝祠"则毁于2002年10月。现仅保留东庙房等两间。

象牙笏板

三世亓忠（英）于洪武二十二年（1389年）代父从军，屡建战功。永乐皇帝登基坐殿，御赐"象牙笏板"，入朝免报，觐见免礼，伴随皇帝三十个春秋。直到洪熙继位，调任颍川卫。象牙笏板原在祠堂后人亓明言处珍存，1966年遗失。

马道与明塘

马道位于沙河路南端东，今小吴庄，为勤祖之教练场（用以骑马射箭、习武练兵之场所）。明塘位于马道北侧，今为热电厂。

亓家花门楼

亓家花门楼位于安徽颍州，今阜阳市前进街三里井城隍庙北，坐西朝东。由十六世祖毓章公在朝中教太子念书，兢兢业业，孜孜不倦。太子即位后，为报答师恩，特拨专款在恩师的老家阜阳修建花门楼一座，并赐匾额一块。凡由此路过之人，文官下轿，武官下马。

明威将军府亓家大花园

位于西七鱼河西侧，有东、西两个花园。东花园今仍有亓氏宗亲定居。

河南民权县"都宪祠"

明朝天启五年（1625年），亓诗教二次奉旨还朝，擢升都察院右佥都御史，钦差巡抚河南等地，提督军务兼理河道。因黄河大堤长年失修，每至雨季，洪水泛滥，房田损毁，民之苦不堪言。他体恤民情，顺应民意，亲临详察河患，谋划治黄良策。他组织客土复堤，植树护坡，筹建人防，使黄河水患多年未发，百姓得以安居生息。民众感其德，念其功，由当地亓氏族宗亲和民众捐资，为其建祠堂，名为"都宪祠"。

莱芜羊庄亓氏祖茔

亓氏祖茔位于山东省莱芜市高庄街道办事处羊庄村西，占地五十亩，一世祖士伯安葬在这里。墓前有九世祖诗教公万历四十六年（1618年）立的墓碑。茔前有十世祖之伟公在崇祯戊寅年建的牌坊，上书"亓氏祖茔"四个大字。祖茔四周石墙高筑，墙内古木参天，蔚为壮观。

2011年，莱芜亓氏文化研究会会长亓传海出资复修"始祖墓"。历年，山东省亓氏酱香源总经理亓飞捐资修建亓氏祖茔石坊。2016年清明节，由莱芜亓氏文化研究会组织，山东省阳谷县亓庄村亓校武和莱芜市劝礼村亓金玲、亓贯德、亓新恒、亓传玉，以及山东省亓氏酱香源总经理即嘶马河村亓飞捐资，复修二世四祖墓碑。

莱芜亓氏家祠

亓氏先祠，该先祠即亓氏总祠，位于莱城西关，清道光己酉年建。有正门、正厅、侧室等。正厅谓"敦睦堂"，内供奉始祖士伯至四世祖牌位。以下或科第或仕官皆立木主入祠。

另外，在莱芜今高庄街道的劝礼村、老君堂村、坡草洼村，牛泉镇的贺小庄、李条庄等村也有清代宗祠，多处古迹至今犹存。

御葬林

御葬林位于羊庄村南，祖茔以东。清乾隆四十一年（1776年），十世祖之伟获谥"忠愍"，增封共墓为御葬林。之伟与其父九世祖亓才葬于此。林前建有石坊，上书"天恩宠锡""科第开先"题刻。神道两旁分立石马、石羊、仲翁等。之伟墓大如山丘，墓前石碑丈余，墓中堂刻："前明阳和兵备道赐谥忠愍亓公之伟之墓"。

三义祠

三义祠是十世祖之伟公为寓兄弟团结和睦所建，位于羊庄村西北，与"大士庵"对门，门楼上方有之伟祖题书"三义祠"匾额，大门两边建有鼓楼，大殿内雕塑刘备、关羽、张飞像。为市级文物保护单位。

都宪坊

该坊在莱城西关，建于明天启丙寅年（1626年），为万历戊戌科（状元赵秉忠）进士、礼科给事中九世祖诗教公所建。

世科石坊

该坊位于莱城西关，亓氏家祠以东，明崇祯丁丑年（1637年）仲冬建。为万历甲午科（1594年）举人九世祖才公所建，开亓氏科举之始。

联捷石坊

该石坊在莱城西关，世科石坊以西。建于明崇祯戊寅年（1638年）孟夏，为天启辛酉科举人、壬戌科进士十世祖之伟公所建。

漱石山房·乐饥斋

乐饥斋始建于明朝万历末年，初名望峡楼。位于城南劝礼村"莱芜八景之一"苍龙峡西。小楼呈南北走向，楼门西开，砖石结构，小瓦盖顶。高约十米，仅上一层，拾级而上，吊桥进屋。为九世祖诗教隐居苍龙峡时所建。清朝康熙年间，张道一购得，改名"乐饥斋"，取"衡门"诗意："泌之洋洋，可以乐饥。"衡门，是指房屋简陋，有宣扬"安贫乐道"之意。

漱石山房·亓家花园

漱石山房又名亓家花园，是亓诗教修建的后花园，位于劝礼村东狮子沟南面，与望峡楼南北相望。园内建有亭阁，花木丛生，石刻二十余处，是九世祖诗教公致仕归里、隐居会友的休闲场所。为市级文物保护单位。

亓诗教墓

该墓位于苍龙峡西，劝礼村东北，墓如土丘，当地称"大坟子"。墓前立石碑丈余，已毁于"文革"时期。

亓公祠

亓公祠在莱城西关外。明万历四十三年（1615年），山东大灾，饥民遍野。九世祖诗教特上《饥民疏》，皇帝采纳，发拨帑银二十三万两，粮六十万石，救活山东一方百姓。莱芜、青州两地百姓感其恩德，修建生祠祀之。

天恩重锡坊

天恩重锡坊位于牛泉镇李条庄诗教祖林。明万历四十五年（1617 年），礼科给事中诗教祖为父隐山公获皇帝敕命致赠礼科给事中、母程氏再赠孺人所建。有诗赞曰："翩翩夹谷凤凰鸣，展展仙鹤桥上游。龙门碑载千古秀，月牙桥拱望天狐。"

亓集亓氏祠堂

该祠堂位于平阴亓集，为全祖之后美祖系十三世孙九围公例赠修职郎，于清道光五年（1825 年）建。

亓 堂

亓堂位于河南省民权县城关镇亓堂村。明朝年间，亓氏一族由山东莱芜迁徙此地并修建泰山庙堂一座，取名"亓堂"。此地至今还有在坟北（面向莱芜）烧纸祭祖的习惯。

郓城亓氏祖茔

此祖茔位于郓城县大潭乡亓楼村南，内有二世全祖墓、三世纲祖墓。为祭祀方便，又设一世祖士伯虚墓一座。今墓碑犹在。

全祖奶奶墓

此墓位于济南市历城区唐王镇亓家庄村东南，相传全祖奶奶率二子迁徙此地定居，卒后葬于此。

节孝石坊

莱芜境内亓家节孝牌坊一共两座。一座位于凤城街道办事处叶家庄村，为褒扬九世祖名儒继配田氏祖母而建，有文"克全妇道善训群孤四十载之苦节兼成。"康熙八年（1669 年），县令奉敕建坊，以光前裕后，遐德弥彰。另一座位于牛泉镇李条庄，由九世祖诗教于万历四十六年（1618

年）为表其婶母马氏（八世祖三全公之妻）恪守妇道，苦志守节，特奏闻神宗皇帝恩准，奉旨建造，以表其孝节。

鼓　楼

　　鼓楼位于莱芜牛泉镇东上庄村，共五层，高约五丈。修建年代不详。原为亓氏宗长亓裕后所有。

亓占峰纪念馆

　　此馆位于高庄街道办事处黑峪村，为纪念清代名医亓占峰所建。1996年重修，每年农历二月二十六日（亓占峰诞辰日）有庙会。

亓家药店

　　原为"莱芜县东关医药合作社"，1948年为支援国家建设，政府议定砍伐羊庄老林大树用于津浦铁路建设，余料用于修建汶河木桥。在补贴的资金中，除留出一部分用于苗木更新外，剩余资金开办慈善事业，并成立"莱芜县东关医药合作社"，称"亓家药店"。亓守祐任第一任社长。1952年11月经山东省政府批准，亓家药店升格为"莱芜县联社医药经理部"。二十世纪六十年代划归为商业局，成为"莱芜县药材公司"。1997年11月，经山东省人民政府批准，成立了现在的"山东省益寿堂药业有限公司"。

山东省莱芜市羊庄村二十世孙　亓德刚
2017年12月16日

卷二·文献

正始解

　　八世孙遇增修族谱，以士伯公为始祖。子世能，户名官亓四，生子二，长曰胤，字茂先；次曰积，字敬先。盖质之旧谱始定，参之七世孙蛟碑，记益明者确莫确于此矣，真莫真于此矣。及查，嘉靖二十七年，七世孙恒省等皆茂先胤祖一支，表祖茔墓为二碑，其一所载则与族谱所传蛟碑所记大相矛盾，有令人不可解者。诗教伏思：始祖为我亓氏一大源头，于此而有异议焉，明征不足，观听必眩，世远传湮，人为一口，始之不正，误且滋长，是可忧也！遂不揣，作为一解解之。

　　按恒省等碑有曰："始祖亓四生二子，长茂先，次敬先是矣。"然四即六世孙銮、鏊、瑾所修族谱称户名官亓四者也。銮则曰："自莱之始族讳世能者记焉。"鏊则曰："元末时，祖世能流于莱芜。"瑾则曰："自吾之高祖曰世能。"言之是皆世能、则皆四也，且鏊叙谓兄銮所述"乃闻之大父者"。大父为正，正为敬先积祖第四子，世能亲孙，以孙言祖，耳闻目见有谬妄哉？此以知四之即为世能明甚。盖幼以小名四载之尺籍，长乃改之耳。

　　再阅蛟记其父琅墓亦曰："高祖亓四，乃始自淮迁嬴，士伯之子也。"夫士伯为父，四为之子，则四即世能，抑又明矣。顾恒省等复有一碑记曰："原祖士伯之生世能，世能生四子，曰勤、曰宾、曰全、曰四。"是又以世能为四父，作两人，以四为士伯孙，作三世也。世能即户名官亓四，琅碑之载四为士伯之子，三序一碑，前后合符，岂漫然无所考据者耶？况銮、鏊二序皆在嘉靖十七年，瑾一序在嘉靖二十一年，恒省等立碑则在嘉靖二十七年，考其时，修谱在立碑前，论其世，立碑在修谱后，在前者三序皆同，在后者一碑独异，异者可疑，同者可信，信者从之，疑者故置之，此定论也。

又查：琅碑立于嘉靖四十三年，去恒省等立碑之年且十有七矣。其碑状出琅子蛟。蛟廪生，有大志，于家传多撰述，皆不苟。阅其墓表所列上世最详，曰："处士名琅，字朝卿，父宗，妣胡氏，大父正，妣何氏；曾大父敬先，妣玄氏。高祖名四，乃始自淮迁嬴，士伯之子。"观自琅以上，父、大父、曾大父、考妣俱全，一一开载，则所云"高祖名四，乃士伯之子"一语，岂不昭昭乎如揭日月而行之哉？合而论之，恒省等一碑也，考之前则族谱所未有也；按之后，则琅碑所不载也；断之以理，稽之于众，其为误无疑矣。四即世能，又何说之有！至于勤、宾、全暨四，或俱为士伯子耳。

宾，即今南三门之始祖。勤与全出外，四宗独亢，故四名独显。窃谬度之户名，其行四也。其在初占籍之时乎，世能，其正讳也，其在后成家之日乎？

嗟嗟！先民邈矣，若有若无，所不可知，唯本之以尊祖敬宗之心，揆之于先后异同之故，求其至当，俟之不惑，恐无以易此矣。谨为剖析，录其节略，载于谱端，僭题之曰《正始解》，愿与我族人共就正之。

明万历礼科给事中　亓诗教

饥民疏

窃唯：自古国家之祸非一端，而其中盗贼之乱居多，小者无论，论其大者，如秦之关东盗、汉之黄巾、唐之曹濮、元之汝颖，虽其人旋起旋灭，终不足以济大事，但乌合之势既集，隅负之局遂分，往往为英雄驱除之资，收拾之籍。故斩木揭竿之众，乃土崩瓦解之忧也！然从来盗贼之起，所在地方或匿不以闻，或闻不以实。即闻矣实矣，而上之人或有所蒙蔽而不及知，或有所玩忽而不为意，发于仓促，延于滋蔓，极于横决，遂至以国从，甚可惧也！顾盗贼亦非民之所乐为也，非困于大役，则迫于饥寒，非重以天灾，则益以虐政，无生之乐，有死之心，然后不得已乃去为盗贼焉！及为盗贼，扑灭之则无兵，解散之则无术，纵容之则无法，酿无穷之祸，发大难之端，贻国家不可知之悔。虽有善者，无如之何矣！胡为不幸而见于臣等山东之地也。先是七月间，省抚臣钱士完奏报旱灾，乞赐蠲恤。阅其情状，臣等窃相忧曰："昊天不吊，降灾东省，一致此乎！"未几，抚臣请发临德仓米，户部议给十万石平粜，特蒙报可。臣等又窃相喜曰："所给虽少，然颗粒皆沾夫皇上之仁，且夕稍延夫饥民之喘。夏虽失望，秋或薄收，忍死以待所甘心也。"不意七月之中，始得少雨。雨降之后，旋被蝗灾，又如抚臣所奏"地方穷困愈不堪命"之疏者。臣等更窃相惧曰："一岁皆空，千里如扫。民穷盗起，势所必至。今日以抢夺告，将来必以强劫闻矣！海岱之间无奈乱乎？"至闰八月初十以来，旬日以内，抚臣报乱之疏果两至矣！初报蒙阴、沂州、昌乐等处群盗纠结，白昼横行，立寨树旗，弯弓骑马，拒敌官兵数十阵，杀保长一人，猖獗纵横已有不可向迩之势。再报则青州之安丘县，已入县城劫毁库狱矣。近据臣等道路传闻尚不止此，即抚臣疏亦云，事体尚未明确，不便遽参。则彼中之蹂躏抢攘，其大略可相见也。且夫我皇上以东省为何如哉？海处其东，南接江淮，西通河洛，北则直拱神京，称门户焉！地近势逼，孰有过于山东者乎？青州一府，凭负山海，为四塞都会。其人多好侠使气，习射猎为常，易动难安，尤诸郡所视以为嚆矢者也。自昔草泽之雄，常出其间。即在我朝，亦数数见之矣！如石棚寨妖妇之乱，矿贼王镗之乱，大盗杨思仁号为"赛宋江"之乱，皆在青州所属境内，至烦调遣乃克平定。今安丘非其覆辙也？盖青州动则东省摇，东省摇则中原之路梗而京师震，辇下戒严矣。昨接邸报，见抚臣后疏有："奉圣旨，强贼聚之千余，劫库焚狱，关系地方不小，该部便速议来说。钦此！"是山东之乱已廑于圣心，尚可以悠悠泛泛，寻常视之度外置之哉？为今之计，欲捕乱民，必先救饥民。何也？乱民非尽出于饥民，饥民非尽入于乱民也。

我无所以救之，则乱民为之招，饥民为之驱，愈捕愈多，不胜捕也。我有所以救之，则饥民不复驱之去；乱民不复招之来；或扑灭之，或解散之，一举可定矣！然，以（山）省言，救民亦未易易也。将议赈乎？则仓库如洗矣！将议蠲乎？则存留无益矣！将议令地方官之自行区处乎？则又不能为无米之炊矣！臣等聚族而谋，计无所出，唯有仰渎我皇上，亟下抚臣前疏，并献一得之愚，愿垂听焉。抚臣首以特发帑币十万两为请矣！此于朝廷仅锱铢耳，而散之民间则珠玉也；次以二项税银酌留十万两为请矣！此在部监无所益损，而还之民间则脂膏也；又次以罢免六郡包税二万三千余两为请矣！此等税银，搜刮多年，穷民已久遭其害，蠲除一旦，饥民则重感其恩。拔去病根，永无烦扰，尤为一时之便计也。以上三款，皆属紧要。倘蒙府纳，即赐允行，则山东之荒救过半矣！至于臣等图度地方便宜，窃附抚臣疏请之末者，亦有四款，谨据实为我皇上陈之：一曰停征。夫年来太仓罄悬。九边呼癸，此何时也，而征之停？闻是议者不以为迂则以为妄矣。然实非所论于山东也。试观作乱之民情，岂顾公家之岁额？上即不停，下必停之；今即不停，后必停之。与其停于后，停于下，不得不然，何若及今自上停之为愈也。况民在则有丁，丁在则有赋。宽之今岁，输于将来，独非国家长久之计乎！一曰改折山东岁派漕米及临德仓粮。此粮与米者，皆本色也。在丰岁则为狼藉之余，征收甚易；在凶年则不胜腾涌之虑，出办甚难。况此时民间持百钱觅升合以胡其口尚不可得，安所取数十万石而更输之官哉？昨河南抚臣疏称："直隶山东俱遭异常荒旱。近闻米价每石不下一两三钱。"于以见籴米之难也！有如改折，则留其米以活饥民之命，而折其银以佐县官之急，公私两便，无不可者。就使银折难完，尚可追于异日，但求存留米在，庶几暂济目前。此断断可行者也！一曰抵平粜之米。前者请发临德仓粮三十万石，户部仅准十万石，此已为涓滴之润矣！且又云每石粳米六钱，粟米五钱。奉行曲折，皆未议及，恐非地方之利也。盖仓米一斗，仅当市斗六升，是半之也。而定价至五六分，较之市价，只足相当。况有盘运，则有夫车；有夫车，则有脚价；脚价所出，非官则民。官不皆贤，民岂尽富？殷实之敛派，衙役之驿骚，所不能无。而陈因浥烂，出纳迟回，亦或有之。将重在价，反轻在米，必有委弃而去者矣！窃谓不如即将各州县应该分给平粜仓米若干，查其下户之贫而应赈者，所纳粮数与之抵兑，扣其改折之银，准作还仓之价。通融有济，搬运无烦，亦计之便也。如或在近仓处，所愿领平粜者听。一曰留入觐之官。

三年大计，虽曰朝常，今岁灾祲，实为异数。嗷嗷沟中之瘠，谁为抚摩？蠢蠢潢池之兵，谁为镇戢？所谓有社稷有人民者，即当拮据荒政之时，兼欲防御乱民之变，正官一去，印务何属？若尽委之府佐，即苦乏人；如暂假于杂流，又虞滋害此，不可不深长虑也。心窃谓宜将各州县掌印正官免期入觐，一切救荒政务皆责成之。其有贤令资俸及其者，不妨比照在外推官事例，觐后一体访取，于官与民，庶两得之矣。夫是四款之中，若免觐、若抵兑、若改折直听抚按处置奏请，而轻重布之无甚难者。唯停征一款，乍言之必骇听闻，稍需之或烦拟议。顾其停不停之际，是为乱不乱之关，是在于圣明独断而独行之！

明万历礼科给事中　亓诗教

石痴居士

天启乙丑之九月，予奉召濒行，居士为具草堂别，予饮甚欢，时孟冬十有三日也。丙寅仲夏，予自夷门抱病归，而居士已奄忽逝矣。嗟！嗟！曾几何时，予与居士遂成隔世也耶！居士少年即高自期许，不与俗同。既作诸生，更锐意为古文词，往往吐惊人语，与一时闻人才士争雄长者。

久之，乃去游太学。复作太学生，非其志也，盖居士素慕燕赵之间多慷慨悲歌之士，如所称隐于屠狗者，庶几一见其人不可得，归而叹曰：吾将隐焉！就其居构堂三楹，覆以草，题曰："草堂"。堂之前杂植花卉，编篱间之。征一奇石，高可数尺，气象如伟丈夫然。峙之南垣檐下，北与堂直，独当一面，题曰："大将军石"。每招予饮，辄摩腹指石大笑曰："快！快！"予亦对之，浮大白有加。当其觅是石也，师米颠意自为祝词，即地为坛，肃拜致祷，果得之，诧为神物云。且居恒尝语予，有穷尽天下名山大川之志。

一日南游，至蒙山绝处得一地，以为可休于此也，遂仿"草堂"治为别墅。掘旁客土，水涌成泉。泉流殊清冷可爱，因以平甫名之。平甫，居士字也。性尤嗜石，石所出虽深山穷谷，人迹罕到，亦必裹粮杖酒，率数苍头，徒步往求之，甚至以石之遇不遇为欣戚焉，故又自号"石痴居士"。

是岁首，入山求石，得疾舆归，越十余日，寻卒。失兹良朋，如丧异宝。闻风者悲悼，慕义者咨嗟。咸伤之曰："居士，居士，生于石，死于石，岂其痴乃尔耶！"夫居士行义皎然，文学甚优，而且又长于辩论。予隐居龙峡，数数过从，上下千古，抵掌而谈，四筵皆惊。有时或仰天长啸，旁若无人。使其得志于时，必有所挟，以自见天乎！何竟夺之早哉。昔徐孺子坚辞辟召，老于豫章之白杜，南唐间后之人思之，游其台，望其墓，皆称曰：孺子。居士得无类之欤！予故为之传，俾后之人思居士如孺子。居士之传于世，将无已时也，予心稍慰，然予兹戚矣！

余性喜人规，不喜人谀。谀我者唯恐其言，规我者唯恐其不言，言之或不尽也。以故，余与人处，每多规少谀。然时进之喜谀不喜规者之前，往往招尤。居士尝规我者也。余喜纳其规，中心藏之，不以告人。今已矣！规我之言不复闻矣！悲夫！此余之所以传居士乎。贾洛阳少年受知文帝，可谓奇矣，乃卒不见用，至为鹏赋以死。天丰居士之才而啬其遇，平生失意事绝多，殆未可以常理测也，余不能不为之长太息云。居士姓孙名士奇，别号明征，尝自称"湘花斋居士"，后易石痴，从所好也。

明万历礼科给事中　亓诗教

清闲词

清闲二字真无价，隐向山林罢。
邻舍四五家，种几亩田禾稼。
结座茅庵自在，似我无冬夏。
出门来随处安插，菜畦儿紧靠着葡萄架。
桃李盈山谷，梨杏绕周匝。
村酒熟，不用柞，稚子提壶，山妻把盏。
野调歌论不着板眼错打，信口诗哪管它字韵讹差。
喂几只看家犬汪汪嚓嚓，养几群花凤鸡叽叽哈哈。

椴机车哧棱棱，琴棋声响乓乓。

到春来寻芳不用远处踏；

到夏来涧边流水在枕峡；

到秋来黄花咫尺遍半塔；

到冬来梅雪相邀把酒哈。

山家说不尽，你请我来我请他；

山家说不尽，阴阴晴晴樵牧话。

石底下掬螃蟹，草窝里扑蚂蚱。

钓的鱼儿三指大，面里托，油里炸，嚼一嚼，咂一咂。

四时无烦恼，遂日笑哈哈。

客来有啥咱吃啥，不必你东挠扫西刷刮。

李杜诗千首，圣贤书半榻。

后代儿孙全不管，是非荣辱一任它。

朝廷任有多大大，不犯王法管不着，咱不是神仙是什么？

庚午夏日，薄暮雨过，诘朝大晴，风刮云净，天气晴和，草木敷荣，万家咸宜。与友人在峡谷避暑，探幽览胜，开怀畅饮，坦然率性，觉不逾矩，有飘飘欲仙之致，历历有得，皆自清闲，遂为词一首，兴动书已，以纪入道概矣！

明都察院右佥都御史　亓诗教

注：手迹见"附录六"。

过淮赋

余童卯时，尝闻诸先大父曰："吾家淮人也。"追阅谱牒，益知其详。及释褐筮仕，祇回翔于乾侯、黎阳之间，未历淮阴。岁己巳，奉命督兑江南僭漕至淮，例以帮尽返棹舣舟水际，时凉飙初荐，桂萼始抽，有两孝廉饮余于舟。余推蓬四顾，见天光树色，川原村落，怃然有先民之思。窃自计曰：此吾祖故里也，今不可考矣，安知此屋影桑阴非吾家庐室？肩摩踵接非吾家故旧耶？不能不今昔顿异，于是有感而赋。

赋曰：顾瞻淮水之汤汤兮，仰神禹决排之利长。仿佛先人之故庐兮，曾不记其为淮之阴、淮之阳。先大父辟呀之诏，仅以片言传其略兮，已不知其详于何代，卜于何方。余小子继述之志，窃有意于考其上兮，然竟亦恍惚乎耳孙之下，鼻祖之旁。往神游焉，而未获躬履其地兮，思逐淮水以茫茫。今鼓枻焉，喜临流而为之凭吊其上兮，溯洄从之，宛在水中央。自有此淮历千秋于万代兮，更几废兴与存亡。余先世之家于淮者，果商周而之秦汉，抑晋魏而之齐梁兮，当不复计，夫蚌壳与沧桑。

今鞅掌王事之靡监兮，吾父吾母不遑。将忽不觉中流而击楫兮，咨嗟感叹，夫枌社与榆乡。意余先之人兮，当亦必有官于其地，宾于其王，或抚弓冶而垂遗训于青缃。余何幸邀先人之余庇兮，既有登于其隽宿于乡。殆不异归昼锦而式歌，夫肯构以肯堂。挹淮水之清白兮，恍泻家声以流芳。襟三江而如带兮，若以衍世泽之绵长。沐君恩而思报本以反始兮，咏湛露而诵首丘。笃箕裘而念祖功与宗德兮，履春露而怵秋霜。迄今徂后而百世兮，安知不更有如余者，起而嘘淮上之清光，只今一日足千秋兮，如何能为重淮之上，可想象余先世之有高贤与大良。余先世之屋宇、弓剑不可问，吾其问之，淮水之汪洋。吾欲进先世以杯酒，知不须抟土为豆、插草为香兮，吾其酌淮水以荐酒浆。余先世有灵兮，原余家之子孙繁祉骈庥，与淮水其永昌。余尝读苏公之族谱，眉山草木常蓊蔚，后有按余家之里氏，淮水流风自泱泱。

明天启进士、户部主事　亓之伟

成翁伯兄崇祀学宫叙

吾宗以硕德兴，韬光严壑。世多隐君子，彬彬如也。迄我兄世以经术举于乡，为吾族破天荒。缵修前续，阐扬旧业，开百世之堂构，衍千亿之箕裘。躬抱明德，光烈休著。今且庙食永祀，配列圣庑，岂非奇男子哉！今天子广励风化，综核名实。幽芳隐躅，靡不褒扬。显奕我兄，以端方理学流声乡国；生擅有至性，孝友天成，辑柔罔伪。惮精圣典，覃恩渊业。晷无停指，日益宏醇。自弁徂成，繇刚及壮，执绳舆尺，言修行洁，正谊以承行明道，以启发读书。怀独行好，修而众著洵矣！其无疵，虽彼苍之莫喻！既饮天禄以青藜，旋委太元于赤风。然苦其奇节，班班足勒金石者，正不朽也！昔寇莱公痛父沈冤，年十三，谒行在白之，言词壮烈，明主为之动容，千载颂为美谈。我兄赐进士。

钦差巡抚河南等处地方
提督军务兼理河道都察院右佥都御史
前提督四夷馆太常寺少卿族弟
诗教顿首拜撰

始祖原来考

莱之有亓氏也，传之先民，佥曰："昉于国初，来自淮上"。想元末兵起，始祖厌乱，自淮而移于莱。如谱中所云："初住东关裴氏家，嗣占籍汶南，遂拓基于叔子流寓之羊庄。"即此意也。因忆中丞叔补淮郡司理，及奉内召过里门时，时之伟问而请曰："吾族始祖俱云自淮，叔官于此矣，抑曾见吾族姓否？"叔曰："淮上原无，常随直指按颍州，有青青数辈来谒余，求余言，以弁谱首。余匆匆不暇细询，止勉成一序付之，而青青又皆卫籍也。卫为中州辖，而州则隶濠梁，不识何解？"但如是言之而止。后见中州有列姓于贤书者，名中雅。之伟方在诸生，疑为一宗，恨无缘晤对为歉耳！

崇祯丙子，之伟通籍者几世载矣，犹偃蹇计偕长安。捧阅天中，捷录有讳豫者，又于是岁脱颖。秘私心辄然曰："此必与曩之中雅为一谱也，指日计，偕可以叩吾族之始末矣！"

未几而豫即造门，先得我心，之伟喜不自胜，跃然而且怆然。追披面接谈，一段顾盼眷恋之意，若素相依倚者，然始信骨肉至谊毫不假强为也。因与盘桓倾倒，答溯渊源，乃云："寄颍卫者，始于汶川，世系莫考矣！因询中丞叔理淮，行至颍州，曾为吾族姓作一叙，此事亦与闻乎？"豫瞿然曰："盖是叙者即吾父也。豫童年，有一夕父出而未归，询之母，母曰：'闻州中有我家官来，尔父往谒之。'亡何，父至矣，备述相见与为叙之意，此云中雅者，即豫之从弟，今读未竣。"再问："以既籍州矣，胡为又奋迹河以南也？得无别有一脉乎？"豫曰："不然，颍之卫与州同在一垣，驻在州而籍在卫也。"

噫！亦异矣！夫作叙之事，中丞语伟在数十年之前，伟与豫合符在数十年之后，隐若吾族在天之灵嘿嘿作之合者。至云：来自汶川，夫汶川不知何所，而五汶之源皆发于莱。意兵戈离乱之际，回翔蹁跹来于淮而复返于颍，未可知也。况颍之先又以武功起家，或偶有以从戎著绩者，遂倡大于颍耶？其始终虽不可考，藉总之属一源本，洵吾族之来于淮矣！不但是也，如潍之绣衣名玮者，乃缙祖之裔，亦出自莱者，前谱已载之。即是，大益可以征颍乎？玮也、豫也、中雅也，与伟年皆相若，因世次莫稽，遂共约为兄弟。后此者果能联异为同，视远如迩，合疏以戚，吾族不更慰藉耶！不能无望于继起者矣！

赐进士第中宪大夫直隶河间府知府
十世孙之伟谨撰

续原始论

谨按诗教祖所作始祖之墓表云："吾亓氏始祖士伯公祖居于淮，当宋之末年避元兵移于莱芜，占籍汶南之羊庄村。子世能生二子，长曰胤，字茂先；次曰积，字敬先。茂先三子，曰浩、曰林、曰升；敬先七子，曰辉、曰桢、曰端、曰正、曰雄、曰寿、曰俊，北二支四世十祖也，至是而分为四门。敬先七子，桢、端、正、寿、俊为一门，辉、雄为二门；茂先三子，浩为三门，林、升为四门。"

盖四门十祖瓜瓞绵衍，难以枚举。唯即一门俊祖言之，俊祖行七，字文秀，为一门之第五枝。俊生三子祐，祐生长子腾，腾生次子彦宜，彦宜生三子试，试生长子可全。可全生四子，明季移泰安者二人，尚文、尚乾是也。尚文祖即吾始迁之祖也。

夫分为四门者，既命名于当时，是以昭彰于后世。吾尝闻诸四叔祖汝州公云："光绪甲午秋，因庆贺往莱邑会家祠、序尊卑，同族云集，至有异省异县之人，皆以几门几世为言。"由斯一谈，虽属当时无益之称，实为后世永赖之据。其祖宗之深谋远虑，恐世远年延，族大丁繁而支派紊乱，特昭于后世耶！愧予不学，不克成文，谨录老谱之所载，与夫闻诸先生所言，遂谬为此说，以志后世之所自出云。

清宣统元年岁在己酉仲春之月
尚文祖十代孙广峰谨撰

祖茔筑垣建坊记

　　吾族之人亦众矣，衣冠济济，科第连翻，子衿辈见列黉序者四十有奇。溯流穷源，无不始于一祖。而始祖之窀穸，乃肇于羊庄之迤西牛眠马鬣，或绳其祖武而衍之，所为分为四门递别南北者，先灵无不依栖于此。在播迁式微之际，几忘封树。厥后，又人各一家，家各一墓，徒令白杨衰草，萧萧莫辨，渐至樵牧往来，豪强割据。先君孝廉万历甲午举于乡，气稍稍振。为邑大姓者，欲掩祖茔而有之。时中丞叔已撷杏苑之芳矣，相与鸣于长吏，乃得保有兹土，使遗骸无憾于地下。亦危矣！然徒壁立，终不能设垣以界内外，俾先灵以妥以侑。

　　岁丁未，孝廉君以场屋不起，愈觉落寞。殆戊午，中丞叔列位礼垣，奉剪桐之命过里展视，抚之伟愀然曰："吾兄逝矣，吾葺祖墓当与尔共之。尔董其事，凡所需，吾当捐赀以备，务期竣事，勿负吾与吾兄之约也。"周围始甃以石。茔之西南一隅，仍为族姓葍畲。之伟欲矩一方，乃言于中丞叔，委曲计而有之。至于东中半壁，久为横民窃占，中丞叔以大义责之，渠始逊谢还吾故物矣！噫！吾族非无人也，祖先邈矣，竟不能保身后尺地。率尔悠忽视之，听其榛芜，任人分裂，何贵于子若孙哉！洵垣之，不可已也。

　　中丞叔以为大创矣，乃顾之伟而言曰："吾倡于先，尔当继于后。慎勿忘吾祖，当凛凛以终吾志！"之伟时为诸生，虽唯唯奉教，终苦力不逮也。至天启辛酉，邀祖宗之庇荐于乡。越明年，壬戌，成进士。浮沉宦路者几二十周，每一展墓，辄忆中丞叔之言，若为今日之识兆，泣数行下。

于是，葺垣之倾圮，复补其未备，而于垣前构一坊，颜其额曰"亓氏祖茔"，视昔稍稍备矣！至若茔之贡赋，则之伟与中丞叔任之。修其祀事，岁时伏腊，无或废坠，环垣蓊郁，不令摧折剪伐，是之伟所议斟酌于中丞叔，择族姓之醇谨者任之。而以茔中新购隙地并荆棘之当除者，俾其树艺而删刘之。事其事者乃之伟再从叔讳一嘉，其人也幸供也，役已历数十年，毫无惰焉，可无负之伟之举矣！阅世愈多做事屡变，谨援识之后，有起者补其缺，略而光大焉，是祖先之灵也。不则，凡我族类，循其故事，引之无替，亦不负创始之意。去嗣此者，幸同是心。

赐进士第中宪大夫河间知府
十世孙之伟谨撰

重修祖茔记

亓氏祖茔始于大明初年，历九世静初祖、十世超凡祖修谱立碑，筑垣建坊。

襄其事者，九世一嘉祖，迄今百余年，人皆耳而目之。但护林地，久经迷失；且族人散处，茔内欠补葺，祀事疏阔，于心缺然耳。去年秋，族人盗伐林树六七株，蔑祖忘本于兹为甚。我先人之时怨时恫，亦于此为甚。族间有不忘祖谊者，约众往观，声其罪也，已伏阙辜矣！又思唯司墓无专职，故至此乃共议捐赀买地，置看林人户。

董其事者十三世孙人文，十四世孙汝霖，族中能干事者亦皆翕然从之。先时稍稍分派，于事无济。十三世孙梦魁，愿出地大分一分作看林宅基；十四世孙万九，愿捐钱十千；效力，愿捐钱三千；仍无济。后于坡草洼酒会，族人四十余名共输钱近二百贯，买到林西梦魁地大亩四亩二分，现有文书开列碑后。嗣是拘户舍、募茔管兼之葺墙栽树。不数月，祖茔卒就条理，先人抚之环堵如故，凡在苗裔谁弗击节称快。是用勒之于石，以见吾族犹知返本，且以见我祖阴德可以寿世。虽然吾见世之有护林田者矣，当其始奉行故事，殆其后渐启侵渔。异姓管业，则同姓夺之田；同姓受产，则强宗唉其利；观望者既以事不切身，而托于无荣无辱执事者，又以利可肥家，而忘为乃祖乃宗，卒之争端日起。等先祖于弁髦，此众口之责罚所不能宽，亦神明之诛殛所不能赦也。

今日之事，未必至此。然安知不勤于始而怠于终乎？吾愿为祖茔中孝子贤孙览其碑，尚重其事，俾无坠云。

清乾隆四十一年丙申孟冬之吉
十四世岁进士文钦谨撰

阜阳重修宗祠记

人生于世，贵有可传。然传者名也，而所以可传者，实也。远之在一国，近之在一邑一乡，又近之在一族一家。国也、邑也、乡也、家族之所积也。

夫家必有庙。古者，天子七庙，诸侯五，大夫三，适士二，官师一，皆所以尊祖敬宗也。春秋修其祖庙，陈其宗器，设其裳衣，荐其时食。此虽就天子而言，然士庶亦不外此。至于言宗庙以序昭穆，序爵以辨贵贱，序事以辨贤，旅酬以逮贱，燕毛以序齿，此亦通乎上下。而言之人当祭祀之时，爱乎如见忾乎如闻，俨然有临在上质在旁者，爱敬之心油然而起，此庙之所以不可无也。夫世家巨族，支分派别，异地而居，常有不识为谁何者。一旦萃聚一庭饮福，受于觥筹交错，各叙宗支，于尊卑长幼亲疏无不详知，则敦睦之意自生焉！阜邑亓氏，宗祠在鼓楼之东偏，肇自清代。有正寝、有拜厅，东院尚有草房十余间。规模粗具但不甚宏敞，美丽未足壮观。祠中本有祀田两顷四十三亩，每年课租，除祭祀费用外，所余无几。族人屡欲扩充，而力有弗逮。民国十年，亓君瑞卿接管祠。

公期在重修宗祠，于是铢积寸累，砖瓦竹木、石灰石条，陆续购置历十余年始终弗懈。迨二十二年夏，始实行鸠工更造。将西院旧房改为"亓氏私立小学校"，东院改作正寝拜厅，大门以东又盖瓦屋四间，为祭祀时退息之所。增而高之，推而广之，美轮美奂然然一新，皆瑞卿之热心毅力行，见家乘有书，邑乘有载。内则百世不祧，外则一邑共仰，洵足为传人矣。亓氏族人嘉瑞卿之大有功于宗祖，嘱谦叙其始末，以垂不朽。谦于瑞卿之为人，心藏于写者久矣！既无诸君之嘱，亦不能已于言也。或曰：瑞卿信佛者也，佛者清静寂灭，于人伦应尽之道，皆膜外置之，兹瑞卿独尊祖敬宗，若是得无与佛教相戾乎？余曰："瑞卿本儒者，其信佛与他人不同。且闻其事亲极孝，是有合儒教而为一也。"於戏！若此人者，亦仅见哉！爰纪之以志景仰！

岁在癸酉阳月献邑人
喻汝谦爻吉撰

潍县重修祖茔垣记

嘉庆七年，岁在壬戌之秋，莱芜族老札到，以重修茔垣喻俊作文记之。余因有感焉：夫家有垣墙，所以为蔽也；林之有垣，所为以生人之礼事先民也。

余始祖之有垣，自九世静初祖昉。中丞静初祖，深虑先人依栖之所任樵牧往来或至豪强割据，遂欲设垣立界，命十世祖超凡竣其功。兵备超凡祖继起整葺，规模宏阔，气象辉煌，传之后世，勿或废坠。兹先人之心也。

余家自六世缙祖入潍县籍，不得常亲省视。余戊辰入官之初，至莱祭墓。环垣视之，见有倾圮，为唏嘘者久。尔时，族人曾言及修理，未敢轻谋。今者十四世永昌，约会族众共襄厥事，阖祖踊跃输赀。俾两月间，缺者以补旧者以新。余思族人必将择吉告竣，父率其子，兄率其弟，欢然于始祖墓前。垣内垣外罗列跪拜，孝悌之心俱油然而生，此一举岂关浅鲜哉！余异日者倘得偕我远居族姓省墓展视，抚今追昔，恍然睹先代隆规。

念创始缔造之艰，而勉我后人常能保有此垣，世世得以生人之礼事吾先人也。纵不能如超凡祖碑志所云"重新光大"，苟循其故事，引之无替，是亦吾族之幸也夫，是亦先人之愿也。

恩科举人任东昌府恩县教谕居潍县籍
十四世孙廷俊谨记

亓必迪崇祀表

莱芜县等具呈：呈为公举乡贤，祈崇禋祀，以光国俗，以励世风。事窃唯名教之地，劝善在于旌贤；风励之权，扬清即以激浊。故嘉修聿著，既高月旦之评，而潜德弥光，宜入胶庠之祀。本县已故乡绅、康熙戊午科举人亓必迪，即前朝天启壬戌进士、历任山西大同兵备道、殉节闯难、崇祀乡贤亓之伟之子也。当其甫离襁褓，即集蓼茶。苏武城边，万骑黑山之贼；李陵台畔，千重白马之军。时兵宪公义气干霄，忠心贯日。张中丞之烈志，齿折莫回；颜太守之英风，舌断不屈。既捐躯以殉国，遑回首于藐孤。而乃六岁，王修早效皋鱼之泣；三龄李瓒，谁怜元礼之儿。于是，铁笼宗人云昏书伏，白衣公子箐密宵奔。扶千里之灵车，猿啼叠泪；奉二旬之霜母，鹤断回肠。已而新亭相对无恙河山，彭泽归来徒存松菊。而孝廉百里负米，克勤甘旨之供；五夜耽书，不坠箕裘之绪。亲疾而祈天愿代，忧甚黔娄；母亡而抢地，悲哀痛深。符表当其奉色笑者，六十年即其慕杯棬者如一日。此昔年学宪曾以孝旌，今日乡评特为首举也！尔其学贯天人，文该经史，一鸣秋榜，名重孝廉之船；四上春官，阶贵洛阳之纸，因养志而恬于仕进，孝子克继忠臣；由本支以推及乡邦，敦宗更能睦族。若夫光风霁月，襟期璞玉，浑金器宇。刘宽雅量，何妨待女污衣？杜老高情，一任邻家扑枣。端身训俗，乡里畏彦方之知，正范型坊，盗贼感太邱之化。义方不倦，依稀手植三槐；庭训可师，仿佛门栽五桂。至若祭田力置，秋尝春禴之加虔；赋税独输，木本水源之推爱。悯柏舟而保全孀妇，九泉之下应有杜回；散橘井而普济蒸黎，五杏之旁非无董奉。凡夫邱成分宅之义，尧夫赠麦之仁。督子训孙，尽合柳韦家法；著书立说，悉本濂洛心源。迹其毕世之芳规，更仆难数；综其平生之遗范，脱胼莫穷。立德立言，诚哉不朽之业。曰耄允矣，难老之征固宜，阖邑指为完人而后进称为作者矣。等志切景行，心同懿好。

唯孝廉之备德，年弥远而行弥彰。在桑梓之推崇，时愈久而思愈切。是诚萃汶河夹谷之精英，血食永宜于壁水，系北斗泰山之重望，典礼应肃

· 133 ·

于黌宫者也！伏冀俯察舆情，恳赐转申上宪，使兵宪忠魂得象贤而慰藉，孝廉幽魄承燕翼以齐休。岂唯香烛芳踪，永作宫墙之式；而献羔祭韭，长增俎豆之荣矣！

计开事实：

①公年方六岁，值闯贼寇陷大同，公父兵宪捐躯殉国。公间关跋涉，扶榇归里。孀母年二十有三，伶仃孤苦，指公而泣曰："汝祖以德行崇祀，汝父以忠贞尽节，今亓氏不绝者一线耳！慎勿游戏坠厥家声。"公由是绩学励行，动尊母训，卒成名德。

②羊庄祖宅一所，瓦房百余间，田地二百亩。值兵燹后，被豪族霸，公处之恬然。及后，戎县君到任廉，知其事，欲为追还，公告母曰："木本水源何忍较量？得家祠可展祭奠足矣！"公母曰："善！"遂终身不较。

③公母抱病，似噎疾，屡药不痊。时值亢旱，医曰："若得雨水调药，尚可冀效！"公夜仰天跪曰："天若怜我母苦节，当降甘霖。"次日果雨。母病五十余日，由此立愈。

④公戊辰公车不第而归。公母谓之曰："功名之显晦有数，尔父为忠臣，而为孝子足矣！"由是绝意仕进。晨昏侍侧，无间寒暑六十余年。及公母以寿终，哀毁骨立。凡附身附棺皆依分循礼。自葬后以及公没，十余年中，岁时祭祀，无不涕泣者。

⑤公为诸生时，孝行早称于远迩。县君扬公庠师孙公，欲以公孝行申详学宪，公力辞不受。后学宪劳公采风闻之，以孝子旌奖。

⑥公七十后，合邑士民公议，以公之孝行呈请上闻。公坚却曰："吾母冰节六十年，每自谓曰：'此妇道所宜，何足异？'况我之事母不克自尽者多矣，安敢言孝。"

⑦汶河北岸居民多亓姓，分门立户，往往以口角微嫌辄遘大讼。公多方排解，务使敦睦，至今安居乐业者五十余年，鲜有嫌隙，公之化也！

⑧本支祭田二十余亩，公私出纳。公父未仕时，身为经理。及公早孤贫乏，亦独任赋税，不累及同宗，不敢忘先人睦族意也！

⑨村民杜性年少夭亡，遗室张氏苦节自矢，而贫不能存。公谓氏翁曰："尔家有此贤妇，我当为尔妇成此柏舟之志。"凡有无缓急以及钱粮，

皆代为输纳，历十余年不倦。张氏遂成完节。

⑩每岁春夏，疾病时行。必摒挡囊箧，广买药味，依法修制丸散。凡遇贫穷之家，医药无力者，率为施济，远近赖以全活无算。

清宣统《莱芜县志》

勤族亓族疑释

元末，始祖率四子迁莱，宾祖与四祖在莱，全祖率子刚迁濮州东南亓楼庄。培尝亲至其地。谱载：全祖行三，自梨沟迁此，祖茔有全祖墓碑。全祖母同子迁历城九十里亓家庄，此地有老奶奶坟，实为全祖母，是三祖均未尝远徙，独勤祖故老，相传回原籍，维时，正明室龙兴之日，江淮又为战争之地，宇祖崛起从戎，著有勋劳，后遂家于颍，祖传来自汶川。汶原出于莱，莱亓姓止始祖一家（齐鲁各县亦无第二家）。其时，去莱回籍者，又止勤祖一人。

宇祖非去莱从戎则已，如系去莱从戎，必系勤祖更名，如四祖之更名世能也。又按《颍州族谱·小叙》《颍州族谱·叙》及静初祖、超凡祖与颍州族人晤谈所及，宇祖为莱人无疑。其支系虽未明言，而元末明初，除勤祖，实无仗剑从戎之壮。夫谱事告成，附志于此，敢以质之来者。

清末举人　亓因培

姓氏考

吾亓氏，考古者皆谓出于亓官氏。《阙里志·家语》均作亓官氏，谓吾族出自亓官氏，多引圣妃，独《汉鲁相韩敕造孔庙礼器碑》曰："并官圣妃在安乐里。"翁覃溪云："《两汉金石记》云：'并官圣妃，按宋邓名世《古今姓氏书辨证》，内有亓官，复姓。'注引《先贤传》：'孔子娶亓官氏，生伯鱼。'"近日，颜南原《隶辨》、吴山夫《金石文存》亦皆以亓为是，又于《国学》暨《江宁府学》，见元、明加封诏书碑皆作亓，隶楷相证，愈无可疑。何义门曰："王伯原《姓氏急就篇》及宋本《东家杂记》皆作并。而《正义》中反以流俗作开。若非宋本，何以析疑。"张埙曰："宋大中祥符元年，郓国夫人敕亦曰并官氏。"冯云鹓云："顷见《王莲湖汉印》中有并官武，可为并官之确证。"据此，则亓官氏之亓尚有疑问。独《姓氏寻源》则云："亓官氏亓与笄同，古有掌笄官氏作并官。"非按亓与笄同，亓与开、丌亦同，一字乃因物之，文质而三变焉！可为古有亓官氏之确据，则以其祖之官为氏者与若然，古有丌官氏，吾族为分姓世系无疑矣。《隶辨》云："《玉篇》亓，古文其。"《类篇》云："亦姓，《通志》氏族有亓姓。"至于历代名人礼器、碑阴题名，有故督邮鲁开辉、景、高、唐亓元、实、亓志绍，皆魏博大将。宋有诸司使亓赟。

吾国自古因生以赐姓，因祖以为氏，历代相传，姓氏愈繁，按之载籍，世系大概可考。书缺有间而无可考者，亦复不少，谓吾族出于亓官氏，则可谓吾族与圣妃亓官氏同族，则有可疑之点，如吾族漫不加察，信以为真，其遗笑识者尤小，其诬人而因以自诬者实大也。单县有二山，曰亓山，曰丌山，单父实为鲁地，南连江淮，意者吾族之漆沮而山以姓得名欤？

清末举人　亓因培

读明史辩

圣帝明王，朝臣无党，后世君子小人互为消长。而老成谋国，欲肩大任，不得不延揽贤豪以为之辅。则以党治国，又为晚近所不免矣。明神宗朝，党派分立。宣昆外齐、楚、浙三党鼎峙，给谏公静初祖为齐党之首。

其致仕也，史书"天下快之"一语窃有疑焉！遍览明史所载，大意谓其"权重"既有言责，又为党魁，国家大事自当本其所见，慷慨负责。岂能遇事喏喏，托中庸，保禄位，效妾妇之所为？其谓"权重"似也，又谓"荐同乡赵焕为相，一听其所为"。按《赵焕传》赵公，实廉正有清望，公所为善，固当从所为；不善，亦当拒。知赵公之为人，愈知公无犯天下不韪之举矣！县志载公遗著有《谏垣书草》，使所言而私，何能留以示后。惜后人保存不慎，抑或语多触清忌讳，而自行销毁。遂致公一生述作除

《谱序》《始祖墓表》《先人家传》等篇并《饥民疏》（事关地方利害，邑人多传抄），余皆澌灭无征。而即此亦见其孝友之风，能启后人敬宗尊祖之志。《饥民疏》缠绵悱恻二千余言，痛陈利害于国计民生，洞见症结得旨发帑赈济全活一方。东人感德，为建生祠于莱西郭外，祠宇宏广（后原祠颓败，缩小为今祠）。史书一语，尝耿耿于怀，而自揣孤陋，不敢驳辩。近阅丛书姚江黄尊素《说略》载："公初出疏，每作隐语，人人自危，或托所知讯之。公曰：'我书语如悬一镜，令人自照。'"夫曰如悬一镜，则明察过人，不可干以私，曰："令人自照。"则欲人及时猛省，否则，弹章上矣！当时，反对党之攻击最力者，如赵侪鹤、薛道长辈，诋毁尤甚。薛尝而斥公之门人祝耀祖曰："汝有八字。"祝谓"云何？"薛曰："亓门嫡派，相府玄孙。"此犹是党派之谩骂，盖无故实之可訾，焉有一辩之价值？由此观之，公在当日，遇事敢言，不避嫌怨，盖可知矣。明清易姓，文字狱兴，役史职者偶述旧闻，动触忌讳，而骈戮每千数百人。论者谓："终明之世，三百年无史。盖金匮石室之藏，日久则沦散放失。而世所流布诸书缺略不详，毁誉失实。"必所不免。且其时气节之士耆德硕学尽韬晦而不见，操笔者何人乎？其人贤乎？否乎？其言是乎？非乎？其为局外乎？抑为反对党之门人故吏乎？后嗣乎？巍巍石坊则奉敕建立者，乡贤崇祀则上采舆论，列宪奏请奉旨特许者。其殁也，御葬赐祭如仪，当其时朝野上下，方且表彰之尊崇之不暇，史笔何来空无实际之贬词。所言"快之"者，乃一党之私言，非天下之公言也；一党之私意，非天下之公意也；李二曲先生云："古人所处时势多有不同，后人往往执迹以论之，多不得古人之心，以致是非混淆。"斯言实足以见史书之不尽可凭。中国史才马班、而降日趋日下，至明史而极矣。公之手泽存者，有自书《清闲词》一阕，语语见道，末句云"后代儿孙全不挂"。当其萧然林下，清节高风，又非殖财产为子孙计者比，则党派之争为公而不为私，夫复何疑？知人论事，尽信书则不如无书。略迹原心，千载下往往起古人而多所平反，吾于公亦犹是也。给事中敕命有云："论事则讯于发机，洞于破的，论人则鉴无遗照，权无失衡。众所曹言，片言而定是非之准；时所难言，昌言以晰理乱之原。"非才与诚合，识由胆运，当不及此。凡此数语，当切事实，非同

· 137 ·

悠泛。公之生平，稽之史乘，聆之故老，传闻征之。生祠遗容，家传肖像，想见其正色立朝，风骨峻整，其凛然而不可犯者欤！

清末举人　亓因培

亓老伯母吕太夫人八秩寿序

昔随园小隐，常依慈云，精舍诂经，尤奉寿母。伊古耆士宿儒，天赐之福，以枌榆之年华，极家庭之乐事。陔兰长华，金萱不老。鬖鬖白发，堂上犹呼乳名；灿灿采衣，阶下时作儿戏。世之人睹斯盛事，侈为美谈，咸推为人子之大幸，士林之极荣。而不知大慈可以召福，大孝可以征祥。母若子之所以得天独厚，而跻斯隆遇者，有大道在是，固非偶然也。

吾同院老友亓字养斋，东鲁灵光，儒林硕果。五经注脚，居然醇士之风；六十平头，犹怀壮夫之志。因护法于南国，共息影于东山，相与互举家箴，并陈母范。始悉其砥节励行，功归于义方；养璞葆真，道资于母教。兹值慈寿，遥祝康祺。王母蟠桃，向岱宗而北望；仙女飞鸟，和紫气以东来。敢陈壸德之贤，用代房中之奏。

盖太夫人出自德门，娴深礼教。幼肄窈窕德象之篇，长达恭俭均一之旨。中表稔其淑慎，徽美咸称；姊姑望其型仪，口心俱服。其女德之备，有如此者。

既而桃华乍赋，榛赘告虔；尽孝尽礼，宜室宜家。效兰尸之有齐，师葛覃之无斁？旋值盗来萑苻，地避山陬。太夫人以入门之祥女，作持家之健妇。扶持白发，指挥苍头，扉屡资粮，胥就条理，晨昏定省，无异平时。其妇职之修，有如此者。

迨夫烟熄烽燧，家庆团圞，播迁之后，财物一空。太夫人则简役婢仆，躬亲操劳，勤课女红，善相夫子。鸡鸣示警，劻襄迈于凤兴；记漏代听，伴辛勤于夜读。孟德曜之举椀，相敬如宾；桓少君之挽车，偕行与子。以故亦堂先生功深学海，望重士林。繄实修之无忝，乃内助之有资。其持家之勤，有如此者。

亦堂先生之于兄弟也，名为析爨，欢逾同堂，荆树依然，棣华鄂不。

因再急在原之难，几半去负郭之田。太夫人则视为分内，处之泰然，犹复典质簪珥，玉成骨肉。衣我食我，葛藟能庇其根；叔兮伯兮，杕杜无嗟于道。其遇亲之厚，有如此者。

是以和气致祥，休征入梦。天上石麟，降自云汉；人间玉树，骈生阶庭。勤劳耕作，仲器知稼穑之艰；训诫乡兵，季子亦干城之选。盖三凤并有令名，而大山尤号儒匠。南华传经，拥皋比者十载；泰山讲学，树桃李之三千。然而出践师席，颉颃公卿，入投母怀，婉若孩提。今者羊城久滞，乌私难忘，远方兴将母之感，中夜萦思亲之梦。陟白云峰，时形瞻望；行珠江畔，发为咏歌。

太夫人则赐书致戒，申训甚严。谓："二十世纪世界之潮流，主体在民；八十万父老之代表，仔肩畀尔。须为国以宣劳，勿因我而旷职。"庸是养斋列席议坛，益自淬励，接人则休休有容，遇事则谔谔不屈。盖微母之德，无以成子之名；微子之贤，无以慰亲之望也。

岁在庚申，月维春仲，节逢佳会，河出荣光。已跻八袠之龄，预卜期颐之算。斯时也，彩云似帐，密雨如丝，听百鸟之争鸣；园林春住，看万华之含笑。仙佛颜开，四代之孙曾绕膝；恍拟峰罗，天姥百年之上寿。征眉共庆，星明宝婺。恩波等驰驱国事，浪迹南天，不获吹华黍之笙，歌茂松之雅，跪鞠称觞，为慈母寿。私心拳拳，郁而莫达，谨述懿型，用当寿曲。异日欃枪扫净，日月重光，恩波等偕同养斋，改辙南返，联袂北归，则将驻车泰岳，迂道博嬴，采岱麓之榛苓，捧汶河之鲂鲤，登堂祝嘏，藉瞻慈范。并拟临养斋书室，录人旧联持赠，文曰："家有百旬老母；身为一代经师。"又曰："已烦海内推前辈；尚有慈亲呼小名。"前者为梁敬叔之书赠阴甫，后者为袁简斋之随园自咏者。俾养斋榜之客舍，藉作纪念，为养斋庆，亦即为太夫人寿。太夫人其亦顾之哑然而笑，进一觞乎？谨再拜为序，以志前言。

第一届国会众议院议员、山东优级师范毕业、世愚侄于恩波拜手敬撰

中华民国九年二月中旬吉日

作者简介：于恩波（1884—1941年），字沐尘，山东省昌邑市于家部村人。1903年在莱州府中学求学。1905年经刘冠三介绍加入同盟会。1906

年他与张书绅等人在于家部村创办育秀小学堂,成为当时废私塾、兴学堂的榜样,同时积极在教师、学生中发展同盟会员,培养革命骨干,使学校成为同盟会在昌邑早期活动的基地。1911年10月,武昌起义爆发,他与陈干一起去徐淮地区组织淮泗讨虏军,与清军作战,每战必捷。1912年12月,当时由北洋军阀把持的"北京政府"成立国会,1918年,他同原国会亓因培等一百五十余名议员集会广州,举行"非常国会",共举孙中山为陆海军大元帅。1922年,驻广州湾海军哗变,他奉孙中山密令,劝服鱼雷队长温树德(山东籍人)率众夺取了"海圻""海琛""肇和"诸舰,孙中山任命温树德为海军司令,于恩波为秘书长。1922年9月,国会恢复北迁,他重赴北京,继续担任国会议员。1923年冬,南下广州,帮助孙中山开展"护法"工作。1924年,他被任命为山东省教育厅厅长,对发展山东教育事业做了许多有益的工作。他捐款一万元,在家乡育秀小学的基础上,又创办了昌邑县第一所中学——育秀中学,并兼任校长。1925年4月,他辞去山东省教育厅厅长的职务,去南方参加国民革命军。1928年,他被任命为国民党山东省党务指导委员会委员、山东省政府委员兼农矿厅厅长。在此期间,他兴利除弊,对发展山东的农业、工业、矿业生产均做出了一定成绩。抗日战争期间,他随国民党政府迁往四川。1941年2月在巴县歇马场病逝。

本文校对:山东省社会科学院研究员刘晓焕,现担任中国近现代史史料学学会常务理事兼副秘书长、山东省历史学会常务理事兼副秘书长等职。先后出版各种著作三十余部,发表论文五十余篇,总计五百余万字。

卷三·谱序

明首辅张至发《增修族谱序》手迹

1

2

3

4

5

6

明首辅《增修族谱序》手迹

（亓家网《圣迹遗存》栏目下载）

作者简介：张至发（1573—1642年），明淄川（今山东省淄博）人，明万历二十九年（1601年）进士。天启十年（1631年）代温体仁为内阁首辅大学士。《淄川志》云："至发颇清强。起自外吏，诸翰林多不服，又始终恶异己，不能虚公延揽。帝亦恶其泄露机密，听之去。且不遣行人护行，但令乘传，赐道里费六十金、彩币二表里，视首辅去国彝典，仅得半焉。既归，捐赀改建淄城，赐敕优奖。俄以徽号礼成，遣官存问。十四年夏，帝思用旧臣，特敕召周延儒、贺逢圣及至发，独至发四疏辞。明年七月病殁。先屡加太子太傅、礼部尚书、文渊阁大学士。及卒，赠少保，祭葬，荫子如制。"

六世孙经历銮撰《族谱序》

尝谓木有本，水有源，人之生有祖先，继踵而来绳绳相接，如瓜瓞绵绵之邈，不可忘也。銮昔闻祖父遗言，上祖原系江淮人氏，姓亓，当元末明初兵乱，因流移至此。初至本邑住东关裴氏家，后迁在汶水以南。时至治平，乃就定籍汶南保当差。洪武改元，又移居汶北钟徐铺，占军匠两籍，家成子大，遂创立祖茔于羊庄。

盖上世祖弗记，未审几辈，此则自莱之始祖讳世能者记焉，即户名官亓四是也。生子二人，长曰胤，字茂先；次曰积，字敬先；先号曰两门。驯及今日，年深岁远，累世所孳，枝叶繁盛，人丁众多。晚辈或命名重复至于犯上者，或各置产业分派粮差互相争端，是不可不为之虑者，予不能治家谱，特设方簿一扇，标题祖宗之，次伯叔，次兄弟，次侄孙，本本源源阅簿可知，使后来者各照宗枝续列成行，永宜遵守，不致混乱。云尔。

明嘉靖十七年岁在戊戌秋菊月

六世孙鏊撰《族谱序》

嘉靖戊戌之秋，亓氏之子祭于祖先之茔。礼成而宴，长少毕集。六世孙鏊起问致仕经历兄銮曰："家之传，兄所知也，可得闻乎？"銮曰："然！惜未谱。"鏊曰："兄今寿八十有余，家传五十又二矣，男子生凡几千，女子生凡几百焉。皆散村落邑间之间，不得朝夕继见，若弗言之，则后之子孙将不知有尊亲也。不知有尊，于是乎悖，悖则不合；不知有亲，于是乎疏，疏则不一。不合不一则愈远，愈疏而愈散焉！乌得为正宗之法乎。"鏊于是乎大虑，是以谱之。銮曰："善哉！汝之言也。今吾老矣！生者靡遍知而亡者窃有所闻，试为汝言：'昔大父曰：先世之祖代居淮，元末时，祖世能流于莱芜，因籍焉！卒，葬于羊庄，今之祖茔是也。生子二，曰胤、曰积，即今之曾祖是也。始置田里于汶南，遂保于此地。胤子三人，积子七人，曰正者吾之祖是也，后移于李条庄，唯农业是务而家日昌大，子孙繁衍，其相传有如今日之盛然。先世之人不知学，至銮始习文字，因得小就。而族之务学滋多，即今之为秀才者已十有八人矣！亓氏之子若有入于斯文矣，是诚不可无谱。汝望懋之，用以纪家世焉。"鏊曰："命之矣！敢不殚力以告厥成。"遂避席而退，询众稽世，考其支派相传，录其子孙攸系，书于策而附之，以明宗序云尔。若夫颠末始终汇成文字，世系大传、家传、外传之目，详明册页，灿然可观，又待吾族之贤者，鏊何足云。

邑庠生员段尚义代

六世孙瑾撰《族谱序》

　　家谱之册，图规划式而中书文字者，何也？是瑾忧宗族支派，恐失其伦序而作也！粤自吾之高祖曰世能言之，元末时来自淮郡，遂入嬴籍而创业焉！后生二子，曰胤、曰积，即今二支之曾祖也。二祖相继生生不已，是以子孙绵绵至今益盛。岐而言之曰二支，合而言之曰一族。其男子虽老幼少长之不同，士农工商而殊业，然计口殆千有余矣，是故可喜也，亦有可忧者。盖杂处乡市间里间，人自为家。或尊者恃其尊，以名势利物为尚，而存嫉妒之心，欺凌卑幼，卑幼无敢谏之者；或卑者不知礼仪，愚顽强悍抵触尊长，尊长弗能教之者。二者俱失，遂坏淳风，是吾可忧者一也。若夫额差徭役，轮周各照定规，粮草二站当纳本于次第。苟有存心机巧者出，颠倒混乱，势必至于相争不已，有乖大体，是吾可忧者二也。又恐以后日积月累，长幼递分，子孙繁衍；或有亲服等级之差，某公某孙之别无足取征者，是吾可忧者三也。

　　余于是自不容于徒忧而已。因忖度之曰：族众虽散居四方，贤惠善否之或殊各成一家，亲疏厚薄之或异而反本窥源，实原于一脉，人特不之思耳！吾欲族之人互相劝勉，孝悌成风，礼仪成俗，率效古之贤人，共成一家之法，固至愿也。但瑾清贫自守，力不能为，欲遂此心，终有所不得焉！然亦岂忍惮老，坐视因循颓坠，愈久而愈失其伦也？是以治谱一册，分祖宗之宗派，明尊卑之等级，正差错于既往，救迷乱于将来，为吾族之一小补云尔。

　　　　　　　　　　　　　　明嘉靖二十一年壬寅孟冬之吉

八世孙占桂撰《亓氏族谱序》

　　尝谓万物本乎天，人本乎祖。吾族自原祖以来，相传至今十余世，其姓本稀，其人颇蕃。六世以后方有谱，但未能遍传。有以孙而重祖名者，此谱所以不可不修也。适九世孙礼科给事中诗教，承命出使。事竣过家，修茔祭祖。因与族众言及家谱及时当修,遂同八世孙遇取家谱而重修之。分其世数,条其宗派。明而易晓,厘然大备,盖睦族意也。

吾因而推之,盖以吾祖虽各分支派之不同,贫富贵贱之各异,自吾祖视之,皆一人之子孙,何亲疏贫贱富贵之可言哉!但族人颇众,人或忌嫉者有之。虽然唐柳氏有言"族大者可畏不可恃",勉强修饬,仅能比于常人,稍有微遐,人多指摘过甚。今吾族人闻斯言也,得不恐而畏乎!吾以为在人者不可必,在己者当自尽,故富贵贫贱者命也,为善去恶者人也。

人之为善,莫大于修身教子孙。能修身,则子孙视效之有资;能教子孙,则吾人之修身有终矣!《诗》云:"中原有菽,庶民采之。"言善道人人皆可行。"螟蛉有子,蜾蠃负之",言不似者可教而似,此诚为修身教子孙之明鉴也!诚如是,或可等于常人,亦可以见祖宗于地下,与吾谱亦有光矣,此诚修谱意也!不则,谱而已矣,何贵哉?吾族其勉之!

明万历四十五年丁巳仲夏

八世孙遇《增修族谱序》

遇之增修族谱也,其所从来远矣!先是邑侯吕公审编时,八世孙名幸者报幼丁同予祖讳。询其故,予季弟名迁,幸祖亦名迁。予与长兄逢,白之邑侯,邑侯即命幸子名善继,予弟名进,于是,始知族谱未修流弊之害也。既退,遂有修谱志。因思:上古立宗命氏,曰锡土姓焉,遐哉邈矣,自秦以后,宗庙废而谱牒兴,故诸侯行大宗之法,天下士庶人各行小宗之法,在世家大族尤往往行之。及宋朱文公立祠堂,行家礼,继得欧苏两氏谱例,立法愈详。遇览之,志益勃勃,无敢一日忘修族谱矣!盖吾族旧有谱,始终嘉靖戊戌,六世祖銮与鳌创修,序止六世。

六世以来又十二世矣,历年既久,生齿滋繁,人丁几二千有奇。夫后世辽远则难详,旧谱散佚则弗备,不详不备后且无传,得无虑欤?遇不敏,冀成夙志,即取旧志遵仿而增修之。

一代起自始祖士伯公,其后递及以至十二世之子孙,凡我族人总归一谱。谱已垂成,规模且备,虚而未梓,时万历二十九年也。浸寻岁月,再历丙辰，九世孙诗教以礼科给事中奉命持节册封晋藩，便道还里，延见族属，首向遇言曰："叔前所修族谱，教得与闻，兹欲梓之，颁布阖族，彰前示后，征往诏来，在此一举。顾增修在辛丑岁，于今又十六七年矣！生必益多，谱当弥广，是尚可因仍已乎？请再加考核，增所未尽，俾有纲有目，可信可传，斯足述也！"

予应之曰："此固吾志，敢不勉旃，共图不朽！"乃复凤夜从事于此，近采远搜，条分缕析，寻其居址，访其宗派，稽其苗裔。虽深山穷谷之中，衰门薄祚之微，无敢遗者。既登于谱，又为之正其始焉，裁其式焉，删其繁焉，黜其讹而参订其疑误焉。以序引其端，以门分其类，以图括其说，以世别其系。

曰三代者，使人人知为自出之祖也。曰世次，曰四门，曰南三门，曰某门某祖之后者，使人人知为同出之祖；修一世至六世，某之下即某之子；再修七世，则曰某几子；修七世至十一世，某之下即某之子；再修十二世，则曰某几子；父子相继，子孙相传。修世系者，虽衍之千万世，如珠连绳贯无或紊也，如日丽星辉无或掩也。

其有徙居在外者，则曰某府某州县某乡村，使人人知世系散而有方，去而可复还也。独于义子、螟蛉子盗吾姓者，置之不录；非我族类，侮辱宗盟，有成说矣！谱例大略仿之殴苏，间或稍稍附以愚见，无非欲后来若子若孙，一阅族谱如指诸掌，且令愀然动木本水源之思，晓然于笃亲睦祖之义耳！至丁巳孟夏，因持谱往诣诗教告成，且语之曰："是役也，遇盖始始之，终终之。寒暑互更，辛苦备尝。先后几二十余岁如出一手，始能了此，知我罪我唯谱，竭力竭心亦唯谱，予志毕矣！子念之乎？"

诗教唯唯，稽首称谢者。移时，已乃受谱读之，重为翻阅，更加润色。复于遇曰："苏子云：'见吾谱者，则孝悌之心油然而生。'叔今之增修族谱，亦若是而已，是可以梓。"遇遂付之剞劂氏，若夫祭奠之章，碑铭之志，与其重且显者，敕命恩纶，亦俱载之谱后，于以光祖德珍家藏，昭垂世世，实式凭之，岂徒曰侈观美耀春秋。云乎哉！

明万历四十五年丁巳仲夏之吉

九世孙亓才《增修家谱序》

　　余家六世祖鳌者，盖尝谱之成帙，第略而未详，且至今又更数世，恶不再谱顷者。遇叔慨于中，咨诹参考而增修之，不啻详。即成，问叙于余，余曰："夫家之有谱，宁仅修故事已乎，则亦无为贵谱矣，则亦安所赘余叙矣。"乃谱之，云何，于是叔致辞曰："方今丁齿几二千，亦既繁矣，繁则易涣，世业十传，亦既远矣。远则易忘，愿以补前之所未备，续后之所未有，列其世次，别其支派，且使后之命名训字者，毋相紊也，云尔。"余曰是谱之迹，非谱之精，叔复致辞曰："尝闻木之千枝万叶，不同也而本同；水之千流万派，不同也而源同；物诚有之人宜然。夫吾族同一脉载，始未尝不亲睦而后渐疏，隔也迩者尤甚倾轧，忮懥强凌弱富妒贫，卑亢尊仇，譬生于骨肉，戈矛起于复心至，令人不忍。言而邦人，窝姗之，遇甚为之痛愧。迄自今，逞我众愿，乃祖念乃宗联，略为同合，疏如戚者如谱。"余曰："是能相奋勉矣，不知进之，古道云何？"叔更致辞曰："伐木歌，诸父行，苇诵兄弟。此固圣王之风，古先之遗，而后世敦睦之鹄乎。我众即未之逮，愿共有志焉。"余为之唏嘘，曰："是为谱矣！"

　　大凡族之不得不分者，势也；分之而未始不合者，性也；然性非可强者合焉。阳燧然于见日，阴诸津于见月，以气为合也；谷风生于虎啸，庆云集于龙兴，以类为合也；故我族人之性，诚有所以合也，不戒而自亲，无所以合也，昵之而愈远。请与众誓之，调其共适，愿克其偏执之私，相酬以恩，相比以惠，勿以贫富分南北，勿以寒燠生炎凉，勿以小故而妨大义，勿以疏近而间懿亲，勿始合而终离，勿阳与而阴挤，勿随众而习非，勿恃长而扬同利也，勿旁开一口而争之同害也，勿先设一途而避之，果尔，则谱洵重矣。要非谱重我，实我重谱，如仍相猜相忌，至不啻路人，又宁谱负我，实我负谱，夫重修唯我，负谱唯我，则谱宁，仅仅便观，记习故事乎。

　　试看一门之子姓，竟是谁家之血脉？偿第曰："谱者，记也，取记其名次，无使陨越而止，如祖鳌与瑾所修者，岂乏谱乃终于弁髦如昨也，更何以慰在天之灵、绵奕叶之亲耶！则谱几晦矣。"

明万历二十九年辛丑孟秋之吉

九世孙亓诗教撰《亓氏族谱序》

余尝读书诵法，孔孟之言有曰"上老老而民兴孝，上长长而民兴弟"此其在上者也。有曰"人人亲其亲，长其长，而天下平"此其在下者也。有曰"宗族称孝焉，乡党称弟焉"此又在贤士大夫为之通于上下之间者也。夫尽天下之人而统之亲长，尽亲长之道而统之孝悌，做君做师者以之彰教，遵道遵路者以之成俗，自生人以来，率由于此，盖万古如一日焉。

余不肖，诚不敢齿于贤士大夫。顾亦既尘从事之班，事圣明之主矣，每怀遐想，愿观太平。顷且归田，群于里社。庶明斯义兴起，吾人於以少佐。上下之所不及，几幸无罪于族党，是操何道而可哉！窃以为欲睦族人，必先明宗法；欲明宗法，必先修族谱，此诚孝悌之道也。况我亓氏起自始祖，延于今日历世十二，计口籍丁二千有余。诗礼相传，衿绅辈出，后先接武，间登科第。如九世孙才暨诗教，祖功宗德泽及苗裔，於戏盛哉！至是而叶茂枝多，流长派远，原原本本，萃涣合离，又非修谱不可者，余盖深念久之。

会余叔辈八世孙遇与厥兄逢，咸有同心，乐为兹举，遂共领其事。大都一谱之中集大成者，遇也！折中者，逢也！至余则仅奉笔札以从，稍为更定焉。而谱完矣，即付剞劂。乃聚族中尊长卑幼叮咛申告之，曰："诗教今之梓是谱也，区区存世系，载姓名供传玩云乎？亦唯是散给阖族俾览之，心动怆乎，有感各以'孝弟'二字，教其子孙无辱祖宗而已"。远者无论，试从晚近三四十年观之，兴亡绝续是不一家。其兴也勃焉，其亡且败也忽焉！无他，皆视其子孙之贤不肖，何如耳！某子若孙，望之恂恂如也，讷讷然不出诸口。非读书则力田，贤可知也。其家有此，虽值中叶亦不至大衰，且可绵绵引之勿替；某子若孙，称豪雄作无赖子，扬扬得志矣。未几，犯名义擸文网，倾赀败产，卒以身殉，不肖可知也。其家有此，人或谩骂之曰："尔辱尔祖宗。"即甚不肖，亦必爽然失落焉！若丧，

· 148 ·

颡泚舌扪，却步、而走、不惶。嗟嗟，吾未如之何矣！若是乎？谱之义大哉！有子之言曰："其为人也孝悌，而好犯上者，鲜矣；不好犯上而好作乱者，未之有也。"夫不犯上不作乱可以为人矣，乃皆以孝悌得之。自今以后，余只愿吾族之为子若孙者，人人孝悌，上也；孝悌者半，不孝悌者半，犹可相劝相规焉，次也。万一孝悌者少，不孝悌者多，尤而效之，圮族败类，何所不有？则谱之修无用，而余之心滋戚矣！

余官礼垣，引经奏对，为圣天子讲明教化之先务，其职掌然也。苟以凉德，率先无状，不物不轨，令自族党始，将何以见天下士大夫之贤者？吁可惧哉，敢不勉旃！谱之修，肇于辛丑，增于丙辰，竣于丁巳。其原委本末俱在遇叔叙中，兹不赘。

明万历四十五年仲夏之吉

亓会增撰《亓氏南三门族谱·序》

族必有谱，所以溯本源、清支派、敬宗祖也。莱邑亓氏始祖士伯，按九世大中丞诗教祖《正始解》所载：始祖生四子，勤祖居长，宾祖居次，全祖行三，四祖行四。勤祖全祖俱迁于外，宾祖、四祖同在莱芜。迁于外茫无可稽，在莱邑实有可据。吾族先世修谱者亦不一矣，有合祖之谱，有一支之谱。

今重修之谱，乃南三门支谱也。盖吾族自四世分门，故兹于谱始，合序宾祖四祖至四世而止。因四世而后各门有谱，是以修兹谱也，仅序南三门一支耳。夫人有祖，犹木有本、水有源也；族有谱，亦犹木分枝、水分派耳。欲分支派溯本源，唯修谱之是务。吾亓氏始祖士伯来自淮上，居于汶阳，茔在夹谷之阴，载于旧谱，勒诸族碑，先人之传述详且悉矣。唯吾宾祖独居南三门，士伯祖次子也，传至六七世无谱可考。自八世占桂祖始修之。当是时也，分其世数，条其宗派，固明而易晓，而无如厥后未有增补。及道光辛巳，族兄允光顿兴报本追远之思，与族伯叔元掌、镛，吾父星临，族兄允泰、振龙等，念九世祖母吴氏、李氏崇祀节孝由来旧矣，吾家止有墓祭未有庙享，必建立家祠，先人之灵乃有所托。时懋敦祖愿施地大厘七厘以为建祠之所，因而谋及族众，急于经营。未及，而厥功告竣。十月朔，请宾祖神主入祠，吴、李二祖母及十二世神主亦俱入矣。诸父诸兄又相曰："昭穆既有序焉，族谱亦宜修也。"孰谓昊天不吊，降割我家，有志未逮，竞相继而适矣！呜呼，天之报施吾家固如是乎！讫于今，吾氏世数二十有一世矣，支繁派衍，族大丁多，徙居他乡者甚众，远适异域者有人。或后世重前代之讳，或同支昧一本之亲，世远年湮，误且滋甚。

族人念及于此，每虑世系之或紊也，匪朝伊夕矣！去岁冬，共议重修，无不欣欣然有喜色。曰："是举也，即昔占桂祖所云'睦族意'也。"前人有志未逮，今当务之为急。由是族人同心协力，每支各定其世数，历叙其名号，考核半载，世次颇明。夏六月，吾族同堂聚首，详加校正，质诸旧谱，续抄一册，聊以舒睦族敬宗之意。因思：夫永远垂世，何如刻版刷印之为愈也。咸以为然，遂付剞劂刻印成帙，予以分授族人。每支各存一本，讵不足以垂永远传后世也！故重修告成，略述其事，志诸谱端云尔。

清道光三十年岁次庚戌仲夏之吉

亓玉相撰《亓氏族谱序》

吾族南三门之谱，道光庚戌岁，十七世祖会增同族众所修也。本末原委具载于谱序中，不赘。按当日世数，序至二十一世止，迄今历七十余年，世数又二十有五矣！历年既久，子姓繁衍，数传而后，或不习文字，以子孙而忘祖父之名者，有之；或徙居他方，因年深而昧本支之祖者，有之。且世远，旧谱不免散失，旧谱散失，则考据无从是可宪也。

去岁十月一日，会族众祭墓，族叔之升言及修谱事，佥曰："此当务之急，不可不及时也。"于是同心共济，取家谱而增修之。规模一遵乎旧，一代起自始祖士伯，其后由宾祖递及，以至二十五世之子孙，璧合珠联厘然不紊。其迁居在外者，亦注明某府某县某乡某村，使知世系之散而有方，凡我族人，以一谱联属之。

虽支分派别，溯而上之，实同出一祖；盖犹是一家人，而非此于途人也。木本水源，有不恍惚动念者，岂情也。老谱既成，付之剞劂氏，刷印成帙分给族人，昭示来世后之继起者，踵事增修，庶几有所籍而数典不忘，承既往以俟将来，子子孙孙勿替引之。

中华民国十三年岁次甲子仲夏之吉

亓鹏举撰《族谱序》

吾族谱失修几三百年，其间迁徙流离，不知凡几，族人每念及此，无不浩叹不已。前者虽经多人提倡，有志未逮，徒唤奈何！迨民国十二年冬，养斋复倡议重修，邀族人会议于敦睦堂。族人毕至，鼓舞欢欣，信可乐也，养斋当即报告宗旨及办法，族人极端赞成，咸愿协力，以酬夙志。遂分乡征集支谱。十三年夏召集族人编辑抄录，十四年四月全谱告成，正拟措资付印，突于五月间匪氛大炽，至秋环邑境均被骚扰，自西南沿南山迄东南乡蹂躏尤甚。城厢遂为官兵屯驻地，谱事不得不暂停。北伐成功，匪焰渐杀，族众复会议于敦睦堂，公推人分乡调查人丁亩地，为谱款之所自出，复集捐款为增修先祠计。举适归家省亲，又得参议末座，深幸修谱之功辍而续，又乐观谱事之告成也。养斋因属举叙述其颠末如此。

中华民国十年仲秋

亓因培撰《亓氏族谱序》

国之有史，所以定国土，别士族，明礼教，立法制，以期相维相系于无穷者也。家之有谱，所以敬祖宗，序昭穆，明规约，修敦睦，以相维相系于不敝者也。吾族自淮迁莱阅六百载，居莱者四千数百家，散出山东各县及各省者约五千余家（清光绪三十年，曾作《修祠堂记》，仅言三千余家。近年奔走国事到处咨访，始知为此数）合之约近万家，不可谓不庶。而无道焉以通声气，则遂淡焉若忘之矣。盖人但知各守其业，各事其事。远之在辽、沈、燕、赵、秦、晋、汴、洛、江淮之地；近之在齐、鲁、海岱之间。虽首邱之思人所同具，而极目关河，老死不相往来，且无尺一书以通音问。即在同县，相距稍远，亦蹈此弊，安在其不淡焉忘之也！所赖祖制有常，分门论世，虽至愚极陋无不知几门世者。以故行道相值谈及宗系，则颤颤絮语有若同堂。偶于千百里外萍水相遇，询及姓氏籍贯，则惊喜若骨肉之重逢，且相与怀思感泣而来，诚以一脉递传相合者，以天不可以人为也。

夫始祖一人，历年六百，传世至二十五，子孙约近万家，寄居半中国，则由合而分者，势也；而天性之亲诚意相乎不以地域隔，不以年限殊，则有分而合者，情也。顺其情而导之，非宗谱不为功。

吾亓氏宗谱创修于明嘉靖年间，六世叔族銮、鏊、瑾，未梓。重修于万历间，八世叔祖遇，九世叔祖静初，付梓。三修于天启年间，十世叔祖超凡，付梓。四修于清雍正年间，十二世叔祖子恒，未梓。五修于嘉庆年间，十三世叔祖式忠等，未梓。

子恒祖所修宗谱，屡经变乱，无一存者；式忠祖所修宗谱以未梓，故族人知者甚少。惟静初祖、超凡祖所修老谱，藏者数家而历世太远，支派多遗忘，无可考。故一言修谱，则父老咸戚然，以为大不易。无已，则望培勉为其难。培又以国事家事半生客游，直至民国十二年息影里门，始得于父老兄弟从事修谱。乃请于汶南叔延叔出所家藏式忠祖等抄谱一部，再合以各家支谱之所载、谱碑之所纪、与夫春秋享祀祖先之神主札记，在莱族人可以无遗，在外族人亦有所稽考而知其上世，于是咸鼓舞欢欣而分任职务焉。

调查征集于辛酉初，编辑抄录于壬戌年夏，癸亥年四月，全谱告成。至各县各省族人，待印订成帙，俾各征一部。按支续修更轻而易举，支谱成后亦寄莱一部，存于宗祠。如此而后合，远近族人而知其居址、世系、名字、职业，有事则往来函商，无事则时通音讯，虽散处万里之外如同居一室之内，向之淡漠相忘者，今则手足相视矣。《礼》曰："君子因睦以合族。"《白虎通》曰："生相亲爱，死相哀痛，有聚会之道，故谓之族。"《棠棣》之诗曰："死丧之畏，兄弟孔怀。"又曰："脊鸰在原，兄弟急难。"又曰："兄弟阋于墙，外御其侮。"当今之世，何世乎？爰本此义而推之国于天地，必有与立。曰孝悌、曰忠信，天下唯孝悌之人以爱敬先天下，而人之情义笃；天下唯忠信之人以至诚感万物，而人之心志定。情义笃，则患难与共；心志定，则众志成城；夫而后内乱不生，外患不至。

处今日之世，欲合黄农虞夏之一大族，与世界共和平，必先谋各姓宗族之敦睦，明定约章，崇孝悌，主忠信，一族成为家法，举世蒸为风俗。族与族相联而婚姻甥舅之分定，睦姻任恤之义生矣！以之言内治，则人人亲亲而长长；以之御外患，则若手足之捍头目。然则今日之修谱，又岂第为一家一族之计而已哉！故近世之倡民族主义者，亦主是说，有以夫，有以夫！

中华民国十九年三月

十九世孙亓公度撰《族谱序》

吾族家谱失修三百余年。嘉庆年间，二门伯叔祖抄录家谱一部，而知者盖寡。近世父老屡提议谱事，皆以年远代湮，失考必多，编辑不易而止。族兄养斋为家事国事足迹半中原，见闻较广。民国十二年冬旋里，倡议修谱，中经变乱有数年，今春始得详加考证，将付梓。度以频年沉疴，不克赞襄盛举，抱愧良深。每逢父老兄弟会议谱事，儿辈辄来报告，养斋兄对众宣言云："修补不第增敦睦之谊，必上追祖宗爱子孙之心。为吾族增进道德，增进知识，屏绝一切无益之事。有职业者日思拓展，无职业者发愤图强，然后吾族之前途未可限量，而祖宗在天之灵亦可少慰。"度闻而心喜，而未知所以致此之方。一日，儿辈又言："养斋伯已与族众会议，所以感动族人之心，启发族人之意，将择祖宗之彝训格言，求善书者大书而悬之壁，临于顺祖、静初祖、超凡祖遗容而供之堂，二者皆位于先祠正厅。族之人时来参谒，必有所观感而兴起者矣！"度闻之，不禁恻然有所动。于中伏念：此次修谱关系吾族之兴衰甚巨，度虽未获与其事，而乐得观其成。至时，当勉扶病躯，敬诣先祠与父老兄弟仰瞻先祖遗容，恭读先祖彝训，有不肃然起敬、惕然知惧者乎？是用援笔记之，俾吾族共谅斯衷！

中华民国十九年六月

阜阳《勤祖支谱序》选

（一）原序一

家之有谱也，承先世之德，无忘前人之勋。盛为继而美为传，若水木之有本源，衣服之有冠冕，如此其久且重也。代远人邈，茫茫湮没仁人孝子之心，是用悯焉。谱之不可以已也！若夫指物为姓，从官为氏，改娄为刘，慕名而冒闵子之后，强哭而拜汾阳之墓，仇谱而凿杜固之地；则文正之复范姓，天使之不附狄梁公。其非耶？遥遥华胄与仿像吓鬼，为千古笑。谱之不可以已也！正嫡派也。夫族多而蕃，蕃则造物不齐，或相倍蓰，展亲睦族。养其中材，考其职业，令子弟之教不肃而成，单微不能自赡者，俾之有告而振其乏绝。脱有弗类之子荡覆颠越亢宗之，谓何？抑或步行而马不下，戴笠而车不下揖，隔云泥而同秦越，一脉斩矣。何谱之为哉！善乎杨氏之以宗支图授其子也，曰："无他虞，唯珍重此。"苏氏之作族谱引也，曰："吾观之谱，孝悌之心油然而生。"

嗟嗟！此非鸣亓君之急于修谱意也。不佞移守兹土。非鸣为汝阴巨族，绳绳蛰蛰，瓜瓞繁衍。当吾世而不加之意，昭穆之序乱自我始，用是承先人之志而纂修之。溯之往代，耳鼻已远。从国初武功起家者，列为十世。凡名号小字必书，生卒葬地必书，存信阙疑，盖在实录也。至先后有次，弓冶相沿。习韬钤者冀标麟阁之名，攻制科者希列凤池之籍。俾子姓之众披图而观，前有规而后有随，家诗书而户礼乐。即士农工商不一其业，而兢兢惕惕罔敢失坠。则贻谋垂裕之功，讵浅乎哉！古之九世同居，一鼓会食，百犬共牢者尚矣！里曰鸣珂，家称列戟，印累累而绶若若者。无论矣南北之贫富异，而犹之为阮；东西之华朴异，而犹之为杨，亦无害矣！若栾郤世卿而莫保其嗣，房杜贤相之裔大坏门墙，职唯其故，盖亦有由然也。非鸣谓：千金裘马而族衣鹑结，聚游歌舞而族泣向隅。庆吊不通，丧服俱废，虽世胄之家，端末大著。而亟防习俗之移，爱家声而不陨旧德，盖古人珍重之意而孝悌生心，其虑诚深且远矣！昔长孺之遗教一经也。温公之积德于冥冥也,樊重之箧笥不封,李昉之一库给饷,疏太傅之召饮分金,范老之散绢置产也,仁人孝子之心,古今一辙。

反是者拔本塞源,裂冠毁冕,不且为先世之罪人哉?然则,非鸣今日之谱。族谱也,心,仁人孝子之心也。后世子孙能心其心、谱其谱,本支百世,端必赖之。

明崇祯十年丁丑阳月
哉生明颍川守岭南萧嗣立题

(二)原序二

夫国有史家有谱,所以使人自爱其家声而不陨旧德也!故一命之士,布衣之徒,诚能润色名行。显扬先祖,垂裕后昆,此固豪杰自命矣!若夫先世之肇兴不能述,有美不能传,即功名赫奕安必其子若孙之能守而长乎。尝读史至郭崇韬拜他人墓为己祖,且云:"王侯将相宁有种?"盖浅于论世矣!《易》曰:"君子以类族辨物。"《诗》云:"三代之王也,必先其令闻。"嗟乎!先圣于此良有心哉!今世俗废此不讲;人人私其所好,而不详其所自出者。流寓土著,昭穆之派,生平履历之迹,是以人轻去其乡而易徙其业。无怪乎李、吴之裔不克终守其忠贞于汉宋也。且今富贵之家,积金邱玉者比比然。族属疏矣!宗派紊矣!故千金饰裘马而族人衣悬鹑;聚朋燕游日歌舞而族人泣向隅。

见尊官达客,足帖帖如有缘;而途遇族长,或不下车马。而庆吊不通,丧服俱废,种种悖礼可胜道哉!吾族虽出世胄,然习俗易移。幸端末大著,向欲作谱系,因求叙于原宗。东齐静初公稿虽脱而未举,嗣是吾叔光岳公,恻于厥衷,思将积染而顿洗焉。试思会聚有节,揖让有仪,抑何蔼蔼其多情也。不幸今上乙亥孟春十二日,天祸全颍,流寇破城,杀戮焚劫,惨不可言。族众男女被伤者几三十人,光岳叔亦遇害。吾辈数人幸脱大难,犹能记述其事。倘过此以往,向无书名闾府之籍。今有流离死亡之苦,欲求文献于耳食,能有人哉!比至询世系之先后,茫如矣!叩墓域配嗣诞忌显晦,更茫如矣!何得谓世守先德而称故家欤?豫愁然用惧惴惴,仰成先志,以己意而纂修之。凡祖先生卒必书,示人有终身之丧,志墓也。葬地必书，示先人归骨于此。不固吾圉而樵牧之，是可远乎哉！况吾宗聚族而居，葬亦如之。数百年封树蓊郁，志其地而追远，著存之心愀然动矣！配某氏、书某公女、追名德之后重世类也。

唯我先人婚媾，名族子孙，世受釐焉，曰："庶其修姻睦，继先世之好乎。"传以世纪，则父子不得不别。故曰某之子，曰子以著代也。尊者书号曰某公，讳某某；卑者直书名，下详其字号，所以明上下也。生者曰名号于死者之庙讳也，小字备书，欲知避也。素行全载，勒不朽也。而劝勉其后以有终也。非族不书，禁乱宗也；残子不书，为无继也。史外戚有传兹附载，何也？从夫之义也。改适不书，与亲绝也。汇而集之，详而赅之，令子孙披籍按之，十余世数十人如聚一堂矣！丁丑春，计偕至京，得晤宗兄超凡公，备道其事。即求登其原始之本与夫序述之章，俾嗣是起家制，科代有兴者，要诸世德。不亦绵绵乎？至于明宗法、修祀事、填礼仪、敦伦谊、不屑入此中？冀不忍异视祖先者，别为阐明之，以上希乎明贤可也。

明崇祯十年岁次丁丑
九世孙豫非鸣父敬述

又：吾姓颇异，不敢谬认远胄，若伊祁之潢尚矣。祁奚之勋代著于晋国，岂据中斩其泽？况吾族世享国禄，抑亦世德之报耶！但易姓革命，代远人湮，余将谁征。第东齐之莱芜县中，子孙繁衍，科第巍起，亦不能详其支派。且闻之先人之自淮郡，复入颍川，此为亓氏之祖所自出者。谨就国初受命来颍能显吾姓者，为吾族始迁之祖，本支昭穆，版版可考叙也！

九世孙豫又述：世系长延一世名一字，后再续起。九世孙豫遗：人生唯心法、学问、接物、经济四事，谨以八者期之后人。令顾名思义可也，心法宜敬慎，学问宜敦敏，接物宜平恕，经济宜康裕。

（三）重修家谱叙

家之有谱，以别族也。而世或远推古之帝王卿相圣贤以为其所自出，遥遥华胄，识者鄙焉。余姓颇异，盖古其字，与丌同，而三字俱以姓著。其姓其者，在汉有阳阿侯其石；其姓丌者，在唐有丌实，丌士纯；其姓亓者，在唐有亓志绍，在宋有亓赟，在明有亓宣、亓骥。其或各分一族，其或共为一族，不可知也。尝考孔子十九岁娶亓官氏。而后，或误书作丌，夫先零丌，见于《赵充国传》。师古以为羌之别种。四川漕使丌度，或其后裔也。孔子之时，安得有此？

《康熙字典》谓"鲁有亓官氏"，盖山东莱芜、阳信、平阴、商河、潍县等处亓姓甚蕃。而河南之归德、商丘反无之。查孔子以鲁定公十三年甲辰去鲁，亓官氏以鲁哀公十年丙辰卒，时孔子犹在卫国也。其或亓官氏因孔子周游列国，孔鲤势孤，召其子侄，使相依住。而其后遂迁焉欤，其易而姓亓？或犹司马、司空之易而姓司欤？抑以官为姓？其通籍于朝者不乏矣！或如敬氏兄弟，姓分为二，一姓苟而一姓文欤？是皆不足深论。但不审亓官之姓，其由来何自始也？余远族指挥佥事公以军功起家，自山东来颍已四百余年矣！其初世袭卫官，其后科甲代起，先泽之绵可不谓远欤！

乃司理公于前明崇祯丁丑肇修家谱，兵燹之后，已多难考。如三代袭职之祖，邑志以为讳"曰任"，而谱则以为"升鲸公"。袭职之后，邑志尚载讳"州"、讳"渭"二公。而谱则以为中止亓蛟、亓旋，见于邑志。而谱未之及策臣、策用，于谱中而未详，所自此固不无缺憾也！

余童时，先大父尝言及修谱事。余以为事阅百年，恐难继续。先大父曰："汝族叔祖敦绪，往来四乡，尝依旧谱接续之。但其人先亡，未知其稿安在？尔若得其稿，可以藏事也。"迨乾隆戊申，余中江南副车。先君谓余：借往拜族人，可以兼修谱牒。余尊先君命，每于往拜之家，考其世系。但多孙忘其祖，无可如何。后于洁斋叔曾祖处得敦绪叔祖原稿，乃得明悉而次序之，盖距先大父二十余年矣。自是以后，家务倥偬。余又以修先世祠，丁先父艰，负债层迭，不得不以砚田生活糊口四方，而谱牒之事竟有中搁。今岁，余又馆于亳州之义门集。离家甚远，琐屑事务一概推却。爰于课徒之暇，补而成之，沿而增之，以告后之有志于尊祖敬宗睦族者。

清乾隆五十九年岁次癸丑
十四世孙濂敬述

又：世系长延，十四世孙濂遗：人生唯光前、裕后、修己、治人四者最宜。谨以八者拟十六字，期之后人，令循名覆实可也。光前宜贤，明培先裕。后宜信善，绍宗修己。宜立心守，正治人宜，泰运世逢。

（四）增修墓碑新修先祠改修学校记

盖闻：谱牒，族人所联合也；祠宇，先人所凭依也；墓碑、学校，一志亡人，一诲生人也。人生斯世，有尊祖敬宗诚心，培植人才至意，未有不注重斯四者。吾族原籍山东武定府阳信县长寿乡钱家庄人，明初来颍，以武功任颍川卫指挥佥事，遂家于颍，迄今五百余年。两修族谱，两建先祠，一立墓碑，未兴学校。兹合族开会计议，长门十七世孙裕和、裕德；二门十六世孙振清、毓瓒；三门十八世孙宗贤、继贤；四门十六世孙康韶、康安等，异口同声办此四事，而振清一身负责。民国六年，二十二世族谱工竣；十四年，五十五件墓碑、供器工竣；二十二年，二十间新旧祠房工竣；二十三年，创建私立初级小学校工竣。

祠堂课租每年共计三十二石，提十六石为教员、斋夫需；留十六石为春秋祭祀费。振清是时辗转熟思：祠乏岁修必至破坏，校无援助势难永久。于是，捐洋一千二百元，扣钱六千串，典高姓所典黄姓城西北三十五里周韩庄小地十九段七十八亩五分，每年稞粮麦秋豆三色均停，二十四筒城斗共计十八石八斗四升，作岁苇先祠，岁补学校用。俟黄姓此地赎回，另置新产，仍归祠校收租。振之子孙不得取回私为己有。至于任学董管理此款，则应尔矣！但每年除开支外，剩有余资，贫族儿童有上高中、大学学校者，无力进步，应助善金三分之一；有鳏寡不能殡葬，勤谨实难婚嫁者，同众议恤此，又振所愿也已！

民国二十三年岁次甲戌
十六世孙振清虚谷敬述

（五）颍州亓氏族谱（小序）

吾姓颇异，不敢谬认远胄，若伊祁之潢尚矣。祁奚之勋代著于晋国，岂遽中斩其泽？况吾族世享国禄，抑以世德之报耶。但易姓革命，代远人湮，余将谁征？第东齐之莱芜县中，子孙繁衍，科第巍起，亦不能详起支派。且闻之云，来自淮郡，复入颍洲，此为亓氏之祖所自出。谨就国初受命来颍，能显吾姓者，为吾族始迁之祖。本支昭穆，昄昄可考也。欲作谱系，因求叙於原宗东齐静初公，稿虽脱而未举。嗣后，吾叔光岳公悯于厥衷始作族谱。丁丑春，计偕至京，得晤宗兄超凡公。

备道其事，即求澄其始原之本，与夫序述之章俾。嗣是起家制科代，有兴者要诸世德，不亦绵绵乎？

郓城《族谱序》选

（一）亓氏续修家谱序

国之有史，家有谱，二者不同，其有关于世道人心则一也！而谱为尤要。谱者所次，尊宗敬族，明亲亲之道也。然浅言之，第联族姓之亲；深究之，即为治平之本。故《周礼》有八统，首曰亲亲，《中庸》有九经，次曰亲亲。一姓亲其亲，乡邦化之，亦各亲其亲而国治，而天下平矣！吾友亓君凤池，有感于世道之凌替，人心之偷薄，伦纪扫地，名教荡然，居恒深为惋惜。欲以一家一系之辑睦，挽斯世争夺乖张之习。于是纠合族人，集旧谱而续修之举。凡正宗祧、别嫡庶、分尊卑、明长幼，无不井井有条，了如指掌。使后起之英，继继承承，无敢或替。百世之后，千里之遥，按谱而考世系，如对尊长于一室。虽山川修阻，世代远湮，而亲亲之情无间也。倘无谱之可稽，有谱而失修，并体连枝之亲，不数传如途人矣！至如途人，则亲者疏；亲者既疏，同室之操戈堪虞；阋墙之争斗难免；犯乱作而高曾之矩变弃若弁髦矣！而亓氏之族则无虑此。观其父老，则咸重衣冠；察其子弟，则各之礼让。耄耋敬肃而不失之拘，童稚和谐而不失之亵。较陈氏之，儿无常母，衣无常主，犹为可法而可传也。握风化之原者，欲维世道正人心；非使无谱者急起而修之，有谱者急起而续之，使家各有谱不可。家各有谱，亲亲之谊笃，比户可封而升平可卜矣！书云："九族既睦，平章百姓。百姓昭明，协和万邦。"

观帝典而知谱之所关，较史乘为尤要，益信矣！亓氏谱成，亓君凤池暨良足、万选、鸿恩、学孟诸君盖序于余。余与凤池为总角交，共笔砚数年，谊不容辞，爰为之序。

清邑庠生、北洋法政毕业
子美黄家璠拜撰
清丰县儒学正堂考取佾生第一名鸣双周玉珂敬书
清丰县卫城中心学校高级校长宴卿殷海清较阅
中华民国二十八年岁次己卯桂月上浣榖旦竣工

（二）孚佑帝君吕祖乩撰《亓氏族谱序》

十世亓增砚沐浴恳请：祁氏出自帝尧时代，乃高辛氏次子。曰放。本姬姓，育于母家伊侯之国。后徙居耆，故以伊耆为姓。伊耆，即祁也。祁，乃二小邑集成之字，以地为姓，是祁氏受姓之始也。伊耆，乃山西太原下邑，故姓谱中姓祁者，称谓太原氏，则知祁氏之鼻祖实出自尧也。后徙成阳，即濮县之古邑名也。帝尧命终此地，葬于谷林。谷林在濮县东南四十余里，有墓在焉。濮县之祁氏谓为尧裔，已有明证。不然，而尧之子丹朱墓，在濮城东南隅数里之遥，不又彰明较著哉！盖墓非绝墓，坟非虚坟；有其坟墓必有其后。濮地之祁氏，是以繁衍如此之众多也。自尧至今数千余年，其中之能接绪者代不乏人，无有似凤池增砚君、绍先祖传后昆也。续修族谱两次，俾后世子孙昭穆不乱，先代宗祖香烟不绝，后绍前继生生不已，无如祁氏之盛也！若问祁亓之辨，非无说也！既系尧后，普天之下率土之滨，由唐虞以迄于今，上下千百余世，其间名宦乡贤。凡姓祁者，皆伊耆之祁，未闻有亓姓之说也。如晋之祁奚、祁午姓。姓谱所载之祁，亦皆尧受姓之祁也。顾或者曰："既如此说，唐之亓志绍，宋之亓赟，有明之亓宣、亓骥，均为显宦，或是异性别族？而非尧之苗裔欤？"曰："非也！而不可固以此论。"

此亓字是古书其字，此数人之先世，或官名有不善，而欲隐讳其本来之祁姓，而以古书代之以亓为姓。遵孔子所云："父子相隐之直道而行，"容或有之遽，谓为异族不可也。试观《亓氏族谱》，自莱芜分徙濮地之始祖，后辈子孙有祁、亓二姓书写。而考其宗派世系，乃一脉相传，同本而

生。而宗祧详明,世系莫紊,均为帝尧之后裔,皆系同宗者也!既为同宗,总宜敬宗睦族,各尽其亲亲之道可也!无须辨焉!爰为之序,以释后世之疑案云尔。

中华民国二十八年九月初六日午时
敬临坛序

(三)亓氏续修族谱序

山东濮县亓凤池先生,增砚,广生与才文,字金石者,交二十余年。其为人也,儒林秀品,士族英流,有仲淹范士之誉,有叔度黄生之风,每怀靡止,无任钦迟。己卯秋,才自戎慕遄返,守制家居。先生于晤叙离惊之下,出其续修族谱以相示,并嘱为序。才思:族谱之要,古今倏同。凡在清门,莫不修谱,亦莫不续谱。非止列姓、纪年代,必寓劝诫之意于其中,俾族内尽亲亲长长之道,盖严定例约其尚也。庄诵先生之族谱,凡四修,先生与其事者再。若凡例、若族约、皆先生之所手订。娶,注其所出;嫁,注其所归。考外戚、联姻娅也,妻妾注明,嫡庶不避;正名分、重宗祧也。入谱之年龄必限,藏谱之不珍必惩。严谱规、肃宗法也。喜必庆,忧必吊,欣戚与共也;死必卜,冠必告,婚丧谊笃也。孤无依者,资之;贫无归者,收之;体祖心、广祖德也。略传碑铭以纪事,积善继善,述是彰厥前惩也。宗苏谱以所知为始宗,宗欧谱以五世易版。先生手订之例约,若此可谓完善矣!《礼》云:"尊祖故敬宗,敬宗故收族。"又云:"先祖有善而弗知,不明也;知而弗传,不仁也。"先生之续谱,以尊宗、敬族、收族、知之传之,其仁人孝子之心也乎?

呜呼!先生年逾古稀,家不中资,对族谱之续修如斯惨淡经营,其厚望于亓氏者可以想矣!先生历代书香,科第累世。某也显,某也贤,备谱中,展卷即知,才不为之赘述矣。兹尊嘱懔辞却不恭之义,爰就先生谱内之情,实信笔直书,聊表夙昔相交之诚。云尔,是序!

国民革命军二十六路三十一师参议子才刘毓俊撰
中华民国二十八年岁次己卯仲秋节后圣诞日书

（四）亓氏谱序

　　尝考敦宗睦族古人所重，成周盛时有小史，奠系世，辨昭穆；小宗伯掌三族之别，以辨亲疏。传曰："上治祖祢，旁治兄弟，下治子孙，亲亲固敬宗，敬宗故收族。"此三代之盛规也。汉初《世本》一书，《班史》入之《春秋》家。魏晋六朝仕宦尚门阀，百家之谱悉上吏部。其时，制谱者皆通达古今，明习掌故，故一家之书实与国史相表里。唐代，尤重谱系氏族之志，皆奉敕修订，《欧史》因之有《宰相世系表》。

　　宋元以来，私家之谱不登朝，于是粉饰支离，间有不免。夫谱之言布也。布列其世次行事，使后人以时续之，勿忘其先焉。尔非其先人，而强而附之，与非其先人而引而近之，皆得罪于祖宗者也。濮阳之有亓氏，自明洪武初。吾始祖讳士伯者，自江淮徙居莱芜而家焉！及二世讳全复迁居濮始，当其自莱芜分徙而西也。耕读传家，世有隐德。五传至旺祖，以乐善好施起家。及殁，州人勒碑以颂之，载在州乘，举祀忠孝祠。亦可见公论在人，实有不容泯没者矣！旺祖胞弟讳与者，官任九江，惠政及人，至今传颂不衰。自是瓜瓞绵绵，采芹食饩代不乏人。何莫非先人厚德培植也？兹因近者散居城乡，远者占籍泗水、范阳、清丰、澶渊，非有谱以联之，将散漫而无所考稽。忆先人曾著有家谱，遭明季乱离，遗失无存。迄今三百余年，续修两次，尚不全备。倘自兹不修，长幼尊卑终至远近散处不相识，讵非吾先人所隐痛也？回忆前清光绪戊申年，增设帐州城葛宅。

　　一日与十八世九围、十九世传钦、传铎等话及谱事，金曰："家之有谱，犹国之有史也。吾家自迁濮来，近五百余载不谱以联之，或有谱不备，非所以笃恩谊延世泽也。"话及此，增与九围慨然思有以纂成之。及民国三年春，又合十九世广聚，爰举乾隆间倡修之谱，与同治壬申所续修者通而阅之。体例未甚完璧，增启尊长商榷增葺。窃思：世远则恐敷会，人繁则虑混淆。唐人支谱之体，支分派别，亲近者列于前，疏远者列于后；知者详之，不知者阙之，总期信而有征。而吾家五百余年未补之阙文，一旦秩然有序，庶可以收族人之心而不乖乎！先王以族教安之义，吾先人当顾而乐之也！后世子孙诚能共体此心，随时补葺而继承之，虽传百世可也！

民国三年岁次甲寅夏日
十七世孙增砚谨序

（五）重修族谱序

忆我始祖，乃江南淮安府人，于姓谱盖亓氏也。元末避乱，率其四子移居莱芜。明初，三支祖讳全徙居濮州。明历洪武三十年，州官有申公太，在相会间讷尧裔伊耆氏。耆即祁也，且亓为古书，又不在姓谱中，即命易之。此濮籍祁氏所昉也。今人每有寄居异域，莫亓祁之为一脉在焉，以联吾亲爱之情乎！虽族谱之修创始于十一世养宽公，重修于十七世良弼公，其间格式颇略，目睹哉不无遗憾焉！因作序曰："木有本而枝叶盛；水有源而流派长；人有谱祖而后世昌。"

族谱在，所以辨宗祖，所以利亲疏，并所以尽其欢欣爱洽而绵绵不绝。在其所望于后世，在敦宗睦族耳！使后世善承祖志。虽世有相后而地有隔，而若在为某祖地所自出，荡然秩然，岂非吾族之一幸也，是为之序。

民国三年岁次甲寅闰五月
十九世广聚撰

（六）族谱议

谱以示久，亦以传重事也。按吾亓氏谱有二，一养宽祖所注，一良弼祖所注，毕名讳昭然。但世系图中，凡配载某氏而未注明，其所自出女，概不载适某，姻娅往往失考；况为男者，长幼并录，即呱呱数日之子罔或遗置，是虽父母之心，而惜乎未为后日夭亡计也。迄今四十年来，而其中殇者大半，又有年已成人而有子孙者，亦大半未入谱中，则是谱未可以示久而传信也。今族约议，娶某氏，必注曰某人女，女必注曰适某人。

虽事烦工倍，而阅世可稽。男必十八入谱，若幼而稚者，正得一概不载，盖恐其夭亡也。今自十五世以至二十二世，族众人繁，居不一方。若不斟酌款式，吾恐支派姻娅之辨略而不详，不唯获罪于前人，抑且遗诮后世，其何以示久而传信乎？故特约族长与族众共议之。

十九世广聚谨议

（七）重修谱记

吾家族谱之修，以为子孙于传记也。今考其始修之谱稿本尚存，由来旧矣乃得忆。吾始祖讳士伯，在原籍江南淮安府人也。当元末兵乱，移居莱邑，村曰梨沟。

不数年，及二世祖讳全，复迁濮阳，至今五百余载。族谱续谱两次，今同族众通阅，谱中体例未甚完备。思虽改良重修，族长曰："此非易举，唯贤明心细在，乃能胜其任。"佥曰："增砚、广聚等人乎？"遂举二君倡率其事。二君曰："事关重大，不敢擅为。使合族共襄厥事，庶可有成。"佥曰："事虽重大，乃我族当尽之务。"于是，不辞劳苦，各任其责。

增君取旧谱阅鉴以创稿，聚兄斟酌定式以善后，使次序格式分明不紊。虽我族繁衍散处异方，有谱以联之，以不至紊乱我祖之支派也。予因事成，爰举颠末，以为记。

十九世传钦谨记

（八）修谱建碑事略

闻之："莫为之先，虽美弗彰；莫为之后，虽盛弗传。"必创者创、继者继，而后可以永传而不替也。维我族谱之修，祖碑之建，历有年所。但以兵燹水患为之，残缺湮没而不彰。养宽公心切睦族，志欲重修。及乾隆甲子，创之于前；至同治壬申，良弼公继之于后；吾族家谱得二公续修，始得秩然而有序。至始祖之碑，经黄流湮没，创立者已失而无考。追志孝公志欲敬宗，乃于道光十三年，复于始祖之茔建碑，珉正疆界，卒使后世子子孙孙，虽历世久远，目睹此碑，不至忘其所自出。

俯思：所为吾族宗派世系，倘非诸公创者创、继者继，何能有序而不紊，永传而不替哉！余于修谱告成之后，不敢忘其功德，故略述之以志不忘云。

族侄增砚谨撰

（九）五修族谱

国之有史，所以定国土，别氏族，明礼教，立法制，以盼相维相系，于无穷者也；家之有谱，所以敬祖宗，序昭穆，明规约，修敦睦，以相维相系于不敝者也。始祖讳士伯，字阁臣者，原籍江南淮安府人也。当元末避乱，移居莱芜，村曰梨沟。不数年间，及二世祖讳全，复徙濮县东六十里亓楼庄也。

吾祖来此，人多族众，散处齐鲁等处约数百余家焉。唯吾族谱失修数百余年。考谱例，自乾隆九年八月初，甸蒙旁门十一世祖养宽创修族谱，拳拳不一，则功德大哉！

又于同治十一年八月，唯吾堂伯祖十七世良弼公，念共祖宗先人之情，但修族谱所续修者，而后世屡屡重修建，而阅之体例，未甚完备支谱之体。支分派别，亲近者也，乐虽不得记忆，考谱而知之也。

至于民国二十八年谱之四修，情因时迫，外患入华，本境大乱，此次未备。奈本族十六世祖志汉、十八世九龙、同堂叔父传炳等复倡议，重邀请族人会议协商，于公元一九五六年十月继续族谱，念其先君遗言而欲修谱乎！嗣后，按族谱例续残，补而赖之以成。庶后世子孙莫乱宗桃，其功德为何如也！

今日之修谱义，岂第为一家一族之计而已哉？故近世之倡民族主义者，亦主是说。记之以载族谱之。

范县师范毕业二十世安乐撰文
曹州师范毕业二十一世正玉校阅

平阴《亓氏族谱》文选

（一）亓氏世次解

八世孙绍宾曰："君美者，平阴亓氏之始祖，乃自淮迁之三世祖也。讳宜者，乃六世祖也，即宾之祖也。"不以四世五世序，而以六世序者，何谓也？盖因四世五世失序者多。居君美祖碑记云孝男者广、胜、聪、林、茂、祥六人，俱为君美子。广、胜祖等名下云孝男者世瑞、世昌、子章三人，乃五世祖也。

君美祖碑记下云奉祀者有德用、守节、守义、守志四名兄弟，皆七世。

有皋之子永、科、福者，亦七世；验章、现章、宗颜、邦贵等则八世。上记有云选举进科现表者，不知次序，或为皋、德用、验章、宗颜、邦贵等五支之祖也。

盖因一世在莱，二世迁平，至美君则三世，广等四世，昌等五世，宜者六世，宾之祖也。皋、德用等有五支，乃可代、可相、可栋、可怀、可银等五门之祖也。宾于族众细考详查，本本源源谨记于此，后之子孙可不慎也！

明万历庚戌三十八年三月
八世孙绍宾谨书

（二）亓氏家传族谱序

常谓：树有根水有源，人之生有祖先。继踵而来，绳绳相接如瓜秧绵绵之长，生叶结果不忘也。昔闻祖父遗言：祖上原系江淮人，姓亓氏。当元末明初兵火，因逃兵难，流移于莱芜。后迁居于平阴之南凤山之下驻马庄。当时属平治附籍。顺祖三甲行粮当差，家成子大，创立祖茔于凤山之左。

盖上世弗记，未知几辈。此则自淮迁莱，移于平阴之始祖、二代祖、三代祖君美者记载。至四代、五代，昭穆失序。六代祖讳宜，祖相传训。等及至今，年深岁远，累世所积，枝叶繁盛，人丁众多。晚辈命名重复，至于犯上；或各治产业，分派粮差，互起争端；不可不为一虑也。不能治家谱，今特设方簿一册，标题祖宗之尊，次伯叔，次兄弟，次子侄孙，本本源源，阅册即知。使后来者各照宗支绩列成行，永远遵守，不致混云也。

乾隆二年岁在庚申菊月
十一世孙士锦遵明旧序记

（三）增修族谱茔文记

万物本乎天，人生本乎祖。自明太祖初兴以来，相传至今十余世。

亓姓本稀，亓族人颇繁。先世之人不暇有学，故不能详志。至七世锦之高祖，名讳顺者，始近文墨。修家乘、立碣石、广茔地，以伟祖宗之坟地；栽树木，以壮先人之生灵，皆我顺高祖之孝思也。又统会族众捐买祭田，因以为春秋祭奠之资，用以睦一族和好之气也，无非我顺高祖光裕之制也。后来子孙之昌大，皆赖祖宗之阴德。而族众之盛衰，每视茔地为转移。我先茔自始祖传至九世，树株盛茂，规模宏大，巍巍乎，观见之者莫不啧啧称盛，以为亓家大兴之兆也。不然，何以祥云倾盖祖茔？瑞气环绕佳桧？后之子孙正宜恪守旧规，使树木日多，制度益广。直至十世祖宗之坟墓，景色而非前。

至十一世，我顺高祖之制荡然无存，林树十去其九。祭田不存一，余地十数亩尤为一族之争端，何今人之不如古人也？悲夫！能不痛哉！是以有十一世孙士锦，因祭祖而动其感之心，同十二世孙永宁纠集族众，重理先茔，增修族谱。虽不能如先世之盛茂，可令后世因其制而继云。

清乾隆三年岁次辛酉

十一世孙士锦同族侄

永珩、永清、永宁、永瑢

孙辈琏、钦、存慈、德修、铎、海等谨志

（四）重修族谱序

自上世相传，曰我始祖淮邑人也。为逃军难，我始祖协二世祖、三世祖游于莱，又迁于平阴城南六十里驻马庄居住。三世祖君美者兄弟三人，君美、君跃、君湘。君跃、君湘祖又迁他乡。官村阳谷寿张者，即跃、湘之后人也。

独君美祖平阴驻马庄（后家渐兴旺，子孙众多，后改驻马庄为亓家集）地方当差，又于凤山之左立老茔。传至顺祖时，已继七世。顺祖恐后失传，立碑记三世、四世、五世、六世祖名讳。今谨遵顺高祖碑记，又立簿传于后世，恐后在更失传。

乾隆十年岁次乙丑孟冬
十一世孙士锦遵万历二年重序记

（五）增修族谱序

余祖家淮上人也。自明洪武初年，而淮尤苦，是以淮之人避难而迁者不可胜数，余始知太高祖、高高祖亦迁。高高祖兄弟三人，始游于莱，后迁于平阴之南，改阎家驻马庄为亓集之名。庄之右祖茔在也，始葬三世祖君美于此，传及今日，记于亓簿。

清乾隆二十三年岁次戊寅
十三世孙甲子科举人九苞
遵万历二十八年序增修

（六）三支合谱序

江苏省淮安府山阳县，吾于原籍也。始祖士伯，元末迁居莱芜，生四子，勤、宾、全、世能。勤祖徙徐州，全祖徙平阴。全祖生三子，长君美、次君耀、三君湘。后耀祖迁阳谷，湘祖迁东平亓官村，此三支所由也。东平接壤平阴，伯叔兄弟子侄辈，虽夙相习熟，各存支谱，究未合刊。阳谷兖州相距远，音间疏丁齿之众寡，行辈之卑尊更未叙及，然性天之亲，未尝有一日忘也。每阅本支谱，思欲合勒一编，以遗后人。奈俗务冗繁，有志未遂。嘉庆庚辰，余弟九同署兖州郡庠生儒子篆，有谷邑廪膳生名法祖者，以岁试抵郡，叙之，乃我始祖之十六世孙也。继以其支谱抄寄余，欣然曰："素志可守矣。"因详考世系，同十六世孙孟麟细心编次，合三支为一谱。上而原原本本，下而继继绳绳，一展阅，了如指掌。此而思绳武，庶先之家声可弗随。顾吾族自迁莱芜邑，迄今四百余年，散处四方者，族姓亦众。再传数世后，生齿日益繁矣！倘后人仰承先志，注意家乘，越三二世一修碑，支分派别不至久而失序，是则余所厚望者。

又修谱序言：

我始祖士伯，元末明初由江南淮安府山阳县迁居莱芜。定居后生四子,长勤、次宾、三全、四世能。世能祖、宾祖住莱芜至今,并有后人续谱注册。勤祖迁居徐州定居。全祖永乐二年,由莱芜迁平阴东关,住翟家院后三间房,后迁城南凤凰山左驻马庄(今亓家集)。清道光四年,始祖士伯之十三世孙九围为亓氏整修家谱。全谱主序二代祖全之三子,即三支合谱序(三代祖长君美、次君耀、三君湘合为一谱),传留后代。民国三十七年清明节,全族到老茔扫墓祭祖时,共同议定应再整修家谱。为此,推选十六代唐林、十七代向前(住付村)、十八代学雅、二十代树仁(住丁坞)、十七代方和、十九代乐轩、二十代心南、心和(住亓集)八人为主。执笔人十七代心元。

清道光甲申年
十三世孙郡庠生
九围谨志

(七)重修亓氏族谱序

先是民国十二年清明节,有汶上县城西数十里南亓家庄(又名亓王庄,又名王家庄,在东平城西南四十五里。东距靳家口二十里,西距梁山十里,北距安山四十里。又北距亓家庄十里),有十九世汝尧,二十世协纯初来续谱。十月一节又来会议,愿邀东平、阳谷同来续谱。民国十三年清明节,有汶上城西南二十世协纯、协德,二十一世振乾来东平城西北亓家庄(东距王重口三里,南亓家庄,属汶上。北亓家庄,属东平。两县南北相距十里地);十九世怀瑄等来;又花家庄(距王重口正东一里)十七世兆林来;有十七世化南三兄弟来;有阳谷县城北五里亓家庄十七世化友等来。各支皆带来三支合谱,始见此谱系道光四年九围所序。皆因我平阴此谱失去,始观是谱乃按阳谷合谱,三大支又重序三支合谱。时予亦将平阴君美祖长支谱告成!予又通夜改数条。当时有族众数十,同议序谱章程,俱无高见。众言:"今之修谱,一无公费,二无户捐;自备笔墨纸张,灯油茶水,伙食工夫;独成此任,无损族众分文。凡外乡来入名序谱者,必自备茶食。"故族众惜其劳苦自力。意不忍,于正月十五日治有酒席,合礼酬之劳。今若三支在一处合修,伙食出于谁家?费资出于谁手?众无应者。后有一策,将三支合谱分为三支谱,各支各序。我居平阴,愿自备纸笔币费工食修长支谱,住阳谷者修次支谱,住东平者序三支谱。各誊写三本,至十月一日祭祀时,同来祠堂换谱。三处交换各存,每支一本,将三本合成一部全谱,命名《亓氏族谱大全》,众皆说议定十月一节后。至十月一节,皆无来,料无序完。至民国十四年清明节,有南北亓家庄、丁家坞、响场各庄协纯等十余众来换谱。带来三支谱一本,换去我长支谱一本。阳谷至今无来换谱。民国三十三年清明节,有族长瑞东公(十六世族叔也)与族众公议,命再重续族谱。于是,又独任其事,查阅各家誊草册。至十月初一节,有汶上县城东十八里第二区永平乡第六十保四甲王庄亓德柱(年四十岁,实为三十二岁)来认本族,带来奉祀折子。伊言:"光绪年间,祖凤元来至付庄,不知谁人开去祖讳西世,是丁家坞士勋之后。伊奉祀数世,始问丁家坞族众,皆言我支无出外者。又细查备老谱数日,将支谱查出,实系付庄长支士超之后。"

按:士超生一子琰,琰生五子。第四子德诚协妻王氏,一子,乳名留,迁居泰安地,全家出外(光绪年间)。老谱之言:伊言前数世不知年月,迁居泰安县肥猪山前数里孙百庄,住居数世。有四辈之祖坟,皆在孙百庄肥猪山前。至伊祖十七世凤元,又迁居汶上城东数十年(在光绪年间)。

今年十月一日,十九世德柱带来折子认宗。折上十一名,我皆开下,细查丁坞名讳不对,今序谱改入付庄长支。民国三十四年清明节,柱又来祠堂祭祖。与伊言明支谱添入谱中。老谱德诚仁留外出无信,今有信也。德柱与祖讳同,今改作"明"字。明顺二子,原名瑞生、瑞珩,现改为兰瑶、兰珩。民国三十四年春又重修族谱。族论意料七门至误。缘顺祖立祖碑时,人口不多,家业渐兴,单门独户,多受欺压,故将各乡"祁"姓认为同宗,列在君美祖碑中。一不论行辈,二不论大小,皆为祭主。查,君美祖生六子,绝其五,唯四世广祖一子世昌。昌一子宜,宜一义子德用。又生三子顺、训、位,分四户。至七世顺、训、位三名,八世叔兄弟六人。于万历二十八年修谱时,仅有方簿一册,可知人口不多。查,德用生一子第,第生二子可相、可卿。查,黄风一子可望,望生二子发现、发成。至前清道光四年，九围始修七门谱，有正始解。

中华民国三十四年岁次乙酉年桐月
十七世象乾
沐手敬撰

（八）平阴同族九围复礼即以代序

我亓氏，江南淮安府山阳县望族也。自始祖士伯避元兵迁莱，迨大明定鼎后，遂世居于此也，现在十八世矣。始祖士伯生四子，长勤、次宾、三全、四世能。始祖卒后，兄弟四人以家道寒微，不能聚处，勤、全二祖复归淮安。居数岁，以不能相容，故复去淮安。勤祖适徐州，全祖平阴县。至今徐州亓氏一族，皆勤之后人也。

考其年代，全祖迁平阴之日，在洪武中。生三子，长君美、次君耀、三君湘。至建文元年七月，燕王行孝，朝父兴兵，至靖不绝，兄弟遂不能顾。为避计，耀祖迁阳谷，湘祖迁东平官村（在州南梁山东，今名亓家官庄村），君美族乃居平阴。始祖士伯，二世祖宾、世能墓俱在莱芜老茔，余常往莱芜拜墓。全祖、君美祖墓在平阴南凤凰山左，现村名亓集。君湘祖墓在东平州唐家营。君耀祖墓在贵县，俱还有碑否？自余上溯始祖士伯十有三代矣，余先人与贵县往还百年始绝音问，是以行辈未得清楚。有十四代孙名杰，系君湘祖后人也，于乾隆三十九年在贵县序过支派。彼时所见之人号，俱有所续之谱，辈以次赤请。可惜当时未曾续注老谱之上。今杰侄已故，续谱散失。且伊子十五代孙广明，声彼时年轻，未能遍记。幸有读书人号秀斋者，与伊父同十四代孙也。贵县虽遭兵火，访诸父老，碑碣注谱上，以为亲了之义自可得矣！出中东，迁莱芜，原属三支。云：三支，美、耀、湘三人也。由此言之，平阴、东平与敝贵县同一大支也。下则分流各派，上则一本同宗。余所续者，非得所注闻之，实有经注且了见也。后贤宗其见之，尤敬修以珍之。

十三世九围拜书序

平阴《族谱五论》

一论始祖之迁莱，不用浮言直陈其事。

始祖亓公，讳士伯，原居江苏省古扬州地。春秋战国属吴、越、楚，址金陵邑。秦改麦陵、汉改丹阳郡、吴定都改建业、晋改建康、东晋六朝、南唐成都焉。宋改江宁、明朝建南京、名应天府，为南直隶省。清改江苏省江宁府，中华民国为淮安府。汉属临淮郡，及广陵国随址楚州。唐改淮阴郡、宋改淮安州、明改淮安府、清无改。东界海州，西界凤阳，北界沭阳，南界保山，辖管六县。南北渭咽喉，水陆亚冲。至京一千七百七十二里，至省城五百里，山阳县附郭为山阳，古名射阳。沿河海水陆交冲。

公生四子，长曰勤、次曰宾、三曰全、四曰能。时值当元末明初，明太祖朱元璋起义兴师灭元，用武之日，勤祖投入军营效用。淮安大乱，始祖便携同三子宾、全、能老幼全家，于洪武元年（1368年），为避兵火之乱，逃难北移，至山东省古青、兖二州之地泰安府。（按：泰安，明属济南府，清改泰安府。东界博山县，西界阳谷县，南界宁阳县，北界长清县。至京一千里，至省城一百一十里，中华民国时改为泰安县。）

莱芜县古名浃谷、嬴县、嬴城，明属济南府，泰安之属地。清属泰安府，在府东一百二十里。初寄东关，住裴氏家。卒，葬于羊庄，是为祖茔。当时为新茔，后世为祖茔。三子各析居。次子宾，初占籍方下保。论：莱芜分保，如东平分三十六保。平阴分里，肥城分社，东阿分村，皆一理。至五世，兄弟五人，敬、茂、亮、襄、青，分为南三门之五祖。

二论全祖之来平。

二世祖讳全，按莱芜老谱，勤、宾、全皆单讳，上无"世"字，唯世能是双讳。因避元末兵乱，随始祖迁于莱芜东关裴氏宅。父卒后，兄弟析居，度日艰难。于是协同三子君美、君耀、君湘，于明永乐十二年，全家外游，至平阴。（古名卢县、榆山。明属兖州府东平州之属地；清归泰安府，在府西北一百二十里；民国时归济西道，又改归临道。）城南六十里凤凰山之左，即今日凤山阎家庄居住。后因亓氏大兴，改称亓家驻马庄。至清康熙十九年，立有义集，故又改为亓家集。

全祖卒，葬于风山之左新茔，地一亩六分，即释茔地，谅必富余。三世祖君美兄弟各析居。于是，耀祖迁阳谷，湘祖迁东平，古名须句，大佛山前须城，即古之须国。东平郡、薛郡、鲁州、天平、济东、大河。明归兖州府，清改东平州，归泰安府，西南一百四十里。民国改东平县。东临道唯君美祖居平阴，无迁居。

三论世能祖兴于莱。

二世叔祖讳（世）能，于元末奉始祖至莱芜，居东关。后迁汶水南，（即汶河因在汶水之南故名汶南保，非汶上。）又迁之北钟徐铺，汶南保当差（余论："当差"二字，非当差役使用之人，如前清山民夫，挖掘河筑堤，出民车载兵运粮，皆为当差。即入汶南民籍，则拿汶南粮，则出汶南保夫，则听汶南保差。）。故云："初占籍汶南保，户名官。"（户名官三字，系莱芜谱中所言。）世能祖卒，葬于羊庄祖茔。

按：公生子二人，长子胤，字茂先；次子积，字敬先。生孙十人，浩、林、升、辉、桢、端、正、雄、寿、俊。分为四门。桢、端、正、寿、俊为一门；辉、雄为二门；浩为三门；林、升为四门；称为十支，即是十祖。

正居钟徐铺，四子宗、五子宁又迁居汶之南旺浃谷山前李条庄。浩之子弘，于成化年间归汶南保当差，为此处旧有宾祖之后为南三门，又自号北三门以别之。

名多不能俱载，下边另列于分支图。

曾孙五十一，玄孙二百另三人，盖丁口之盛者，无出其右，世间咸谓"绿祖茔之风水使然耳"。故丁齿日繁，家业大兴，名士众从，官职显耀。至九世诗教，是前明丁酉科举人，联捷进士，礼科给事中，巡抚河南。万历四十三年，东省大饥，公特疏请疏，得发帑银二十三万两，大众得活。之后，乡民立生祠，详载邑乘。唯一，庠生，敕封江西道监察御史。

十世之伟，前明辛酉科举人，联捷进士。历任户部广西清吏司主事、户部山西清吏司员外郎、直隶河间府知府、阳和监军山西布政司参议、分守大同府朔州兵备道。盗闯寇城，陷，死节。康熙五十年，崇祀乡贤祠，入《大清一统志》。详载府县志。玮，前明戊午年科举人，乙丑年科进士。历任泌阳、陈留知县。行取云南道监察御史，钦命提督江南、苏松等，外兼学政，崇祀乡贤祠。予，前明丙子年科举人，浙江严州府推官。

十一世健，顺治丁酉武举，辛丑进士。凤阳府古卫守备，诰封"武德将军"。必迪，康熙戊午年举人。幼孤，事孀母以孝，间载府志，崇祀忠孝祠。

十二世煦，康熙丁酉科拔贡，己卯科举人，己丑科进士。任直隶河间府青县知县，长卢都盐运史沧州分司，诰授奉直隶大夫。士英，康熙戊午科武举，联捷进士。

十三世式愿，贡生。历任福建长乐县、宁化县、诏任县、长太县知县。

十四世廷俊，己亥科举人。恩县教谕。

十五世清言，监生。例授武略云骑尉。目族姓繁衍，领袖创建先祠于邑西关。祈年，乙酉科举人，截取知县分府衔，特赠奉政大夫，晋赠中宪大夫，观察使卫例给云骑尉，世袭恩骑尉，敕建专祠。

十六世保，赐进士出身。任临城县知县。十七世育珍，任直隶州州判。毓璋，任安庆府潜山县教谕。俱名登青史，永垂不朽。予言世能祖子孙众多，大兴莱邑，信有之矣！若不风水使然，岂如是乎？

四论勤祖之显颖。

二世伯祖讳勤，当明太祖起义，便入军营，南征北战，累建奇功。至洪武元年，随华指挥名云龙帐下为将，攻克北平。（注：古冀州地，周为幽州，武王封召公于此，为燕国。唐改幽州，宋改燕山府，大金称燕京，元建都为燕京。洪武初改北平府，永乐始建北京为京师，即今直隶省北京顺天府。前清建都于此。）

元顺帝败出塞北，故勤祖因克北平有功，拔燕山，即北京左卫。为左军护卫，镇守北平府，诰封明威将军，世袭职。时当元末明初，天下大乱，军营用武，无有暇日。故始祖之逃难，勤祖不知。勤祖于洪武元年攻北平，始祖亦不于之音信。因是年淮安大乱，始祖于是年逃难于莱，两无音信。间料必不在世，即不知始祖居于莱，更不知全祖迁于平。若有人问："汝何知其不知？"详考其九世孙诗教修谱，有序言："宾，即今南三门之始祖，勤与全出外。"按诗教所记序，即不知勤祖世袭职，又不知全祖迁于平，故知北京于莱及平各不相通。后不知何年，莱与平相通。换谱时，查诗教修谱在万历四十五年，与平不通。

我八世祖绍宾改亓氏，在万历二十八年，即知莱芜为亓，故改之。在诗教修谱之前十七八年，绍宾祖即知莱芜亓，为何诗教不知全祖在平之理？此理所不解，既待明者再考察。莱与颍州不知在何时通谱，预料在清朝。在考颍与平阴、东平、汶上、阳谷至今无通谱，以至十数世音信全绝。今则平何知颍与莱通谱？查，光绪二十年，莱芜有十九世亓因培中举铢卷，注明颍之官衔事迹甚详。予料，若无颍州之谱，安得知其详细？

按：勤祖入军营，改名亓宇，官讳不用"勤"字，故始祖亦不闻其为官。当时又住居无定处，不在淮安府山阳县。勤祖生子忠，袭封明威将军，由镇南卫指挥调颍州卫。明为南直隶省，属凤阳府所辖。清改为安徽省颍州府。东界寿州，西界河南沈丘县，南界固始县，北界河南商河县，至京一千八百里，至省八百四十里，府东南一百四十里为颍上县。当时勤祖全家遂家于颍，住居颍州府北，勤祖之子忠为始。我之老谱宾曰"世勤迁徐州"误矣！忠生子升，袭封明威将军。升生子恭，袭封明威将军。至成化年间，明朝百余年时，晋封怀远县，明属凤阳府，清改凤阳县。恭生子林，袭封明威将军。至正德年间，明朝一百五十余年时，林升都指挥佥事。林生子鲸，袭封都指挥佥事。按：勤祖之子孙，世世永镇南方，声名远镇，巍巍乎显耀于颍矣！

五论亓祁之分解。

字典祁，音其，盛姓。祁者，祁祁如云，众多。字典亓，《集韵》：其，古作亓，居之初音。姬说《春秋纲目记事》中，亓，姓亓注，详八部六划。又姓，唐亓实，亓士纯。唐宣宗大中十二年秋八月，帝崩，《注解》云：右军副使亓元，字典少。始祖亓，非祁也。士伯，自淮迁嬴之始祖也。莱之古名嬴，始祖卒，葬于羊庄老茔。

二世祖全，带子君美、君耀、君湘复迁于平。详前一说，迁平时，于永乐二年；有一说迁于永乐十二年，又说迁于洪武中年，各谱不一。当时迁居为平阴南六十里，风山之左阎家庄居。我祖来平时，因家贫耳，贫则不读书，不识字。本庄又有祁姓，全祖口说姓亓。不知亓字如何写法，本地又向无亓姓，当时不但本处无亓姓，料山东亦少。

始祖迁莱，亓独门。前朝亓宣、亓骥，料在南省京城，未知同宗。又查《百家姓》，所无。古之《百家姓》无亓字，今之《百家姓》新增，故本地"祁"误为同姓。凡一切与人共事交易，别人落账，皆写作"祁"某。若到年节祭祀，须诸人写神位，必写显者"祁"公。既入平阴籍，必当平阴差，必拿平阴粮，文约亦写"祁"某，册籍亦注"祁"某，皆由不识字之由，暗改作"祁"氏，自不觉也！亦不知莱之亓，以讹传讹，莱相沿已久，则不为亓矣！

三世祖君美，四世祖广，家业渐兴。何之见兴？因连择二茔，故知渐兴。五世祖世昌，按祖碑为广祖之子。虽则读书，存慈作序有言："七世顺祖始习文字。"予思不确。考五世祖世昌捐监生，六世祖宜，文庠生，七世祖顺，文庠，始立祖碑。存慈见上世无碑，疑为不识字，亦不知莱芜之亓。只知祖父遗言"自淮迁莱，自莱迁平"之语。按：全祖生于淮，迁于莱，复迁于平，故以此言传之后人耳！其实与莱音信不通。六世祖宜，文庠生；七世祖顺，文庠生；其时家业大兴，乃立高祖碑记。广茔地，栽树木，修族谱，皆顺祖之为。考之祖茔，数世俱无碑，故知上世家贫。顺祖于万历二十年冬始立君美祖、宜祖二碑，皆为"祁"公。因当时与莱不通，不知莱之亓。

万历二十八年，绍辉于父训立碑，亦"祁"氏。至万历二十八年顺祖卒，八世祖绍宾于当年择新茔，治贾氏地，安茔在祖茔东边，相合为一，卜葬立碑。其文曰："明故显考亓公，讳顺，妣李氏之墓。孝子绍宾立碑。"因有碑文，皆查看清楚。或问："前碑作'祁'，今碑作亓，何故？"注解：闻老人传言说为皇上所改，又说为学院所改，还说圣讳所改，皆无据查明犯讳之字。太祖高皇帝名元璋，太子标早卒。标之子成祖文皇帝。永乐名朱棣，太祖之四子燕王也。帝王正统，反改天顺名祁基。至景皇帝，名亓钰、亓镇，凡望帝之名，皆避圣讳。凡小民不足，仕宦之家避之。既避圣讳，为何祁秉忠不避之？"明僖宗天启二年，总兵祁秉忠于清兵战死"。老人有说至此，亓秉忠无改。

亓绍宾祖在泰安，与莱芜亓同考，序明本"亓"氏非"祁"也，故改为亓。予思此说致情致理，可信之。其时文风大盛，宜祖文庠生，顺祖文庠生，绍宾祖贡生，绍荣文庠生，绍嗣文庠。家叶大兴，于莱芜有通，知莱为亓，故绍宾祖自改为亓氏。意料改亓之时，必商之族众。因姓"祁"业已七世，各皆不改。当时有口角相争"你姓你的亓，我姓我的'祁'"之语。有问："汝有据？"便观各碑即知。考宜祖碑作"祁"，训祖碑作"祁"，顺祖碑作亓，便不知万历二十八年绍宾祖始改亓。绍宾祖立父碑改亓，一人之名，众兄弟皆不出名，知其不改。至后三十年，是崇祯三年。绍甫、绍荣、绍嗣立父碑，仍曰："明故'祁'公讳谓。"又崇祯五年，承名立父碑，仍曰："'祁'公绍甫。"

按：是年绍宾祖卒，当年卜葬立碑文曰："明故处士亓公。"考二碑同日立，一作亓，一作"祁"。既然同在一林，料石工必包与一人，碑文一人所写，岂有写错之理？据此而论，即知堂兄弟侄辈皆不改。查各碑奉祀名皆多，唯顺祖碑绍宾一人。意料兄弟叔侄皆不改亓，俱不列名在后。崇祯十年，立绍辉碑，仍曰："明处士少峰'祁'公曹氏墓，"固知族众皆无改。细考改亓者，独绍宾祖一人也而已！至后世，凡本族不改亓者，皆绝！唯我亓氏一支独显。九世祖兄弟七人，弘宗显宗，析居付庄。至崇祯十二年，立兴宗碑。顺治十二年，立显宗碑。康熙二十四年，立弘宗碑。凡亓氏三碑，皆亓氏之后。凡"祁"氏之后皆绝！自绍宾祖复为亓氏，家业兴旺，丁齿繁衍，大昌亓氏之门。绍宾祖生七子，二支、三支析居付庄，丁口日繁；长支四、五、六、七支皆住亓集；后世皆绝净。再考本庄亓集"祁"氏者，皆贫，无识字者。至清朝渐兴。初立始祖碑亓作"祁"，又见亓氏昌盛，渐渐写成亓矣，今立碑亦作亓。

按：先世自莱芜来平误为"祁"，后世"祁"改为亓，本地"祁"皆随为亓，至今有亓无"祁"也。

资料来源：平阴《亓氏族谱》
资料提供：平阴付庄二十世亓树磊
2017 年 11 月

泰邑《族谱序》选

（一）序一

尝谓万物本乎天，人本乎祖。我亓氏，莱籍也，当明之季，始祖尚文公迁本邑臭泉里。后移过村，迄今二百余年，相衍已九世矣！但素无谱牒，久恐失传。先严在日，每存修辑之心。乃有志未逮，竟以寿终，良可慨也。

今岁春，胞弟鉴欲成父志，而谋及于余。予曰："吾氏初自莱邑，渊源可溯，固宜合远近联亲疏而谱之。然族大丁繁，以及散处四方者甚众。必欲合远近联亲疏，非费精神、旷时日而不得，汝不克任也。汝故自为一谱，以记本支，亦无不可者。"弟然之爱举，始迁以来宗派所衍，悉论列而详叙焉。辑成，因谬为数语，以弁简端云。

亓铭

（二）序二

凡谱之序，所以敦本而睦族也！我亓氏，先莱籍。自始祖尚文公迁泰邑臭泉里，后卜茔于过村，绵衍九世，迄今二百余年，而谱牒之修犹阙。使阙而不修，不唯后之子孙无以知祖宗之功德。即子姓之昭穆久且益失其序，非所以重敦睦也。在昔，先严每蓄此心，而有志未逮，竟抱恨以没，不亦大可悲哉！

甲寅冬，余与延辅李公间论及此，公谓余曰："是举也！非重为君责耶。今兹不修，将生齿日繁，支派日分，伦序何恃以不紊耶？"余曰："唯！唯！"

乙卯春，爰举肇迁以来宗族支派，细心较正。凡群昭群穆字号内配可稽者，无不详记而备载焉，亦是以劝敦睦之情也。鉴不敏不克，适莱邑会族人，取旧谱而增修之。而姑自为一谱，以记本支，以继先志。俟莱邑吾祖修谱时，令子孙有所据，此则余之志也夫！

咸丰五年岁次乙卯中春之月
尚文祖七代孙鉴谨序

（三）重抄家谱序

乙卯春二月，余辑家乘一书，藏有七年。及辛酉，淮寇骤至连村鼎沸。仓皇逃移之际，虽极深藏而卒不免于焚掠之中矣！呜呼！失之矣！当其时，族众流离，靡所底止，父子兄弟目不相顾，敦不怀离居之忧哉？余也熟思审处而知谱之有重于常者，几乎变而其所，系为尤钜，顾可听其终失而弗录耶？弗录，则族属不合。既当比族而居，犹无以联其情时，或散处异方。欲以祥祥宗派而析昭穆，夫复何据？此谱牒攸由关而录之，不容缓也！无如流氛未靖家务多累，有志未逮已阅九年矣。今岁秋课，孙之暇爰即徒前之载记，复订而录之。余族户藏一册，庶几支派源赖以不坠，以之传永。垂后昆歌，瓜瓞之绵绵。积久之蒸，为太和讵不休欤。

同治八年岁次己巳季之月
尚文祖七代孙鉴谨诚

（四）亓氏族谱序

《书》曰"以亲九族"，九族既睦，是帝王之以睦族垂训也！《礼》曰"尊祖故敬宗，敬宗故收族"，是圣贤之以睦族为重也。然欲睦族，必先明谱系。夫谱者所以序尊卑，别亲疏，清支派，而联世系也。尝见一乡之中，巨族豪宗因谱牒之未修，致云仍之莫辨一祖之裔；视若路人或休戚不相关，或忧乐不相共。失祖忘宗，良可惜哉！谱之所系，綦重矣！

亓家庄亓氏，旧隶莱籍，自尚文公肇基于斯，迄今二百余年，绵延十余世。子孙绳绳，族姓振振。绍忠厚之家声，继耕读之世业，以似以续生齿日繁。咸丰间，晓潭先生编修支谱。嗣后，漪亭先生复倡议重修。今者传世愈多，子姓愈众。非支派再明，源流重溯，何以笃一本而敦雍睦于无穷哉？今年春，广成公与其堂弟秀山公因阅旧谱，复兴水木之思，又倡议重修。

谱既成，携以示余，嘱余为序。余观其世系，书之详明，某系某支孰为孰后，若网在纲，有条不紊。形若疏而实亲，势虽分而仍合。俾阅斯谱者，尝切追远之忱，益著雍容之俗。

古人云："莫为之前，虽美弗彰；莫为之后，虽盛弗传。"斯举也，其或有功于前欤？抑或将逊美于前欤？所谓继志述事之不可淹没者也。予故不揣简陋，为之序以赘之简端云。

宣统元年岁次己酉桐月
邑庠生张绪殿谨序

（五）亓氏重修家谱序

且古今来，收族姓分宗派、明亲疏、别远近，莫要于谱分。如吾乡亓氏，自莱邑迁泰安，业以十世。前有晓泽先生创修谱稿，抄录家藏；嗣有汝涟亓生与其堂侄英超，亦发水木之思，谨遵晓泽先生所修谱本，仍其旧规，增所未及，忧恐有遗憾，加以采访，遂考遂订。半载之间，而宗族支派亲疏远近——注明。

稿已成，时余训蒙其家。二生携稿示余，且请一序。余曰："嘻！余老矣，久疏笔砚，不事翰墨。一遇文坛会友之场，殆不啻一搁笔老骚，安有佳作以伸怀乎？"虽然二生者予之及门也，不有浮辞以应之，不亦有负二生哉！以是不揣简陋，暂疏短引，聊以答二生之，抑以表二生光前启后之深心也夫。

光绪十三年岁次丁亥初夏
西村李毓奎谨序

东平·梁山·郓城《合谱序》

家有谱牒，犹国之有版籍也。国必有版籍而后可以验人民之盛衰，家必有谱牒而后可以考世系之远近；谱牒不著先世之脉络，何由而追溯后世之支派；无目而条分，以故世湮年遥，昭者不知其为昭，穆者不知其为穆，世次倒置，不可枚举。而且，祖父之字氏，问诸子孙而茫然；子孙命名，重犯祖考而莫知；甚至非本支派，互相假冒，义子螟蛉，乱及正宗，此正皆无谱所致也。

谱牒者，为明支派，序昭穆也。阅旧谱所载，自民国十三年，即公历一九二四年重修后，迄今计之七十余年矣！吾族人口生齿日繁，因战乱水患，族人遍布各地，前谱所未载之甚多。按现有族众计，入谱者数十无一人矣！七旬龄者，尚不知宗支。此情此景，族谱不重修，后世则有紊乱之忧矣！为此，族众于公元一九九七年古历腊月集于南亓庄，会商重修其谱，议定由各支推荐执事者组成"亓氏族谱编纂委员会"。延之公元一九九八年古历正月二十，族众踊跃，再次相聚，议定谱例若干，资费来源由族人均摊，并制订执事者"节约从俭"的规定条款，并由各支报名注册。下落不明遗漏者，由各支采访。在十八世玉振的带领下，由十九世怀芝、二十世协胜、二十二世庠习、二十三世校武陪同驱车到同宗同支丁家坞联系续谱事宜。见到丁家坞八世祖之后二十世协峰，长支君美祖之后二十世树杰，方知其于公元一九九二年已续分支谱，并知其将民国十三年修谱公议二十一世立字，以下九辈改为十字，对其违祖训乱改作为提出非议。协峰等唯唯推说不知。但念错已铸成，谱散久矣，我等编委公议认为：先祖公议九字，不能任意改动，下辈字照先例，仍定三字一组，再定十二字。完工后，再通知丁家坞等族众。

  亲疏之别，昭穆之序，不可遗误。仿照前谱，修东梁郓支谱，并增书莱、平老谱《序》，以及平阴、阳谷、东平三支合谱《序》，于此，我族根源自明，支派不致紊乱，永昭敦宗睦族之谊。谱成之日，装订成册，分贮各支，俾后世子孙继承永矢而弗替矣！是为序。

一九九八年三月
十九世怀芝谨书

微山《族谱序》

（一）序一

  国史、族谱、如水源树本。吾族定居微山夏镇亓楼村已四五百载，传二十余世。祖茔碑载：明初为避灾荒，先祖自山东莱芜迁居微山县夏镇之北高亢之地，取名亓家楼。碑中详列家族世系文图，并刻有二十字班辈与世系对照。嗣后，阖族均以碑志辨别支派，维系称谓。一九六六年谱碑被毁，此后多年无人顾及修谱之事，以致族人亲疏观念淡薄。虽同宗同祖，支派卑尊无可辨别，哑然称谓切切痛哉！丙子岁初，春意盎然，生机勃发，昭示吾族兴旺发达。

族人数议修谱之事，无不雀跃。侄开旺、族孙可荣、可申不负众望，三赴莱芜、济南等地寻根问祖，得莱芜家存民国十九年六修族谱十八卷。可惜该谱对本邑以外族人均为列入，故难以相融。无奈，历时三载，遍访长幼，可资查证取考史料无多。加之祖茔谱碑被毁多年，片文只字亦难其详，只仅就十七世以后吾族各派如一列出，编纂付梓。意在为后人订修族谱资以史料，并以此排行论辈，不再为吾族永世遗憾也，亦为幸事。是为序。

戊寅年冬月
二十世孙作霖谨序

（二）序二

中华民族以多民族、多姓氏著称，一宗亲血脉相连，扩支无穷，绵延不断，繁中华民族，创造华夏。族谱，乃一宗姓繁衍生息、兴衰荣辱的历史记载。吾族自明初由山东莱芜迁居微山夏镇之北亓家楼，曾在祖茔凤凰嘴（亦称大高林）建谱碑一座，宽约一米，高两米有余，上部椭圆状，基部有碑座。荣幼时曾亲临拜读，所憾不能识记碑文全部。当时经祖父言教，现依稀记得以下内容：先祖蛟于明初由山东莱芜迁居此地。碑中详列世系，各支派昭穆清晰。并刻有二十字，班辈与世系相对照，这二十字是：汝德文克玉永继成广建儒士斯开可为家邦才学。谱碑立于何年及续修于何年，已记不清。不幸谱碑于一九六六年被毁，使吾族失去维系。恐日久年远难辨族人远近尊卑，故数议修族谱。值改革开放、国泰民安、政通人和、百废俱兴之时，我们叔侄三人受命，三下祖籍莱芜访谱，辗转于莱芜西关、坡草洼、羊庄等地。或徒步，或乘车。夜涉汶河，晨攀南岭，风餐露宿，几经周折，终在高庄镇汶南村访得吾亓氏族谱十八卷。知始祖士伯为避战乱，于元末由江淮地区迁至莱芜。

查吾亓楼蛟族，谱载：蛟七世，行一，廪生。子二，瑚、琏……详阅前后，难以认定即迁亓楼吾先祖蛟也，未敢妄附。亓楼祖茔现仅存十七世恒祖、十八世训祖墓碑，其他墓碑均已毁，故十七世以上详情难以查考。本次修谱，仅将现知道的情况一一列出。情况明者尽其详，情况不明、无资料可查者不妄附。将迁居北京、上海、江苏、安徽、河南、宁夏及齐鲁各地的族人，能联系到的，均联系归谱。但由于历时四五百载，族人迁出者众多，实难一一走访，遗漏者定会有之，有待族人下次续修谱时聚齐。经族人议定，在原二十字班辈之后，再续二十字如下：阳月同辉映福寿满堂江河经地远春秋纬天长久（自二十七世至四十六世）。自受命编修族谱以来，寝食难安，昼思夜想，奔波走访，精心辑撰，恐负众望。历时三载谱成，如释重负。但能力所限，难免纰漏讹错之处，望族人正之，使吾族谱臻于完善。唯望后世子孙，谨遵祖训，为民正直勤善，为官清正廉明，和睦家庭，与人友善。深得做人之根本，后身体力行，至此而始足矣！

二十一世孙开胜
二十二世孙可荣、可申顿首撰
公元一九九八年十二月

商河《族谱序》

（一）恭编亓氏合族家谱序

我亓氏者，祖贯江南，系淮安府山阳县人。自元末兵起，始祖士伯徙居莱邑汶南保之羊庄。阅至数传，八世祖卓吾又迁于商邑城北，此我亓氏居住寨子之所由来也。嗣后，子孙绳绳，不啻瓜瓞之绵绵焉！虽谱牒盈案昭如日星，然而迟之于今已历六十五年之久；族益大，丁益繁，非更为续补，昭穆能不紊乎？幸也有元贵、元芳、元山，以及与墨秀、墨贤、墨颜诸老前辈，虽系壤叟，颇晓大体。

相与言及谱牒，皆慷慨后事踊跃争先，以图谱书成就，方遂厥志。我

祖宗九泉有灵，谅亦鉴此悃忱。无如任大责重，合族老幼，绵逊谢弗敏。堂叔丹宸复任於余。余虽自揣孤陋，岂敢违命，谨附续编列于老谱之后，僭题为序，愿与族人共就正之。

皇清宣统三年岁次辛亥桃月
二十一世孙允贞、化成薰沐谨识
十九世孙崇勋、庸甫沐手敬书

（二）恭编亓氏合族谱序

盖先王有敦族之典，百姓所以平章；圣人有昭穆之序，伦次所以不紊。若无分派别支之谱，谁切水源木本之思？不有记字编名之书，何征同气连枝之谊？是以周溯后稷，必推本于姜嫄；周封诸侯，更追寻其同姓也。倘子孙绝灭，不有兴继之善政，亦岂不宗绪淹没，竟同杞宋之无征乎？以此知绳其祖武，百世不可或忘。贻厥孙谋，千秋传为盛事。殆至麟趾呈祥，螽斯衍庆，而后叹昭穆代之兴隆，其所由来者，渐矣！兹因吾乡亓氏有元贵、元芳，以及墨贤、墨秀诸老先生，于庚戌之冬欲修族谱，来求于予。因阅其旧谱，知其先人迁自莱芜，卜居寨子，相延及今，已成望族。无如不数传后，其旁支别派徙居于外县远村者，亦所在多有。即欲修辑谱牒，使宗绪不乱，支派不紊，远近者无所遗漏，其非易事。但即本庄之次序辈行，故略为编辑，又恐挂一漏万，遗笑大雅。况始祖确系何人？来自何代？旧谱皆未叙明，万难措手。倘敬苟且了事，将何以继已往而开将来乎？予敬辞其请，伊等亦不能相强，然王庄故友有亓化成者，与予情甚相契，交属莫逆。

于辛亥正月中浣，与伊堂叔丹宸复偕元贵等诸老乡谊，同至敝庐，以此事相恳，言附近村庄协力同修，已经议妥，共议非德隆望重者领袖其事，难胜厥任，予以敬辞之故，为化成言之。化成谓："前代有桂芳先生，因旧谱不无错简，敬奉祖命，于道光十八年间躬至莱芜老庄访录旧谱，以图追源，于始为法。于后，遂将始祖之名讳、来历、祖籍、乡贯考察详明，另自汇为一书。所以，原始要终，不难各载，皆桂芳先生一人之力。

此犹周溯后稷，必推本于姜嫄，周封诸侯，必追寻其同姓之美意也。独是莫为之前，虽美莫彰，莫为之后，虽盛弗传。前无桂芳，则亓氏之始祖无可考；后无化成，则亓氏之功德吾恐终将湮也！"此化成一片虔诚，与伊堂叔丹宸同心努力，赞成其事。亓氏虽户大丁繁，村遥路远，今厘定以还，不但尊卑有等，长幼有序，而祖功宗德之传述，与承先启后之深心，亦所皆备。

予嘉其热心敦族，能承前志，因为成全其事，兼综始末而作序焉！

皇清宣统三年岁次辛亥庚戌科岁进士
候选教员乡谊张全阶拜叙
十九世孙崇杰、庸甫沐手敬书

（三）恭续亓氏族谱序

族谱者，祖功藉以常昭，宗德赖以不坠，其所系岂浅鲜哉？谁非人子？谁无父母？凡有水源木本之思，报本追远之念者，孰不欲增修谱牒以承先而启后哉！况吾先严皓首穷经，通百家之书，膺三升之选。念切敦宗情殷睦族于修谱之事，久已默留于胸中。第前人有志未逮，时时引以为恨焉。迨至临终之际，反复告诫，其所以佑启我后人者，咸以正无缺。余虽不学无术，颇晓大义，讵敢以随声附和者致败公事，大伤厥考之心乎？幸也元贵、元芳诸前辈已导以先路，谁不愿步厥后尘，成兹义举？然大厦之成，非一木所能为也！不得其人，谁胜其任。族众皆不以予为孤陋，而以此任交责于予。

予聆命之下，不胜悚惶之至。但长者有命，少者不敢辞焉。是以身冒风霜，东西南北诸乡往返数次。北有墨文、天奎；东有墨池、天钺；西南有文东、崇岫等诸贤族，久已心焉数之矣！造庐请谒，携手而归故乡，与元贵、元芳聚处一堂，议及修谱一事，靡不举手加额称为盛事。约于辛亥孟春，选择佳期，将各庄谱书一一请到。前人之字号，旧谱已书写明白；后人之名讳，新谱又续列清楚。迨谱功告竣，焚香展卷。先祖在上，子孙在下，异世也而不啻同堂。是余之所以继先父之志、述先父之事者也。后

之人有嗣此志而欲增修者，其能鉴此苦衷，率由旧章，是则予之所以深幸也夫。

皇清宣统三年岁次辛亥
二十世孙凤昭、丹宸氏奉命谨识

（四）复敬编远近合族谱序

我朝圣祖皇帝广布圣谕，常曰："序昭穆以敦宗族，此亲亲之道，百世而不可忘者也。"至于世远年湮，户多丁繁，欲将千万众之子姓名讳汇为一书，登诸简策，藏之故府，俾合族之贤与不肖，皆切木本水源之想，诚盛事也！然而历年以来，托者空谈，未能见诸实事者。其故何哉？不得其人焉，故也！故曰："徒善不足以为政。"又曰："承先启后必待其人。"而后行者正谓此也。吾族长元贵、元芳诸前辈，虽系庄农，未当学问，常怀此愿，刻刻莫忘。只因不得其人，不得其法，有志所以未逮。况老前辈之急欲修成者，又常恐春秋鼎高，一旦不禄，徒使从前承继之深心化为灰烬，埋恨何极！而不知至诚动物，有志竟成，人之所欲，天必与之。兹何幸！吾家叔丹宸者，具精明强干之才，寓继往开来之志；况乎当年曾奉我先大祖父午山遗命，常愿合族远近修辑谱牒，以稍效征，劳为耿耿。

幸今春正遇此举，所以不惮跋涉千辛万苦，远至于商邑之西，商邑之南，约我族间之老成倚重者，共至寨子一村，协同监修，方遂前志。幸我族恪遵祖训，皆知大义，莫不治装同来，争先恐后。是以河沟庄有十八世族祖文东先生，一片热血，与兹暗合。遂偕同马虎庄克廷、霖滋，张公良庄崇义，大亓家庄崇岫，以至红朝天衢惠邑墨池，信邑天钺诸前辈，皆先后齐赴老庄，玉成其事，不惮劳瘁。一若我先世之祖若宗在天之灵暗诱其衷，为之成兹善举耳！不然，则合族修谱一事，时逾百年之久，远隔百里之途，且事大责重，耗费不支而竟若网在纲；一旦成就，欢欣鼓舞，毫无间言，亦何其仁厚可风哉！是为序。

皇清宣统三年岁次辛亥
尚文祖八代孙汝州谨撰

阳谷《亓氏族谱序》

（一）合谱序

　　忆我亓氏始祖土伯，自山阳（属江南淮安府）迁居莱芜（属泰安府）。传世无几，复难保取。二世祖世能住莱芜，勤迁徐州也，宾住莱芜，全居平阴。全祖生三子，长君美，居平阴；次君耀，迁居阳谷；三君湘，迁居梁山。各处为子孙者，岂不以支分派别一一清楚为快哉！无如阳谷谱志即失，昭穆几紊。

　　虽于老谱中查明世代，而支派失传，卒者不可考。向于族叔祖华封大人注所知阙所不知，已将阳谷世系捎至平阴。今（缺十四字）所记支谱依次并序，以笃亲亲之谊。复（缺十七字）见有莱芜、梁山八世以下名讳，仅列行辈，未图世系。因书简末以为散谱，所望将来家乘完备，而予庶民，不虚此一生也。

大清嘉庆二十五年季夏初九日

（二）君耀祖谱序

　　我祖之迁阳谷也，始于君耀祖。原始居于邑城正地，距邑至五里亓家庄，遂世家传于此。家世源流俱在旧乘，被兵火毁，迄今无存者。恐年远失奠，世子孙水源无流，溯总支无由明白，每与世祖孙强武画廊踌躇，徒兴续谱之念，苦无依据。幸资注平阴吾孙十二代公后札，上溯念始祖土伯迁莱芜，二世勤祖适徐州，全祖适平阴。三世君美、君耀、君湘：美祖居平阴，耀祖居阳谷，湘祖迁亓官村。悉以谱志开明，我谷邑庶免忘本之谓，而谱得以续修。是书也，凡经宗而始成勉之者，开卷自然触目惊心，庶之吾与某为九世，与某为同高宗曾祖。即向之不睦宗亲，忍薄情谊者，并可穆然于木本水源之思，孝悌之心不由然生者心情也哉！此吾余两人所以续修谱之意也。

　　后世子孙继起而业诗书者，其以此意为兢也夫。

又：当思家之有谱，犹国之有史也，为子孙也者。有志修承先谱，犹本之有根，水之有源，可不诚意珍藏乎哉！忆我亓氏，自君耀祖初迁阳谷，上溯始祖士伯，二世祖全，固已备载于同族九围大人复后札中。无如我谷邑传世至今，子姓愈蕃，斯统续愈思失。余与族叔祖华封，大小极力访问，终有忘名讳失统而无可如何者。呜呼！我生可太晚也。

时嘉庆二十三年小阳春
十四代孙华封祝亭谨识
大清嘉庆十三年孟冬月上旬
十六代孙法祖绳武识贤宗其慎之

潍坊《族谱序》

（一）

昌乐亓氏，二门雄祖之后也。我始祖士伯公，元末自淮迁莱，四传而十祖，分为四门，我辉祖与雄祖同列二门中，而雄祖后支在莱者独少。之岁，昌乐名者奉谱至莱，查阅莱谱，即系雄祖后派，自士伯公递传至鑑祖，盖九世也。益观其谱，为忻跃者久之，于是有感而叙。

叙曰："夫姓氏之繁衍，支分派别散居各方、出居远邑，至于湮没不可考者多已。"即如我莱始祖谱云"由江淮迁来"，始祖以上在淮者为何祖，不可考也，有隐痛焉已耳！而我族姓之在昌邑者，则不类是。自鑑祖而下，分其世数，条其宗派，厘然大备也；自鑑祖而上，溯其分门，溯其本始，晓然易明也。殆将有大昌于后而始不至稍絭于前也乎。且自我姓远居者言之，莱之六世瑾祖入潍籍数世，而登文榜列朝位者有人，登武榜奏勋功者有人，其最著也商邑，又科名振起，亦蒸蒸日上，而于昌乐我族何疑焉。况昌乐鑑祖一传而三人，三传而九人，四传而十五人，由此人丁繁众。为士者读先人之书，力农者守先人之业，其培基为已厚也。在我辉祖后者，我九世祖成所公，讳才，开我姓科第之先；十世超凡祖，讳之伟，继科第之美，为胜朝忠烈臣；而十一世孝廉岩叟祖必迪，复踵接其后。

雄祖之裔不显于莱而显于昌，必将有后起者矣！根深者叶茂、源远者流长，其在斯欤，其在斯欤。

嘉庆四年岁次己未桂月榖旦
廪膳生莱芜十六世族孙修益敬撰

（二）

闻之积德者昌，作善者祥，夫昌祥亦莫如家道之与隆、与后嗣之延长也。我先祖讳鑑公，为何如哉？粤稽谱系，原籍莱芜属二门焉。

前明隆庆之年，祖游履青府，于昌乐之东南境距城七十五里而购胜地，奠厥攸居，肇造基业，里号亓家店，盖以姓命名以志迁徙之始云。夫祖之聿来胥宇也，勤俭克励于当时，耕读贻法于后世，三百年间，子孙千亿，箕裘无替，士食旧德，崇礼义而述祖训，农服先畴让耕畔，而绍家风不已足多乎？至若族，有科第之令名，任仕宦之美誉，则自有世表可观，而谱叙未及详载。第以即今，咸丰六年六月，族欲伸报本追远之情，扬燕翼诒谋之烈，为先祖立碑，以垂永久。云来毕集，大举祀事，燕私之下，溯履历世系者有维祺之寿，考问亲疏远近者有既弱冠之成，重启谱编览，知前此叙谱在嘉庆戊辰，于今四十九年矣。

现在十九世及二十二世裔孙尚未入谱，因乘此会详其世孙，一一叙入，既无遗漏之憾，复泯紊乱之嫌，本之百世孝子孝孙之相继，于万斯年寖昌寖炽之无殄，积德必有余庆，作善降之百祥，微先祖其谁兴归！

咸丰六年丙辰六月下浣
十九世孙延春撰志

（三）

支谱叙曰："族谱者，所以明一本而统九族者也。"我亓氏履历深远，旧谱序说已详，无事再述。稽自先祖讳鑑公，作善积，德泽被后裔，由莱芜始迁。三百年来，子孙千亿，箕裘无替，谛视谱系，昭穆有序，宗庶悉分，世系次第，历历然矣。

二世祖昆，弟三人，后遂分三祖，为三支，别修支谱三册。长支世杰祖，次支世侯祖，再次世佑祖，各统其云来。若先祖鑑公，则三谱皆尊于首。窃思：分支别谱，非开疏远之，渐实清宗庶之源也。且我族姓繁衍散处，析居所在，多有幼子童孙蒸蒸日进。既各有支谱遂时添续，于总谱不尤便于抄录乎。

今当叙谱，仍循故事。总谱则三支合叙，支谱则只叙本支。要之葛藟，原由一本，瓜瓞实属同根。群处和集，歌螽斯之诜诜；仁厚恺悌，咏麟趾之振振；万斯年而以嗣以续，岂非先人之泽也哉！

咸丰六年六月
延春又志

（四）

按旧谱，吾亓氏原籍江淮间。九世祖鑑公，于明隆庆年间由莱芜迁居亓家店。在嘉庆戊辰年，初次续谱，其谱牒全无可考。

咸丰六年岁在丙辰，二次续谱载在册牒，历历可辨噫！吾族以农桑为业，读书识字之人代不多有。于今六十年间，倡言续谱者，只吾族兄晋明君，极为热心。念祖自前年守礼家居，凡系国家筹款催税以及倡办民团诸事，官吏逼迫邻村推举，羁绊双身，千方莫解，此中为难情形，实不堪为外人道也。今春，天气和平，禾苗畅茂，族叔祖汝才暨老幼族人，嘱念祖再续族谱，当即欣然允诺。邀同各处族人，于四月二十日开全体大会，言及续谱一事，上以承祖宗之遗泽，下以启子孙之追溯，族人均翕然乐从，遂于五月二十日调查清楚，六月初五日从事誊写，二十九日告成。此七十余日之内，置备纸张，购买笔墨，以及检查人名、改正错误，念祖之劳瘁，义不容辞。然岂徒沾沾于目前哉，直为后世计耳！

当今之世，内忧外患，迭为消长，后顾茫茫，吉凶未可预料，惟将总谱、支谱叙列分明，任异日变故相循，使我族之散处他乡者均知木本水源之义，则我十九世延春族伯所称："做善积德，泽被后裔。"并莱芜十六世祖修益所称："根深叶茂，源远流长者，当不至成为虚语也。"

续族谱成，略志数言，使后之人屡起而继续之则，幸甚矣！

中华民国四年六月下浣毂旦（1915年）
廪生鸿胪寺序班二十世族孙文升改名念祖谨识

（五）亓家店子亓氏电子族谱序

　　参天之木，必有其根；环山之水，必有其源。追本溯源、寻根问祖是中华民族的传统美德。国盛修志，族旺修谱。为了使亓家店子亓氏宗族更加团结和睦，人丁兴旺，宗族家谱历史文化发扬光大，根据2001年亓家店子亓氏族谱、2014年姚家庄子、黑牛冢、高家洼、亓家庄、林家营、团埠亓氏族谱整理抄录，亓家店子亓氏电子族谱现已成稿。根据当今社会发展，传统纸质族谱已经不能适应新时期查看族谱的需要，但也不能丢失。电子版族谱是今后的发展趋势，这将使家族精神的传播更方便、更快捷、更有利于传播家族文化，使族谱代代相传。亓家店子之《亓氏族谱》经姚家庄子二十四世族孙世忠录入、整理、核对、拷贝。现已形成电子族谱，望亓氏宗族兴旺发达。在此对姚家庄子二十二世族孙凤桐、林家营二十三世族孙华山、亓家庄二十四世族孙子厚、黑牛冢二十五世族孙德义等族人表示感谢。

潍坊安丘姚家庄子二十四世孙　亓世忠

2017年12月20日

卷四·墓志铭表

始祖墓表

尝观往古，数千年间，有一人焉，起草莽，经乱离，独创一家，独开一姓；而根基气派流贯，滋息于数百年之远，直将与国运相始终。若此未易，数数然也，乃于我亓氏。

始祖士伯公，淮人也，元末避兵自淮移莱，遂为莱人。有子世能，国初占籍汶南保，户名亓四。生二子，长曰胤，字茂先；次曰积，字敬先。茂先三子，曰浩、曰林、曰升；敬先七子，曰辉、曰桢、曰端、曰正、曰雄、曰寿、曰俊。此二枝四世十祖也，至是始分四大门。一门、二门为敬先七子，三门、四门属茂先三子。其敬先七子桢、端、正、寿、俊为一门，辉、雄为二门；茂先三子，浩为三门，林、升为四门。厥后四大门中各枝递传，至今有十二世，盛者，衰者，续者，绝者，虽有不同，然四世十祖之子孙则咸以正无缺。

盖族大丁多，贫富贵贱之所以殊；门分世远，亲疏离合之所以异也。于是遂有仓促相遘于途而不识其面，至老死不相往来，且不知其名者；甚至有睚眦成水火，以铢两起戈矛，相夷相贼，寇仇骨肉竟不啻胡越视之矣。此或人情渐积使然，抑未知始祖之墓所凭即始祖之灵所栖也。试偕同族瞻拜其下，有一不徘徊、追慕、感叹、凄怆者乎？诚于此反而思之，虽欲疏而不亲，离而不合，岂可得哉？诗教窃有以验之矣！当戊戌，成进士，还家省墓，及昨岁丙辰奉差归里，两祭祖墓。阖祖皆与尊长卑幼列班行礼，连席交欢，济济跄跄，不下数百余人，此非相亲相合之一明证乎？退而自喜，凡我族人皆可亲也，皆可合也，皆可常亲常合也。

故祖祭矣，即修族谱；谱修矣，即表祖墓。恭唯始祖，生子世能独创独开，年垂三百；庆泽不朽，久而益茂。我亓氏之根基所盘结，气脉之所联属，既往将来，胥系于此；将世世以之，未有纪极。呜呼！殆所称千古一人，非耶？是用揭而表之于石，其世次派系具在谱中。子子孙孙勿替引之。

明万历四十六年岁在戊午孟夏之吉
赐进士第征士郎礼科给事中
九世孙亓诗教顿首拜

二世勤祖墓表

二世伯仲叔季，宾全世能，皆有所安。惟伯祖勤者，莱邑闻之窆于阜阳，颍州则知之瘗于汶滨，然考其墓冢，终无所归。虽万千族众，宅心仁厚，然墓祭无托，遂为累年乡愁。

莱谱载勤祖即宇祖，阜阳谓之三祖，盖实属一人之更名讳，即始祖之长勤祖也。元末随父迁莱后从戎，初随大将徐达南征，后转华指挥麾下北伐，八月克北平，九月拔燕山。攻克大都，战功卓著，擢左军护卫，镇守北平府。洪武二十二年，以老免役，盖以子功貤，封明威将军佥事。三世忠祖，洪武二十二年代父役，功著，升本卫小旗，升总旗，升百户，升千户，钦升明威将军、镇南卫指挥佥事，钦调河南都司颍川卫指挥佥事，遂居颍川焉。四世升祖，宣德六年袭爵，七年赴京操备；正统二年调大同筑威远卫城池，六年调京，十年奉敕领大同操备。五世恭祖，天顺二年钦准袭爵受事，成化十二年授河南都司怀远将军，领陈颍寿班军大同操备。六世麟祖，弘治六年钦准袭爵，十月受事；正德三年例升都指挥佥事，十年调河南府监军。世袭二百年余。清光绪间，十五世廉公任直隶州州判，声名再显。阜阳敕建亓家花门楼，文下轿、武下骑。后裔族众数万，多居安徽、河南诸地，支派以南北院别之。

丙申之春，亓氏宗亲议定修复祖兆昭穆墓，咸将勤祖全祖一并卜迁始祖墓左右。清明工竣，祭祀牲豆，诚后嗣孝贤善举，即作铭。铭曰：

矿山呈瑞，汶水拖蓝。公之世系，嬴牟之源。
粤自得姓，陆百年余。阙姓始彰，颍州食范。
独公武魁，名曜豫皖。兹惟闻人，间代而出。
道尊德融，事公实繁。或霸或季，所有何述。
涉圣之余，揭厉洄沿。莱痤茔兆，滂宁云质。
人获一善，已谓其难。逢时德君，花门楼显。
再逢盛世，孝友孝宣。元元卒幸，噫嘻乎天！

撰稿：莱芜亓氏文化研究会
执笔：亓贯德
公元二零一六年岁在丙申清明之吉

二世宾祖墓表

宾祖，始祖之次子也。子一讳业。业子四，序次讳还、继、二、憓。还子二，讳敬、茂；继子亮；二子襄；憓子青。即谱载"五世五祖"。又载："元末明初，敬、茂、亮、襄、青五祖居方下保，弘祖在汶南保。至成化年间，敬五祖与弘祖同居汶南保。因敬祖三门是宾祖之后，弘祖三门是士能祖之后，恐支派不明，故有南北三门云。"夫宾祖一支，一脉传承，整体奋进，丁齿繁衍，已至二十七代哉。

后昆父慈子孝，兄良弟悌，夫义妇听，长惠幼顺，甫成家风，志乘典籍皆有所载。明万历廪生八世祖占桂，授课以严称著，大中丞九世祖诗教即其门生。九世太祖母吴氏，以孝获"淑德遐龄"匾。李氏节烈，名噪邑域，妯娌行迹，具载方志。清顺治间，十世祖佐明，英年早逝，壮志未酬。同年张道一表其墓。光绪三年大饥，人相食，孙封丘村熙堂公宅院义仓储米，经公出纳，纤毫无私，世人感叹弗如；雅斋公乐好施与，凡乡里善举，无不慷慨捐助，兄弟析爨，甘愿得陋室瘠田。似等族之楷模，数数然不胜枚举。

清道光三十年，南三门族议于劝礼村，修家祠，续家谱，立谱碑，金族献粮捐赀，鸠工庀材。孝贤村居，具载老谱。语曰："太上立德，次立功。"固惟此功德垂于无穷，馨香留于奕祀焉！

莱芜劝礼村二十一世孙亓金玲　亓贯德　拜撰

公元二零一六年岁在丙申清明　之吉

二世全祖墓表

全祖行三，元末随父从淮安徙居莱邑。永乐二年，从莱芜梨沟村迁出，奕禩渐藉鲁西南及济南邑域。平阴、郓城有其墓，唐王亦有全祖奶奶坟。

亓氏一族，世代以耕读传家，人口昌盛，文武仕进，遂成邑之望族焉！

祖德毓贤，以至后昆才俊辈出：五世兴祖，出任九江，以清廉获商民感德，刻碑流传；十世蓁公、十二世永宁公皆晋赠武显将军；十三世九叙公成武进士，清乾隆间诰授武将军；清道光庚辰，九功亦成武进士，双双皆皇封都督府。士丙诰封武大夫，晋赠武显将军。郓城万年公，乾隆甲子科武举，钦考守卫所千总；养沛公例授恩骑尉；九围公以武庠升马步魁首，郓城武状元张宪周乃其弟子。东平十五世守公，诰封宣武骑尉；十六世德林公，例授武德将军，候选卫守备。是故全祖之后者，数十世若此者也。故以作铭，铭曰：

遐考始祖，祖居淮江。元末明初，避乱北上。
籍入嬴牟，汶滨息养。二世全祖，再迁他乡。
一曰平阴，亦曰濮阳。凤凰山左，亓楼唐王。
生齿繁衍，文臣武将。诗礼相传，声名馨香。
修身有道，祖德培养。桂阃毓粹，奕业永昌。

撰稿：莱芜亓氏文化研究会

执笔：亓贯德

二零一六年岁在丙申清明　之吉

二世世能祖墓表

谨按：我二世祖行四，素履草莽，声誉无闻，故后世但以四名，未及讳传。稽祖之父祖居淮，适宋，避元兵流于莱芜，遂家焉。越数年，生祖于斯。葬汶南羊庄村。祖生二子，茂先、敬先；孙十人；曾孙五十有四。五世历九世而族衍二千余矣！故我族咸称亓四为居莱之二世祖。於乎！二世祖而克繁若斯，此故大德者，克昌厥后。我祖之修德虽未见，我祖之遗族有足征也。奈何世远心离，同族相视寇仇，间有骨肉相残之极者。

嘻！孰知自祖视之，异世同胞，九族一脉，夫何亲疏之有？是以恐愈久而愈失，故题墓以示统宗，宜念祖德格天，和气致祥。不然，乖气致戾，日益寡矣，虽有独立者，岂能自保而不危乎？必和合以相济，正伦以追远，则我祖之德心可广，而勒石之孝思不孤。兹记也匪直和，以饬族将以孝规来世，由是每岁致祭，时以斋明。如在之诚，享以豕羊醴羞之仪，永为家法，子子孙孙勿替引之。

六世孙廪膳生恒省　谨撰
明嘉靖二十七年十月　之吉

三世纲祖碑文

墓碑之立而中书文字者，何也？是恐昭穆不分，老少伦序故也。粤自吾始祖讳士伯者，言之元末时来自江淮，遂入嬴籍莱芜县，属羊庄而家焉。始祖所生四子，讳勤，讳宾，讳全，讳四。惟吾全祖自莱迁濮，卜居亓楼。生子唯纲，纲祖所生则有七焉：曰广，曰盘，曰钊，曰志，曰智，曰英，曰原。当全祖没，纲祖发丧，尤虚丧始祖。于全祖墓上为少，实墓原在莱芜羊庄，缘山川阻隔道途且长，值冬暖寒节不便祭扫，故设此虚墓，以尽报本追祭祀之心肠。况吾族自淮迁莱，则六百余载，居莱芜者四千数百家，居濮范者亦有数百家，散处各县及各省者均有五千余家，合之约近五万余家（因亓因培奔走宦途，各省稽查及得知有此数，非妄言也），不可谓不庶。是固可喜也，亦有可忧者。

盖杂处乡市间里间，人自为家。或尊者以名势物为尚，而存嫉妒之心欺凌卑幼，而卑幼无敢谏之者；或卑幼不知礼仪，愚顽强悍抵触尊长，尊长弗能教之者。二者俱发，遂坏纯风，是吾可忧者一也。若其额差徭役，轮周各照定规，粮草二站，当纳本于次第。苟存机巧者出，颠倒混乱，势必至于相争不已，有乖大体。是吾忧者二也。又恐以后日积月累，子孙繁衍，或有亲疏等级之差，某公某孙之别，无足取证者，是吾可忧者三也。余于是自不容，于徒忧而已。

因忖度之，曰："族众虽散处四方，贤愚善否之或殊，各成一家，亲疏厚薄之或异，而反本归源，实源于一派，人特不之思耳？"吾愿吾族之人互相劝勉，孝悌成风，礼仪成俗。率效古之贤人，共成一家之法，固至愿也。但增清贫自守，力不能为，欲遂此心，终有所不得焉。然允岂忍惮劳坐视，愈久而愈先其伦耶？是以于纲祖墓碑聊书数语，分祖宗之支派，明尊卑之等级，正差错于既往，救迷乱于将来，为吾族之一小补，云尔。

十七世孙由增生考取县丞增砚撰

作者简介：亓增砚，字凤池，十七世，郓城县亓楼庄。增生，宣统元年诰封县丞。

三世亓公敬先祖墓表

公，始祖士伯之孙也。父世能，讳积，字敬先。配玄氏，居钟徐保。生七人：曰辉，曰桢，曰端，曰正，曰雄，曰寿，曰俊，是为一门、二门之祖。盖桢、端、正、寿、俊分一门，辉、雄分二门；亓氏之族于是乎始大造。追维所自，皆公遗之。公既多子，再传复多，孙孙至三十二人。

因各为置产析居，散处汶之南北暨夹谷峪之前李条庄，其后生齿日繁一日。有起家为富室者，田里基址随其所在，展拓益弘；又往往遣子弟就学，衣冠文物焕乎改观，遂成嬴邑一望族矣。

诗教一支在一门中，为公第四子正之后。正生第五子宁，宁生第三子□，□生第二子宜，宜生长子三顾，则诗教之考，赠征士郎礼科给事中是也。诗教自成进士历今官回家祭祖，两有事于祖茔。每偕族人拜公墓下，辄感念追思者久之，曰："微公余庆不及此。"于是先完增修族谱一事，兹遂为表墓之举。公所积者厚，所开者广，所留者深远而无穷尽。

凡一门二门子若孙，实式凭之，不独诗教一人一支嘉赖而已。揭之于墓，于昭显烁百世如新，是在今日矣！

明万历四十六年岁在戊午孟夏之吉
赐进士第征士郎礼科给事中
九世孙诗教顿首撰

广祖碑文

《易》有云："积善之家，必有余庆；积不善之家，必有余殃。"如广祖者，乐善好施，诚积善之家，而非积不善之家，势必有庆而无殃矣。吾广祖（是）盘、钊、志、智、英、原祖（的）长兄，（也是）吾三世纲祖之长嗣也。炳阅家谱，见其好施行为，拾遗金而不昧，破桥路而栾修；爱好施与而不求偿，惜苦怜贫而行方便，诚无愧积善之家也。

要知积之厚者流自光，所以后辈子子孙孙，有番台晋省，知府河间，进士联捷，立碑建坊；鲁王所荐，九江钞官。至于崇祀乡贤，孝节名扬，何莫非广祖积善所流之光。炳撰此文，愿吾后辈触目惊心，多为积善而求庆，莫积不善而招殃。是吾所厚望云尔。

十九世孙中学毕业
亓传炳沐浴敬撰

原祖碑文

墓碑建立，因流溯源，后世子孙，勿或忘焉。唯吾原祖所生三男，三才、三彦、三奇是焉。（七修《亓氏族谱》记载：原祖生江、湖、河、海四子，三彦、三才及三奇是河祖曾孙。三才祖族谱记载是"才三"，疑是笔误）三彦书辨，三奇孝广，文武两庠举贡乡宦，原祖后辈不绝荣显。本支胞侄旺祖，廪膳，已入乡贤；兴祖出仕九江钞官。

　　旁支孙辈亦有显官。赐进士征士郎礼科给事中，九世诗教之祖；进士第中宪大夫知府河间，十世之伟之先。所行善政，民皆钦羡；歌功颂德，道路遍传。所以都宪坊、世科坊、联捷坊俱建于莱芜街前。修愿后辈子孙所行所为，无忝列祖，有余荣焉。聊赞数语，书之碑间，以望来世道而行之，勿背厥祖富贵功名，有厚望焉。

十七世师范毕业孙良修

四世亓公浩祖墓表

　　公讳浩，始祖士伯之曾孙也。祖世能，父茂先，叔敬先。敬先生七子，辉、桢、端、正、雄、寿、俊，一门二门之始祖也；茂先生三子，曰浩，曰林，曰升，（林、升）四门之始祖。公居长，三门之始祖也。公墓在始祖之东南，碑石断毁，字迹模糊。细看其年月，系明嘉靖二十七年公之曾孙恒修所立也。公生子六人，曰英，曰充，曰宣，曰德，曰弘，曰显。

　　公之孙十有八人，烦则英之子也；云则充之子也；曰通，曰明，宣之子也；弘之子六人，夔、万、蓁、萃、薰、燕是也；宣之子八人，达、逊、遂、迁、广、敛、肇、友是也。至公之曾孙三十有七，难以悉载矣。传至今三百余年，十有余世。公之子孙既庶且繁，第散处各村，或自幼至老并不识面者有之；夫不识面，则涂人也。以一人渐远而至为涂人，则水源木本之思，亦几习而忘焉矣。而原其先，则伯叔兄弟也。再要其始，则一人也。

　　谁独无情，顾任碑石之倾壤磨灭乎？故重竖碑碣，序所自始。非敢谓报祖德于万一也，亦聊伸先人之美意，启后人之孝思云尔！

清雍正八年八世孙廪生亓进宏谨撰

四世亓公文焕祖墓表

　　尝谓德无隐而不彰，行无幽而不著。近古之世人尚淳朴，未尝自为表，见往往于后人之繁衍昌炽，而知其所蓄之厚焉。

莱邑亓氏，望族也。公讳辉，字文焕。其先曰士伯，元末自淮迁莱，为亓氏始祖。再传曰世能，三传曰茂先、敬先，四世而分门。公敬先之长子，又二门之始祖也。公之子五人，长曰温，次曰良、曰恭、曰让、曰珮。公之孙，温出者七人，曰玉、祥、瑞、勇、春、朗、准；良出者五人，曰聪、聚、（福）、谦、元；恭出者八人，曰凤、匀、贯、贤、用、干、臣、重；让出者五人，曰雍、昆、洁、伯川、伯通；珮出者二人，曰强、硬。

再世而后，不可更仆数。其最著者，公九世孙才，登万历甲午科洪解元榜，开亓氏科第之始，以孝行崇祀乡贤。十世之伟壬戌科联捷进士，历任山西大同兵备道，以忠节崇祀乡贤。

十一世孙必迪，康熙戊午科举人，以孝行入孝子祠。以及列胶庠而食廪饩，贡成均而登仕籍，更名不胜指。数世以来，蒸蒸日上，皆公之懿行，实有启焉！公之裔散居两汶之间，近两千人，类能承公之德，法公之行；士勤诗书，农务耕耘，恂恂然诚朴自饬。其所以保世滋大者，尚可量也哉。余则公十一世孙必迪之甥孙也，于公之世次知最悉。

公之墓前，本有公曾孙惕若与褊所竖碑碣，而特无表文。公之后人以世次未详，欲更立石以表于墓，而请记于余。余于公当日之实行，虽未敢妄拟，而窃即其繁衍昌炽于后者，勒诸贞珉，以想其德行而不忘云尔。

清乾隆□□年恩科壬申岁进士曹州府朝阳县训导
十世甥孙泰邑赵浣顿首拜撰

作者简介：赵浣，字诗村，泰安谷家庄人。少负不羁之才，士农商贾，文似长江大海，以岁进士选朝城训导，告修归老。回籍后尤为爱族，爱家乡，更爱泰山，多有建树。在家乡谷家庄修翠瑞园八景（至今留有文化古迹），汶堤筑万柳塘，时宴宾客，题咏琳琅满壁，好为古歌以自娱。此翁长于货殖，用人必当，计划必周，优游林泉，坐至数万金。乾隆年间，赵公捐万金修文庙大成殿，毅然引为己任，经营措置。凡数年告竣，约费万余金，欣然略无吝色。郡守徐公建岱麓书院，公首施别墅一处，并献大梁两架。徐公大悦，以为布施中领袖。赵氏族人十有之四贫穷，灾年难以度日。每遇灾年，赵浣族间计口散粟。生前散粟两次，约费数万石，族间赖无饿殍。乾隆五十一年春，大饥，家中设巨釜煮粥，灾民若市，人人果腹。数阅月，然后至。手书门联有"分润常饮五斗米"之句。侯邑毹公闻之，额以"心存康济"四字。其公种种义举，在士林传为儒之佳话。在普照寺，有恩科壬申岁进士朝城县训导，告老归山，赵浣于大清乾隆四十三年撰写《普照寺重修碑文》。

明处士亓公旺祖碑文

公讳旺，字美玉，濮名族也。居兖西郊范镇境。祖曰士伯，曰全，曰纲，阴德相传盖亦有年。而人物财产，至父讳广者则焕然一新，而改观矣。逮公缵承丕续，小心恭慎，每以不能继志述事、光前裕后为谦。尝曰："为善者，昌吾家。自祖以来，乃积善家也。吾父产业增盛，盖为善积也。若不继其志，他日死，何以见先人于地下乎？"每日朝暮，斋沐焚香，稽首天地。建塔修寺，营庙立祠，乃无虚日也。且性孝，善事父母。父母疾，公侍左右，寝不解衣。修斋设醮，日夜涕泣。朱文公曰："善事父母为孝。"公其无愧矣乎！凡此，不过尽其在我而已，敢曰：祈眷于天乎？孰知皇天无亲，唯德是与，不特产业峥嵘，而且嗣显异焉。子五人，曰义，曰礼，正嫡杨氏生也；曰仁，曰齐，庶母魏氏生也；曰忠，母曹氏生也。兹五人者，唯义与忠，刚柔济沉兼有焉，其我朝之人龙乎？孙二人，长讳慎，礼子，母汤氏；次讳麟，忠子，母刘氏。兹二人者，志气远大，出类超群，其昭代之麟凤乎？况义室死，氏端一诚庄，人皆以女中尧舜称之。生女二人，幽娴贞静。长适严门，婿名藩，聪明特达，盖鲁邦上府之懿亲也。次许夏氏，年甫旬，仪容秀丽，迨兖之稚阑乎！忠女一人，专静纯一。适刘门，婿名雍，人物魁梧，殆郓之梧价乎！猗欤休哉！公尝戒诸子曰："我以仁、义、礼、忠、齐名汝者，非无谓也，欲汝曹顾命而思义也。"又尝戒诸孙曰："汝辈乃业儒者也，当以孔孟为法，汝祖德薄，不足效也。"今岁春三月，公年八十，善心弗替，复铸东狱天齐一尊，重千斤余。事方告成，遽尔疾作。乃独召义、忠二子而谓曰："吾病重，于今年已八十，死亦何愧？但二事未完，不能无憾。"二子泣而请曰："何事也？愿我父指示明白。儿虽匪才，敢不奉命乎？"公徐曰："无他也，东狱天齐庙碑未立，一歉也；且吾死后，亦欲立碑以垂不朽，一歉也。兹二事偏观诸子中，唯汝二人可成吾志。"言讫遂卒，是为癸亥八月也。

二子念公遗言，痛悼弗胜，乃偕礼、齐二子，名工求石立碑，且盖以石门，增以香亭，凡送终之具，靡不周悉焉。噫！二子者，可谓善继人之志、善述人之事者矣！男：义、礼、仁、忠、齐立。

嘉靖四十二年癸亥十月二十五日
后学筠生宋逢时撰

五世弘祖墓志铭

公讳弘，字仲道，姓亓氏，世居山东莱芜，先淮人也。当宋之季，始祖避元而携曾祖流诣山东，止于嬴，遂家焉，迄今五世矣。

高祖生四子，曾祖居季，因讳曰四。其三人失厥考矣（编者：实际是另有记录）。四生二子，伯曰茂先；生三子，长讳浩，即公之父。仲曰敬先，生七子，其讳不胜纪也。浩生六子，公居五焉。其五人者，亦不及附矣。公生十有六年而孤，隆孝友，立爱唯亲，立敬唯长，时以孝弟称。早业耕而勤且俭，迨夫富为人庆，而公弗德色，好厥礼也；间有相角者，公以礼化之，而角者自平，服厥义也；里有贫乏者，公以财给焉，而惠者德施，怀厥仁也。仁以济众，义以服人，礼以制心，公其积德矣乎？室叶氏、李氏，又生六子。尝庭训曰："吾家世读书，若曹其勖之。"长曰夔，少以业儒，后由监生官直隶宁津县将士郎；次曰万，早岁业举，继以丙子贡士，历官河南府西鄂王教授；三曰蓁，所性刚毅，而富甲于邑，当时谓之曰"人杰"；四曰萃，同兄万居而大奉产业，且视侄犹子而私不与焉，人皆贤之；五曰薰，六曰燕，同知名于时。夫官以显公名也，富以裕公养也；养裕而名显，公其令终矣乎。有女七人，各适名家。至若孙男者十有五矣。曰恒爱者，幼补庠生，终以疾谢；曰恒敬者，力于田，而家亦赡。曰恒吉者，任义官，夔之子也。万所生者三男，元而恒心，克家而守贞；次子恒修、恒省者，两业庠生，而俟若时至；曰恒仁者，干蛊而珍身。恒义、恒信者，皆务农而节用，为蓁出也；萃其子者，恒孝，生员也。恒弟由承差官，浙江皂林驿驿丞。薰之子者恒息、恒继也；燕之子者太德、太幸也。乃若孙女五人，悉于归矣。

公生于宣德七年十二月朔也，享年七十有九，卒于正德五年六月十七日也。其先茔在汶之阴曰羊庄村者。公以其地狭而繁，遂遗命夔、万等卜于邑城西北矿山之阳。其礼成，葬于此。卒年十二月二日辰时也。当是之时，夔、万等议，欲刻石以永其传，继而宦游弗果也。于今二十有六年矣，而夔、万、蓁卒故。曰萃者，慕罔极之恩，成两兄之志，率诸子姓而立石前，以示来世知所祀焉。尔乃请予以记之，予曰："予慕公之名，以维旧矣。"今既接其状，故不辞，而以行实勒之，复铭以志焉。铭曰：胡考之休，公其谓矣，克昌厥俊，德斯瑞矣；存顺殁宁，谁复喙矣，铭传来世，公不愧矣！

嘉靖十四年乙未仲冬之吉
赐进士出身奉敕提督雁门等关
兼巡抚山西地方都察院右副都御史
新城毕昭顿首拜撰

作者简介：毕昭，字蒙斋，亨子，临淄人。弘治十二年（1499年）己未科进士，由部曹出守汝宁（今河南汝南县），兴学养民，境内大治。提督雁门等关兼巡抚山西地方，统冀宁兵备道、雁平兵备道、岢岚兵备道、河东兵备道、潞安兵备道、宁武兵备道六道，山西布政司之太原、平阳、潞安、汾州四府，辽、沁、泽三州，山西都司之太原左右等九卫，沁州、宁化等九所城堡。宣德五年，命兵部侍郎巡抚河南、山西，至正统十三年，始命都御史专抚山西，镇守雁门。天顺、成化年间曾暂时革除，寻复置。隆庆三年，令秋冬暂驻宁武关，就近调度，定为巡抚山西提督雁门等关都御史。以母疾乞归，终养家居二十年。卒，崇祀乡贤，建"经魁坊"。

白音庙碑记

　　学士大夫之言曰：儒，经世，释，出世。释，固儒者所不道也。然究其立教，大都使人解脱诸苦，种福人天，于以佐刑赏之所不及，卒与儒术羽翼并行，迄不能废。即先师素王亦云，圣人神道以设教，善世而博，化旨诚深。盖大士圆通三昧，普照十方，三十二应身，固随处变现，乃灵异种种所在，以之贵贱贤愚顶，礼恐后犹莫如白衣观音云。适城西南偏，相距二十余里，居民寇登文、亓三仁者，发誓募缘，创修殿宇。遐迩，善信靡不景从。

　　时余休沐之暇，乐其有斯举也，为捐金若干，用襄厥事。甫期年，旋告成焉，因而躬往，回环瞻拜，不觉喟然叹息者久之。夫不二法门，无量功德，揭慈云于阴界，续慧焰于昏衢，悉在此矣登文？复有请曰："是役也，于今为创，于后为仍。创者，开其端于见在，业已假伐于迷津；仍者，济其美于将来，更期同登于圣果。可无一言以纪之乎？"余唯唯，遂书而镌之于石。

　　工起于万历四十六年十一月二十六日，竣于万历四十七年十月十五日。正殿三楹，基地三分，生员亓献可二分，登文一分，皆发宏愿。乐施舍者，并书于后。赐进士第征仕郎礼科给事中邑人亓诗教撰；庠生亓鲁教书；主持：张真泰；石匠：李凤歧、刘才。

　　　　　　　　　　　　赐进士第征仕郎礼科给事中邑人亓诗教
　　注：此碑于2016年发现，珍存莱芜市牛泉镇绿凡崖村之白音庙。

明故处士汴川亓六墓志铭

　　余束发时，即知浍河之阳有隐君子焉，曰亓六也。及余友张五如为六东床，又明年，五如为六之子逢泰生作介，拜余门下，余刮目泰生，昂昂千里，知家教所自来，益信六非凡人也。及面六，六果庞眉长者，嗟嗟！曾发月之几何？而六遂赍志而终耶！泰生再从余游淮阴，谢归，从而翁有九原之后也。以墓文请，余难簿书，旁午不志，而翁谁当志者？

翁名六，字宏德，别号汴川。其先世有隐德，当天下初定，由（虹）徙永，数传而为富。富生浩，浩以晚年生公。公少年即不事诗书，而倜傥好义，为布衣之侠。公诸兄皆彬彬长者，然不能有加於公。而居父丧如礼，事母色养，以孝闻。中外严惮之，而六之名，遂以弱冠雄里中矣！公天性好执，所至逆旅，亦亲拂拭之，终其身，无浣衣，无斜顾，望者知其为端人也。与人交义，不取苟合，不侵口，然诸家无担石，邻人赖以举火。急病让夷，排难解忿，人咸德之比于子陵、仲连之为，公夷然不屑也，曰："吾以布衣逍遥浍水之滨，吾行吾志耳！"有持斗酒为公寿者，则以平头谢却，唯恐人有怜而德我之色，此岂徒抱箪食豆羹之义者乎？

三遘奇疾，谈笑自若。族之若而入，利公之危，以思入其室，而公三病三起卒。有大父子二，以大其武，而公亦不见，有矜诩之态，反目拎前日之人，此公之所以为公也。

公姻室多贵人，然皆折节于公，以古人事之。邑令长虚，祭酒之席以延公，公逊避；旌其门，公亦无所报谢，始终有隐君子之遗意焉。课子以实不以文，何似脱离黄口，即以青紫指誓，作富贵伙计，其家教宏远矣。配张氏、朱氏。张氏男逢泰，娶李昌龄女；逢运娶高希赐女。逢泰即从余游，所谓昂昂千里者也。先是继其犹子擢，娶赵一麟女，今乃鼎足立焉。女五人，长适诸生庞见龙；次适张一元；次适裴陛；次适赵颉范；最幼者适孝廉张夏茂，余友也。五孙，谅、谆、謦系擢出；彰、珍系逢运出；二女孙，次女未聘，逢泰所出也。

明故处士汴川亓六墓志铭

公生于嘉靖乙巳年正月十六日，以万历四十六年三月二十六日终于寝，可谓寿矣！今擢、泰等将殡公于浍水之北，公岂以后而亡者，与练国事日，自隐者多则重仕，今吾邑青紫者累累也，则又将重隐。闻之水滨慕义者，不于我辈而于六，谁谓以布衣终者，不閟世道之砥柱耶。然则六之名文何必（减）骠骑也哉。是以铭。

铭曰：浍之名公，而彰公之，灵浍而岁，浍流千里。考是将与，公之泽共。未央而止，待天语之煌煌。

赐进士出身文林郎节知山阳县

眷教生练国事撰

婿张夏茂书　眷晚生秦永宜篆额

泰昌元年十二月二十七日

不孝男逢泰、擢、逢运泣血勒石

注：本墓志铭拓件珍存河南永城

作者简介：练国事（1582—1645年），字君豫，明末河南永城人。明万历四十四年（1616年）进士，授沛县知县，调任山阳知县。天启二年（1622年），练国事升任监察御史，曾上疏二十余次，因涉及权宦魏忠贤逼取冬衣，欺辱尚书钟羽正一事，致使魏怀恨在心。天启四年（1624年），练国事巡按漕运，次年回朝复命。给事中赵兴邦阿谀魏忠贤，向皇帝奏称练国事是赵南星东林党人，练被削职为民。明崇祯元年（1628年），练国事被起用为监察御史，掌管京畿道。次年升任太仆寺少卿，督饷山西。明崇祯三年（1630年），陕西延安饥民聚众起事，势燎如原。练国事又升任佥都御史，巡抚陕西，督军镇压。崇祯四年（1631年）正月，义军神一魁攻占保安，李老柴、一条龙攻占中部县。练国事率兵进剿，斩杀义军七千七百余人，俘义军首领李老柴、一条龙，送献京师。同年十月，明总督杨鹤因接受诈降义军失事而被革职逮捕，练国事亦戴罪自赎。崇祯五年（1632年），练国事誓师督战，在宜川、白水、郃阳、宁塞、蒲河、西壕、铜川桥、虎儿洼、铁角城等地杀戮义军四万余人，俘杀义军大、小首领点灯子、刘道江、郭恶虎、混天猴、神一魁、黄友才、不沾泥、普天飞、金翅飞、插汉儿、飞山虎等六十余人，始被赦免戴罪。

崇祯七年（1634年），农民起义军由山西进入陕西，伪作受抚，总督陈奇瑜信以为真，传檄各路明军不要继续进击。练国事上疏陈述轻抚的害

206

处，陈奇瑜对练甚是怨恨。不久，起义军脱离陈奇瑜，出道北上。兵部尚书张翼凤因与陈奇瑜系儿女亲家，便将陈的过失嫁祸于练国事。练被逮入狱，于崇祯九年（1636年）正月遣戍广西，崇祯十六年（1643年）赦还，以原职起用。福王时，练国事任户部左侍郎，不久改任兵部左侍郎，加尚书。明弘光元年（1645年）二月因病去职，三月卒，德年六十四岁。

资料提供：河南永城亓涛（满堂）2016年12月

复里亓处士墓表

处士讳承继，字守之，别号复里。家于莱，肇自洪武初。始祖曰士伯，士伯生四，四生二子。一号敬先，居铜钟徐铺；一号茂先，居响山前。

两兄弟实为二大宗，蠡斯繁衍，无虑千数。处士乃敬先第三子，端之孙，恪之子，世居钟徐铺者也。父恪不仕，有子三人，长曰岗，刘氏出；次曰巍，郭氏出；最后得处士，胡氏出。岗、巍早逝，各择地而葬。处士五六岁已失怙矣，遭家不造，故业散失，孑孑然自为。振拔者若干年，一意恢复期于毕还旧物乃已，且力不尽则不休也。族之贫者，衣食之；其不能葬者，棺椁之；幼而孤长而旷者，收养之，婚姻之。赋性端直，平生无二言。于义利曲直，必严其辨。乡邻有争者，不直于有司，直于处士。岁饥分财，若非己有，称贷不复，则出券焚之。开田畴，起家塾，耕读做法，爰及子孙。少暇，唯种竹栽花，披风饮月而已。每语人曰："处乡如某某，则友之，狡狯者当远；会酒如某某，则饮之，沉湎者当远。"尝有盗夜至其家，以理喻之，辄引去，每谒见邑侯，必遇之以礼。间询及民瘼，则凿凿尽言无隐。邑受其赐，自是举乡饮者数次，皆谦让未遑独一就，傅侯时已在年德高劭之日矣。故识者题其庭曰："玉树庭阶"；题其门曰："如见"；题其精舍曰："琴书"。新蔡王明府扁其堂曰："宾筵大老"。邑之富而好礼，处士无先矣。娶于氏，本邑于春之妹。其仪不忒，克相夫子，先处士五十四岁而没。继娶王氏，亦良佐也。其子事之如于母然。子一，曰元吉。

凡此行谊，皆处士生而可录，死而不朽者。噫！先年于母殁，余尝题其柩曰："寒苦无梦离萱草，个子谁扶谢吊宾。"至是尤为坠泪。今又使余铭处士之墓耶。铭曰：不儒而雅，不威而服。曰唯大宾，生无不足。矧曰有子，有子式杀。矧曰有孙，有孙似续。宅兆茂陵，之阡烈拟。要离之素，宫之下汶。之上是为，处士之墓。

万历五年丁丑孟冬之吉
同邑晚眷生陕西合阳县知县
南沙杨善顿首拜撰

作者简介：杨善，生于明正德七年（1512 年），卒于万历七年（1579 年），城南杨家庄（属今莱芜高庄街道办南坛村）人。明嘉靖四十三年（1564 年）贡士。官至陕西合阳县知县。奉法爱民，有政声，年余以疾归。他工诗善琴，与莱芜知县陈甘雨为契友。

曾祖处士亓公宁祖墓表

李条庄祖茔始于五世祖仲康公宁。宁父为四世祖正，初即创业于此，仲康公分得之，遂定居焉。其后家益大，诸昆仲皆谢不及。晚生子七人，处士公居三。讳□，即诗教之曾大父也。

公赋性质直。方少时忠实谨厚，便如老成人。及长持家政，不修边幅，不营货利，唯以治田畴勤耕作为务，于人间一切泊如也。处兄弟行，闷闷淳淳而已。其有袭祖父遗赀为豪侈自命者，窃笑公无所事事，公愈自韬晦若罔闻焉。自壮至老，足不履城市耳。不听恶声，盖其素履然也。生平修洁，内行尤严，从来不蓄一婢妾。独与曾大母陈氏结发偕老。箧无长物，以大寿终。

公享年八十有五，曾大母孺人享年八十有四。生子六人，孙十二人，曾孙十八人，玄孙十三人。就今观之，以公所遗可谓盛矣。

诗教尝读汉史，如万石君家至感动，皇帝母后官其二子，第称之曰：不言而躬行，过于儒者。伏波之遗书戒其兄子，有曰：愿效龙伯高，不愿效杜季良。以杜豪侠、龙谦约节俭致相远也。古人所重教子传家，在彼不在此，有如是者亦足师矣。公殆法伏波之意，追万石君之风者耶。古语有之："积善之家，必有余庆。"又曰："作善，天必降之祥庆。"在子孙积由祖德，今于公益验云，是不可不备述之。石于墓，昭示后裔，永垂不朽，在此举也。

万历四十五年丁巳孟冬之吉赐进士第
征士郎礼科给事中
曾孙诗教顿首谨撰

亓公世泽偕配赵孺人合葬墓志铭

庚子，亓君（指亓诗教）奉上命拜吾郡司理君至，则申抑洗怨，诸所平反亡不当，我荆人得恨不罢。不意越期仅两月，忽报太孺人以病终于家。讣闻，司理君哭尽哀。予不佞，从诸乡先生后往吊奠者再，司理君辄泣以志铭请。索状读之，乃知其大父卒垂十五年墓石尚虚。太孺人继逝，司理君以冢孙承制，行归襄大事焉。吾党人士计得当报司理君，无由而予，更辱有一日知则是铭也，可无作乎？按公亓姓，讳宜，字世泽。

其先本淮人，国初，始祖名士伯者徙居济之莱芜，遂占籍焉。越四世，公曾祖正生宁，宁少而能让，不争附郭产，累赀益厚。宁生守拙，恂恂如木讷，号称长者。娶陈氏，举丈夫子六，长单，三腓，俱不嗣。四汝贵，五汝秀，六汝利，而公其二也。公天性倜傥，喜担荷。弱冠时，诸弟未成立门，户多事，无人任者，公只身独当之，以故不得治诗书。无何，昆仲析爨。内有阴见属而探囊以去者，傍观不平，或以为言，公处之恬如。分产不多，公又羞为细民，业至偶乏不能佐朝夕，亦旷然不以为意。居恒爱饮，日须举杯，卒不及乱口。自信无二语，里人素敬畏之。有不相下，辄来质公，公片言徐解去。

晚年，事两尊人益孝。凡得佳果蔬，必私蓄以进，诸兄弟阴谢，以为不及也。疾作，尤强就医于外。旋而增剧，呼家人语曰："我病殆不起矣！顾我平生，少所诒后人，谋我殓殡，一切其如贫而止？无过累也。"言已遂逝。太孺人，邑赵君胜女。及笄归公，敬慎淑柔，希见言笑。动持勤俭以相公。公间以博弈自娱，旋从旁劝止之，公寻悔，自是不复措手。待诸子媳最慈，尝曰："吾无女，视媳如女耳。"供养舅姑，率身先诸姒娌而又不自功。姑寝室火，火已覆门矣！众瞪目不敢救。太孺人哭入，竟掖姑出，其捐躯以殉有如此者？公逝，称未亡人，哭号达宵旦不少休。而伯季两孤又相次不禄，太孺人痛忍如割。每谕司理君教以读书，至谓："吾待儿以瞑目。"及司理君补邑庠，上公车，连举进士，以刑佐郡奏第一，太孺人皆及见之，喜甚。徒以春秋高，不能就养，附戒之曰："勉能其官，无我念也。唯多全活人，即增吾寿矣。"闻者叹息，咸以为慈训云。乃岁余以病逝。逝之日，无长少近远，皆泣下。嗟乎！妇德中亦少俪哉！铭曰：公之庆余兮，孙子昌。公之德报兮，存殁光。公之遐福亿万兮，不朽斯臧。

赐进士第通议大夫礼部左侍郎
兼翰林院侍读学士总裁正史教习
庶吉士经筵讲官通家治生
江陵刘楚先顿首拜撰

作者简介：刘楚先，字衡野，别号子良，湖北江陵（今属荆州市）人。隆庆五年（1571年）进士，是张居正的得意门生。任翰林院检讨，掌修国史，累官至礼部侍郎。万历年间，神宗屡欲换太子，他率百官抗争，后因事罢职家居。万历十六年（1588年）起为吏部侍郎，升礼部尚书；未几辞官归家。"杜门读书，手不释卷；日中临帖，寒暑不辍。行草楷隶皆精工，无声色货利之好，子孙衣大布，对之尊严若神，庭训：做富贵人易，做好人难！"自书："万物皆备于我，一介不取诸人。"重庆之变，流言奢逆，且顺江下江陵，众皆惧逃，独刘楚先对长子启和说：我是官员，虽无守城之责，义不可去！如有不测，城亡与亡耳！后来平安无事，逃离者皆感到惭愧。刘楚先家居长达十六年，闽海叶相公力举，刘楚先仍称病。后来升礼部尚书，梃击案，刘楚先上疏：擅入皇宫，自当坐律。事后，百官出朝皆贺曰："公真老臣，能断大事，我辈不及也。"熹宗初，被召聘，不应命。魏忠贤擅权乱政，他常扼腕长叹。刘楚先书法各体皆精，留有《青藜馆诗集》共六卷。同年进士刘元霆与刘楚先合著《新刻乙未科翰林馆课东观弘文》十卷。

侯门官亓君西台祖墓志铭

  君讳元吉，字克修，别号西台，亓氏始祖士伯公之七世孙。士伯生四，四生敬先，敬先生端，端生恪，恪生承继，号复里，举乡饮大宾，君复里公子也。母于氏，出邑名门，有妇德。生君一人，丰颔厚体，赤面微须。聪慧警颖，慷慨达于事计。幼业儒甫成，时复里公乐清逸优游，畎亩门户事，一切唯君，故不复事学而拜侯门官。盖世居钟徐铺，籍汶南保。族人繁盛，赋役杂沓。离均一每番编，君辄领之，靡不帖然服者。或有争，竞不去见官府，独愿得君一言而决。恤孤吊死，济困周贫，一如复里公在时。虽委积不甚丰，而仰给者皆意满去。至与人谋，深思极虑过于在已。事不谐悒悒不能寝，晨起趋之，此又无间于亲疏者。若交游款洽，往来延接，门不绝轨。邑之宴会，远近大小，致君至方成席，饮始尽欢。

  隆庆丁卯，母于氏卒。吊客云集，数郡毕至。君襄事如礼，邑人皆聚观之。事继母王氏，孝益彰闻。迨万历丁丑，父复里公以痰疾卒。正寝，君日夜泣思，至忘寝食。其治丧仪节，毫末不爽。然亦以是尽瘁构疾，于庚辰岁终焉。卒之日，适邑中亲友辅贺从侄亓子修德入庠。在座百余人，皆悲且痛，席为之废。乡都城市闻，有泣下唏嘘者。呜呼！人之有生，孰能不死？如君之孝于亲，睦于族宾，重于乡里，言出而人服之，行出而人倚任之。教子诒孙，成家广业，凡人世当为者，无一少歉，虽死而永延者，自在真无恨哉！娶方氏，治家严而有方。君日饮不废事，且济人利物，盖深有助之者。铭曰：人有此身，赋形与质。何以立之，秉礼由义。尽道如君，百无其一。令德无穷，生颜可挹。山高水长，相为终始。子孝孙贤，永安乎此！

万历八年岁在庚辰孟冬吉旦
同邑眷弟廪生养大刘应捷顿首拜撰

邦宦公与张孺人同逝墓志铭

沂不佞，丁酉春，挟策北上，奉上命入成均礼。大司成而问业焉，因睢阳陈太室会莱芜亓茂育于柏林僧舍，倾盖欢若生平。及倾肝胆、吐腹心，凡家世历履靡不实陈，浑若同气之雅，乃约为兄弟，成通家好。相朝夕越数月，余戊戌幸博一第。茂育不著意功名，日以两尊人为念，顷以色养归。亡何，越明年庚子，辄以两尊人讣音闻，曰："吾母逝矣！月余，吾父继卒。约以同死，言果左券。何彼苍弃孤过甚！"乃贻生平艰辛之状，恳志以识。余哀悼者久之，始瞿然拜手曰：噫！闻莱芜之有亓氏，几二百余年所矣，邑姓半亓族，多贤士大夫，其间历履不胜述。粤自始祖士伯七传而逮国照公闪，家温守素，尤豁达乐施予，恒有忠厚长者之名。

闪生三子，长邦卿、次邦相，三即公。公讳邦宦，字汝忠，东岗其别号也。少聪慧有远志，都人士讶为不凡器。会家难毁，习举子业。弗克就，且喜言缙绅。耻谈刀笔，邑令屡擢之掾，弗受。唯乐田农，办岁额供徭役，为兢兢然。不设诚府，亦不染世味。虽其质直不阿，不合时尚，而慨慷倜傥，识者心服。配张孺人，邑大姓张公敏所出也。其子孙皆士大夫列，财富甲于邑。孺人甫十六而适公，天性仁孝，事姑舅，和妯娌，睦族善邻，即臧获下人悉抚以恩。一切中馈内政，靡不有则。时逢公怒，必和颜以解。即罹危疑震撼之秋，为强有力者所侵，唯相公克让。有犯而不校遗风，佥目为女中丈夫云。追时事难为，不可以仁礼解，遂超然弃家远遁。效孟母三迁，为其子寻师择友，期以大就。已而，茂育补邑庠生弟子员，而食禄射副荐者，三适动梓里。想稍稍复故业，而守之不逾。时茂育中乡试，登甲午洪解元榜。中丞郑公、付御连公，嘉公课子功，晋以秩授。以冠带下之日，邑侯冯公举觞称贺，而再，荣公德寿谓"紫诰黄麻"（宣读诏书）。

自兹始后退居里，足不履城市者数年。唯日自课其孙子，丝毫不与外事。暇则与二三故旧欢洽林泉间。孺人唯动织纺，备灯火，为其后为勉学计。己亥冬，孺人忽疾作，公涕泣不自胜。未几，公亦病，孺人疾益甚。

将终时,与公决嘱后事,公曰:"吾将与若同逝矣!"孺人卒,公哀伤之至,既而病笃。十日前,邀其闾里族人与之语,众拥而泣,公正色曰:"死生,数也,哭奚益?"至诒子孙数语,大抵以正直忠厚为本。言讫,整衣濯足正冠而毙。斯时,隐隐微风,若孺人候公行者,况去孺人才正三十五日。吁!亦异矣哉!铭曰:懿哉亓公,超出群侪。风采凛凛,胸次休休。敦崇者雅谊,被濯者尘垢,业克绍于前,益光大于后。宫山不变,汶水长流。赫赫斯碣,山水同悠。

赐进士出身文林郎知直隶扬州府江都县事
通家晚生博兴刘之沂顿首拜撰

作者简介:刘之沂,博兴县人,明万历戊戌年(1598年)考中进士,任盐城知县,寻调江都知府。有一寡妇,家富足而无子,她与丈夫家族争财产,出一万两银贿赂之沂。之沂严肃地说:"你与其贿赂官府,何如将钱财分送给亲族。"于是升堂将此钱财分散给了夫家亲族,圆满结案。刘之沂被列为江都名宦。继之,刘之沂调京任兵部主事。不久又出京任饶州知府,又迁江西岑北道提刑按察使司副按察使。时有一杨姓与之沂为同年进士,求之沂为他杀一武将。之沂说:"以杀人向人讨好,我决不干。"于是,他托病不再治理政务。由于一些官员的推荐,之沂被调任河南督粮道副使。不久,升任湖广武昌道布政使司右参政。他为政廉明,被列为武昌名宦。刘之沂告老还乡后,替百姓交纳丁税,焚烧了百姓贷券,资助境内修水利,百姓有婚丧嫁娶,他都出资相助。死后,列为乡贤。其父刘梦兆赠中宪大夫,曾孙刘文铉于清康熙十四年(1675年)考中武举人。

明寿官亓公邦宦祖墓表

祖之生卒行实暨祖妣张氏状略,已邀宠名公钜笔勒诸贞珉。真荣逾华表,久埋石圹侧,永垂不朽矣!之伟似无容再赘,但每一念祖墓,彷徨四顾,若有所欲言而不能已者,使无所以表扬之,千秋万祀后,止留姓字于人间,而我祖之隐德不几没而弗耀耶!祖讳邦宦,字汝忠,别号东岗。生平磊落,以豪侠自负,耻与庸俗为伍。雅志诗书。曾大父弗禄遘阋墙难,萍踪蓬迹，遂不克。竟所志，誓以得之子若孙即饘粥弗继而灯窗无懈，所以督吾孝廉君与不肖伟者，越数十年如一日。稍见嬉游，即怒形于色。

大母张氏，婉和驯习，又悉力以襄厥成，已卜家道克昌矣！迨孝廉君鹏奋秋闱，大父犹及见之。

之伟窃沾升斗，大父与孝廉君俱含笑地下，风木宁不增悲也耶！大父冢嗣即孝廉君，讳才，仲父讳选，姑母一。孝廉君子三，长即之伟，壬戌进士，历官河间府知府。次之俊，邑增生；三之伸，邑庠生。生女二。仲父选子一，之任。女四。之伟子二，长必述，邑庠生；次必延。女三。之俊子三，长必远，邑庠生；次必达，邑庠生；三必逵。女一。之伸子二，长必建，邑庠生；次必过。女一。瓜瓞绵绵，衣冠煌煌，孰非我祖之积德所贻也。

崇祯己卯，之伟有事于墓坊表鼎，建林木蓊郁西岸，恐阅久而圮，亦鏊以石而壁立焉。凡我后人仰视祖德，俯愍尔躬，慎勿陨越，以忝所生勖哉！谨识。

崇祯十二年仲夏之吉
赐进士第中宪大夫
直隶河间府知府之伟顿首拜撰

建修先祠碑记

语曰：太上立德，次立功，唯功德垂于无穷，斯馨香留于奕祀。

我亓氏始祖士伯公，世为江淮间人。元末避兵，自淮迁莱，寄居东关又移至汶水南，又迁至汶水北钟徐村。卒，葬于羊庄之西南墟。迄今四百余年，相传二十余世。守故土者人丁昌，徙他邑者户口繁衍。而且揆文奋武驰驱皇路者代不乏人，虽未能鼎盛一时，亦无愧对莱邑世家矣。昔祠宇未极宏广，无以彰祖德而安先灵。兹于道光丁未，族众省墓，见林垣倾圮，共议补葺。鸠工庀材，不数月而告厥成功。于是昭穆咸在，少长毕集，佥曰："嘻！林垣固矣！其如先祠湫隘何？"闻者皆慷慨以应曰："愿择吉地以为建祠之所。"

岁至乙酉，乃于西关奉政祖牌楼北卜地得吉。越八月，而祠堂告竣，又与堂西建立南北斋室。门径井井，有条不紊，非我祖之厚德施及子孙，何以成功若是之易也！祈年于今春接阅清言弟尺一书，书言有共议建祠之举。予方设账陈中堂家，未暇亲临，心滋愧焉！至九月间，始备香烛，率子孙辈至莱。见夫祠堂巍焕，门壁辉煌。凡我子孙，若历城、平阴、商河、博山、蒙阴、泰安等处莫不云集乡应，各捐赀财共襄义举。始得于十月初一，公家祀先之期，迎我始祖木主入祠。自始祖以至四世祖以下，或科第或仕官，皆立木主配享。

呜呼！先人之灵爽，益以安后人之孝思，藉以达此，非我祖立德立功之所致欤？乃知其所凭依，皆其所自为也。故谨勒贞珉，一以明创造之维艰，一以勖守成之不易，云尔！

清道光乙酉举人　潍坊　亓祈年

平阴全祖墓碑赞

遐考始祖，祖居江淮。元末明初，避乱逃亡。已入赢籍，生子四人，讳勤、讳宾、讳全、讳四。

唯我全祖又迁濮阳箕山之阴，济水之阳。卜居村落，亓楼名庄。全祖之后，一子名纲，纲祖所出则有七子，曰广、曰盘、曰钊、曰志、曰智、曰英、曰原。七祖之中，唯广精壮，经营治道，本支发达。旁门亦昌。九世诗教，番晋善政，商民颂扬。攀辕卧辙，声名馨香。十世之伟，公府可闻，所行政事，民颂贤良。至于进士联捷，钦赐建坊。举报岁优，文武两庠，官宦辈出，祖德培养。敬述全祖，幼读诗书，长绅名扬。事亲守礼，教子养方。持家勤俭，处世温良。大节克敦，何用不臧。行传野老，德重贤乡。大雅久谢，颂声莫忘。世德作求，贻谋发祥。桂阑毓粹，奕业永昌。是盖生顺，而死宁所，以令名丕著，绥福禄于无疆！爰作斯赞，以为表扬。

光绪己酉年
山东省考取在学廪增附贡考职场考取县丞一名
十七世孙增砚薰沐敬赞

平阴亓氏茔墓考

客有问于余："闻子之初淮人也，视子之茔主于墓者为三世，敢问之子一世、二世祖墓在何也？"

余应之曰："我始祖世隶淮安籍，元季之变，始祖士伯迁于莱，谓一世。生四子，仲季籍于莱，三支迁复徐州。

我之二世祖，名讳全，即永乐二年之迁平阴者。全祖生三子，长君美、次君耀、三君湘。耀祖迁居阳谷；湘祖迁居东平；我之三祖君美居平阴之驻马庄，定籍后改为亓家集。家渐兴旺，子孙众多，乃创茔于凤山之左。盖因一世祖墓在莱，二世祖墓在平阴。二世祖墓在君美祖墓西北三十步。

三世祖君美为平阴亓氏一支之始祖。二世祖为平阴、阳谷、东平亓氏三支之始祖，我一世祖士伯祖统为泰安、兖州、徐州三府亓氏之始祖。"客为唯而退。

余乃绩修家乘，爰撮其事以书于册，庶后世子孙不没其处，云也。

清道光二年岁次壬午立夏前一日
十六世孙梦林沐手敬书

冠带武生亓公擢吾祖墓表

公，济之莱芜人。先世多隐德，累传至承，继家益昌，遂甲吾族。生元吉，号西台。席奕业赀，倜傥特达有大节，其阴积往往不欲令人知。人卒知之，称为长者，云是为公父。

公少偕两兄弟就外傅，黾勉期自奋。继见两兄弟联翩游黉校，窃私语曰："需次取青紫，大吾门者属有人矣！吾终不以读废耕也。"因治农，以故西台公世业唯公罔坠，更有加西台公不禄。公事嫡母无间所自出，盖其天性然也。奉孀姑于外室，一如西台公在日。舅不能昏昏之，曰：外氏之斩焉，绝也，母心之谓何？爱其所亲，公有焉！公既颇丰裕，佐两兄弟剧接。仓促出之，若宿具，不丝毫吝。两兄弟亦倚办，如取诸寄。诸弟析居，稍单俭乞需无虚日，公每出所有，以应手足之谊霭如也。其视犹子女，不啻己子女。凡有婚娶举，待举于公，倾囊不足，足以贷此其大者，他如约义会以周济。修汶桥以利涉，先输岁额以苏贫。戚疏外内，无不以公为外府，公所谓善盖一乡者耶。

公无恙时，已晋赐冠带，闾里且拭目为公荣。乃札至，则公已殁矣！嗟嗟！委弃骨肉，胡越乡邦，世比比而是愿，顾安所复得如公也者。惜哉！教居恒侍公，历历道公状如前，赞叹以为不可及。公辄喜跃曰："吾若而言，吾愿毕矣！"性素爱饮，病既剧，呼酌不异于平时。亡问识不识犹庶几其或起也，而孰意年之不少假哉！呜呼！汶水西潆，岱麓东拱，郁郁葱葱，佳城处乎其中。教故扢涕表诸墓，俾过者式焉。公讳进，字际乔。擢吾，其别号也。娶张氏，继娶王氏。子三，女一。其详教悉载之志中。

万历三十五年甲辰季冬之吉
任诗教谨撰

敕赠文林郎亓公蔼吉祖墓表

当世士大夫衣缨相望，多贤子孙，称名家，未有不由其先世孝友仁厚积累以至于斯者。吾于莱邑亓公有感焉！公先世迁自淮上，八传至公。曾祖讳彩，年百岁，德冠一乡。祖讳以方，遂父讳春田，承休济美。

以及于公，生而颖异，貌丰伟，有至性。弱冠遭父丧，哀毁尽礼，哭泣至丧明，医药三数月始复能睹。奉母夫人孺慕益笃以勤。既补弟子员，授徒自给。束修所入，悉以奉母，无私蓄。训季弟谆恳，然怜爱特至。怡怡母膝下垂三十年。母素楼居，一日公心动，惊悸弗宁，谓楼居非老人所安，力请移榻。越夕而地震，楼墙内覆压母旧寝，瓦石积数尺，咸钦异公纯孝所感，灵速如此。昔子夏氏丧亲未有闻，至丧子乃丧明，见讥于曾子。曾子之事亲也，负薪中野，母嗜指，忽心动，弃其薪以归。公居丧至丧明，视子夏氏何如？地将震，辄心动，迁母榻，与天地相感应，岂有异于曾子之事亲乎？莱于春秋为鲁东境，曾子之流风，其犹有存者耶？抑公之性生于天者独厚耶？近世士行衰，事亲者至性无所闻，如公之孝岂不可以风乎？公读书能自得，工为文，试辄魁其曹。遭时鼎革，避寇乱，拮据奉母甘旨，遂患怔忡。因弃举子业，顾好解推施予，不得以贫废人或负之，终不悔其孝友之所推者如此。公讳任，字蔼吉，以子贵赠文林郎、青县知县。

生于万历四十有三年，以大清康熙四十有二年卒，寿八十有九。又五年，葬新甫山麓凤凰山之北。距葬又二十有二年，公之季子请表。公墓远而不忘，其庶能继公之孝者耶？公始娶夫人刘氏，赠孺人；继陈氏，封孺人。子三。刘孺人生烝，陈孺人生煕，中乙丑进士。余同年生，今官沧州分司运判，来请表墓者也。女四人；孙男十人，女六人；曾孙男五人，女七人。公德厚，庆泽方长，姑就今所知书以归之。呜呼！古人表墓者，非独述德，亦将以立教也。表公以教孝，世之事亲者其知所兴乎！

雍正七年十月初吉
赐进士出身诰授通奉大夫经筵讲官兵部右侍郎
加一级原任工部右侍郎加二级革职
充八旗志书纂修官年
眷侄临川李绂顿首撰、邑庠生侄器奇
沐手丹书

作者简介：李绂（1675—1750 年），字巨来，号穆堂，江西临川县城荣山镇人，清代著名政治家、理学家和诗文家。康熙三十八年进士，由编修累官内阁学士，历任广西巡抚、直隶总督，因参劾下狱。乾隆初起授户部侍郎。治理学宗陆王，被梁启超誉为"陆王派之最后一人"。著有《穆堂类稿》《陆子学谱》《朱子晚年全论》《阳明学录》《八旗志书》。他还精研历史，所作《书〈辩奸论〉后二则》《书〈宋名臣言行录〉后》《书〈邵氏见闻录〉后》等文，敢于坚持真理，摒弃世俗偏见，实事求是地为北宋著名改革家王安石辩诬，许多观点被乾隆时史学家蔡上翔编著的《王荆公年谱考略》中引用。李绂学宗陆象山，著《陆子学谱》二十卷、《朱子晚年全论》二十卷、《阳明学录》诸书，力图调和朱陆"尊德性"与

"道问学"之说。李绂一生勤于治学，尤通史学，对王安石变法有所辨正，蔡上翔写《王荆公年谱考略》一文多引其说。另著有《春秋一是》《穆堂类稿、续稿、别稿》百数卷。

李条庄马孺人墓表

节妇马孺人，邑人马宗仁之女，予姊母也，及笄，归于叔父三全。三全，乃赠征士郎礼科给事中先府君季弟。孺人初为新妇，正值大父暨赵太孺人在堂，事舅姑唯谨。室无余积，甘旨之供或缺，即蔬水亦必躬进。且暮自上食，大父暨太孺人当食，叹曰："孝哉妇也！"叔父性爱洁，所衣衣所履履悉如其性，拟而后言，不妄出一语。遇长者辄伛偻侍之。先府君每向予言曰："尔四叔酷类读书人，然饶心计，力田有所经营，得息必倍。"数年之内家渐起。

先是大父住斗室，仅蔽风雨，叔父创建北房一，西房一，里人皆贺："将来大吾家可立俟也。"至万历丙申，年才三十八，忽以病卒。孺人哭之恸几绝，诸叔父偕予慰安孺人，终叔父制。越岁丁酉，予叨乡荐，戊戌成进士。奉差归里，首与孺人约曰："为吾家门户计，苦志守节，姊母任之，赡养姊母终其身，无缺于供，侄任之。"孺人且悲且喜，遂决意之死矢靡他矣。乃择一谨愿老妪，伴居一室。如是者三十余年，里中人罕有窥其面者，遐迩悉称为："真节妇"。至己未，予待罪礼垣，特以节贞奏闻神宗皇帝，奉旨旌表，就里门建坊。

坊竣落成，予请孺人随予北向谢恩，喜形于色，如是者又十有二年。庚午冬，偶尔卧病，以今岁三月二十六日病笃。予兄弟七人环视榻前，须臾考终，得年六十有六。呜呼痛哉！盖至是孺人之节完，而予之事亦完矣！尝忆予昔在科时，接到各省直巡按观风，汇题贞烈，本章辄详，阅之，见有叙述凄惨，极孤极苦者，不觉泫泫泣下沾襟也。有如孺人遗腹之子立殒，出阁之女双亡，次女且生一子，数岁亦复失去，伶仃一身，唯形与影。即所称极孤极苦何以加诸。

吁，若孺人者，可以风矣！顷卜于崇祯四年九月十九日，合葬叔父之墓，谨括其大略，勒于片石，俾过者凭而吊焉。

崇祯四年岁次辛未季秋之吉
赐同进士出身中宪大夫奉敕巡抚河南等处地方
兼提督军务都察院右佥都御史
前翰林院提督四夷馆太常寺少卿礼科给事中
侄诗教泣撰

亓公之伟祖墓志铭

明诰封奉政大夫钦差分守冀北道兼理兵备山西等处、承宣布政使司右参议兼按察司佥事加一级亓公墓志铭：

少忝亓公者，予同年友也。又同乡，虽异邑，不越百里。余弱冠属文时，即知有莱芜亓君者，时同应试而未相接触。以壬戌同举，於春闱随例拜往之外，漠漠而已。后余以废居，公分符于瀛上。余伴长儿柽公车过瀛，而得以再。按公，公之里瀛，以法自持。虽懿戚不得邀其脱粟一饭，而独接余甚憨，相与言如水乳。授而未及私公，固知人也哉！而余亦因以知公矣。嗣历皇眷，而迁阳和朔州道。遇国运之厄，遭闯王之祸，烈烈已死。古人云：人谁无死，患不得其死所耳。如公者，可谓得其死所已。其长公必述，千里舆榇，胃险归阡，以状来乞余为之志。

噫嘻，余又呜呼志哉！公之居家居官庸言，掌职可志也，而其精神之醇醇密运者，何可志也。其居家居官，伟行奇节可志也，而其英气之炯炯不磨者，何可志也？余盖读状而知古之忠臣烈士，其居恒尽节，见厄於命，未有不繇家学之渊源而得者。公讳之伟，字坦之，超凡，其别号也。生有异兆，如古蹶起之人。按其家乘，士伯自淮徙汶，八传而生闪。闪生邦宦，宦生才，是为公父。赠如公宦者，先领万历甲午乡荐，文名隐德侈於乡，不仕以卒。当赠公之没也，其遗嘱公者曰："存心修正，待人以和，处事以宽，读书以勤，居家以俭。"又授公以伏波交趾，遗书曰：士之为士，名可闻而身不可见，德可仰而人不可狎。碌碌无所建立，君子耻之。是以好议人长短，妄是兆法政。伏波谆谆为子孙戒。

呜呼！公之一生建立节概率皆繇此道也欤？公早孤，事太宜人如事赠公者，教养而弟不废业，不伤恩，悉抵於成。居覭夷中，不骄不韬，温饱自爱，而文名籍籍，一时名公臣儒皆析节与交。天启酉戌，联捷坊，授安令。太宜人遗书称曰："丈夫一身勿宜小用，当为朝廷扶翼纲掌，兴除利害，无事温饱也。"盖敬姜母信，刑不过如斯。而公之前途，愈有所准则矣！治成安善政不一，而其大者，在预储济，成活数万人生命。其视矫诏发粟者，尤为曲全也。次调浚，而治浚之功为著，考绩有声。授户曹主政，监兑苏松等府。久罢之役，亿事新，以课运执法。为上海令，阴中之。而左迁秦中经历。当公初发挂榜时，有人谓之云：上海鱼觉而不解其故！后竟如次符，乃至人之通塞，皆预有神明告之，非偶然也。公怡然日雨露风雷，皆是君思，尽职如初。寻迁司理。寻以边功，复户曹主政。寻陞本部员外而奉差浒墅。国税充足，行商无苦。而奉差单场，不屈权贵，不染纤指，嗣是，而一麾出守河间关。

河间，盖天下之冲衢也，时当多事，征调繁兴，公措置如游刃。其所多中贵豪宗，公三尺不为以易。决久滞之狱，一时称神明。考吏以民情为殿最，曰："上之设吏，原以为民也。吾违民情，谁与归？"城守指俸金置炮台，增雉堞，设营房，备火器。恤谁成种，奇谋善政，皆为皇上所知，赐花币金爵以荣之。遂除阳和兵备，河间父老攀卧涕泣，如失慈母，盖棠树婆娑，谈将永万年矣！履阳和，力悉兵民利，以恩信行之。于是，道虽阻而间货以殖，地虽偏而五谷以丰。所添选炮台、战车、盔甲、马匹、火枪、石炮等件，皆于河间者，阳和赖之，以如磐石固。公为□□于癸未，季弟卒，哀而病。公哀而病，而念太宜人之伤心也，乞归者再。上需锁钥臣正急，弗之允所请，且陞公山西布政使司右参议，整饬朔州，分守冀北。朔州要地，诸备久弛，流寇此已渡河。公此时盖已矢志与城始终乎，故遗其长公必述之书，唯嘱其朝夕勉事太宜人，自以身许国。且曰："则启灵不济，则以死继。"呜呼！古人云：忠孝不可以两尽。余谓如公者，其尽孝即在于竭忠时矣！未几，流寇大众至朔州。李自成下令于其伪将，破朔州者封万户，得公者赏万金。公凝然不为动，登城力设奇出险，杀贼将二人，击死余贼无数。时同官有劝公降者，公毅然回言辱之，以死自誓。阅月余，誓愈困，贼以登陴，公率亲丁数十捶杀之，贼复却。追势穷中，梦公复守，刃其迎闯王者，而东望号泣以殒，嗟乎！是盖甲申之二月二十一日夜也。

公之出处，生死如此，盖自赠公遗教。与太宜人之誓仕时，而知其家传不苟，即以一日而定千秋，何难建千秋不朽之名于一日哉！尝见东坡有联云："张睢阳嚼齿露龈生犹骂贼；颜平原握拳透爪死不忘君。"若为公标榜者欤！然与睢阳之同时者有许、雷二公，相与尽节死亦不孤。若一□单丝同归，罔济而为公者独苦矣！死后握拳，定有与平原合志者，悲天维然！公死得其所，公固不死也已。

公生于万历九年二月二十一日，卒崇祯二月二十一日，得年六十四岁。元配许宜人，继配王宜人，又继配田宜人，皆妇得母代。

男四人，长必述，以邑庠生补国学籍，有英名，娶同邑别驾刘君隆淇女，早卒，继娶淄川守备毕君际泰之女。次必延，娶金华府朱君光弟庠生之女，俱田宜人出；次必迪、必迅，俱庶出。女三人，一适儒官吕君从恕男、庠生浦，王宜人出；一适洲丞刘君澄胤男、游击将军刘自勉；一适邑增生石君现玉男、庠生砥，俱庶出。孙男一，亢普，未聘；孙女一，未字，俱长男述出。文集行也者，有《苍蔍素业》《四书主意》《易经真解》、族谱两集、《通俗训后禄》，其他尚俟搜逸云。

大清顺治元年十一月十八日，埋玉於祖阡，铭曰：泰山之东，有气隆隆，凌厉虚空，人曰此剑。狱之锋孰，知其下爰有忠烈之封。於乎！义士精魂化为碧为虹，复千百年兹其有庙食，赫濯于是地者也，尚有考乎！吾铭之公。

注：2003年9月初，因阴雨天，亓之伟墓冢坍塌，出土此墓志铭。墓穴皆为大石块垒砌而成，棺木腐朽，并无宝物，据传曾经被盗。唯见墓中联对：身骑箕尾归天上，气作山河壮本朝。横幅：万安玄室。

赐进士出身承德郎翰林院侍讲经筵日讲官知制诰纂修
国史典试顺眷年第一孙之獬顿首拜撰
山西大同府知府王之震篆额
济南府历城县知县朱廷韩书丹
资料提供：羊庄村二十一世孙亓宽雨

作者简介：

①孙之獬，万历四十三年（1615年）中式乙卯科举人，天启二年（1622年）考中壬戌科三甲进士，选翰林院庶吉士。馆试后授检讨。不久，告假回乡，为父养老送终。守丧期满升任侍讲。天启七年（1627年），与徐时泰主顺天府乡试。熹宗驾崩，思宗（即崇祯帝）即位。思宗特命礼部及词臣讨论处置《要典》。众人见阉党大势已去，均支持焚毁。而孙之獬却前往东阁，力陈《要典》决不可毁，既而放声痛哭，响彻内外。退朝后，他上《力疾不能供职疏》，极力阐述保留《要典》的理由，质问皇帝"何必如此忍心狠手"，指出毁《要典》之举是将皇帝置于不孝不友之境地。同时，他称病请求辞职返家。同年八月，孙之獬被夺官削籍，回乡居住。崇祯二年（1629年），钦定逆案，严惩阉党，孙之獬以"中崔铎"和"哭《要典》"两项罪名，定为三等"结交近侍"之罪。孙之獬返回山东淄川老家，闲居近二十年之久。平日教授子孙、族人读书，城中有公共事务，如修建石城、复行"一条鞭法"等，孙之獬亦以乡绅身份出面倡议。崇祯末年，民军四起，袭扰城池。孙之獬率众守城，淄城免受破坏。

崇祯十七年，即清顺治元年（1644年），李自成攻破北京，思宗自缢殉国。同年，清廷派侍郎王鳌永招抚山东。山东巡抚方大猷将孙之獬守城之举上报，朝廷即召其上京。顺治二年（1645年）夏，清军攻克江西九江。孙之獬上疏请求前去招抚。在上疏中，他指出"志士忠臣每思垂名竹帛"，自称要对清廷感恩图报，根据占卜，此行必然成功，"一生勋业，留俟今日"。六月，清廷授其兵部尚书兼都察院右副都御史头衔，准其南下。

孙之獬一到江西，即与同僚拜谒许真君祠，立誓报主，又四处宣示皇恩，尽心为清廷效力，数月之内，即抚定数府。有柯、陈大姓人家，为元末武装陈友谅后裔，二百年来盘踞险阻，不听官差。孙之獬自甘委屈，前往招徕，使其地纳入版图。顺治三年（1646年），江西局势渐稳，孙之獬应召还朝。总兵金声桓劾其擅自为副将高进库、刘一鹏加授总兵衔，孙之獬于十月被革职，永不叙用。顺治四年（1647年），山东人谢迁举兵抗清，声势浩大。淄川知县刘修己因孙之獬知兵，请其协助城防。然而，当时清廷因惧怕民众叛乱，正在酝酿收缴民间弓矢枪械，虽然尚未下旨，淄川当地的武器已经先行收缴。孙之獬只能率众以木棍御敌。

六月十三日夜，城中内应垂下绳索，引民军入城，打开城门，淄川城破。孙之獬率家人力阻不敌，退回家中，准备自尽。民军已蜂拥入宅，将孙之獬押解到县衙，令其投降。孙之獬骂不绝口，被捆绑囚禁，受尽折磨。六月二十二日，民军以死威胁，孙之獬仍破口大骂，结果双唇被缝，肢解而死，其家眷亦有多人同时被杀。《清史稿》及《淄川县志》皆有传。

孙之獬惨死之事上报后，朝廷命下吏部商议抚恤办法。侍郎陈名夏、金之俊建议为之獬复官、赐恤，而马光辉及启心郎宁古里认为之獬已经削籍，不应予以抚恤。两种意见一同上奏，清廷最终采纳后者，孙之獬身后一无所获。

孙之獬墓在大庄孙家林，墓前有卧碑，上刻"清钦命招抚江西提督军务兵部尚书兼都察院右副都御史翰林院侍读学士前礼部左侍郎显考龙拂孙公暨元配累封安人显妣刘母之墓"。

孙之獬生平著作多毁于城破之时。有之前刻印之《懒水园集》《澄江草》，以及选刻《宋元诗尘》行世。民国《淄川县志》录有其诗文数篇。《登夹谷历诸险》云：

趾前十步九逡巡，空翠仓茫眼费瞋。
叶染霜威黄带赤，泉流松窟淡而醇。
草深每悍石蹲虎，路窗多逢枫化人。
远嶂层层猿鸟绝，可知百二亚西秦。

②王之震：字元春，道行子，明清时期黄县（今山东龙口市）人。王家族望太原，始祖乃明初"靖难"孤臣，自隐其名，由直隶沧州迁黄县。大明天启间恩贡生，王之震授直隶大名府通判，升阳同知，行取御史，改授山西大同府知府。

③朱廷翰，（明朝）陕西宁夏府人。据清康熙《莱芜县志》记载："明崇祯十六年（1643年）以举人身份任莱芜知县，清顺治二年（1645年）被选任山西巡抚。"

孝节妇吴氏墓表

　　孝节妇者，邑庠生吴九畴之女，处士亓文杨之妻，而庠生佐明之母，今庠生曰乾之祖母也。年十七适亓君，年二十二，有子甫三岁而夫殁矣！比葬后，翁姑遣之嫁。孝节妇泫然泣曰："翁姑老矣，我去，谁颐而养？子三岁耳，我去，谁恃而成？我从一而终耳！翻然而他适乎？我不忍为也！"乃毁貌剪发自矢，箕帚井臼，躬事焉不懈，奉二人以终天年。而孤亦以成立壮，而为诸生有声。既而子不永年，长孙又殁。是时，孝节妇已老，遭此崩痛既不能堪，仍自强勉抚弱孙曰乾等以老，年及百岁而考终。卒于康熙十年八月十六日，以十六年十二月附葬。

　　康熙三十年四月，曰乾具行状请予文以记之碑，予自度不文，乃读状，不禁怆然有感，而不忍以不文谢也。具状，前崇祯间邑人士举其事，于县递上，院道皆赐旌表其门，率题"孝节"云云。至康熙十年，邑人士复举如前，而旌表复如前。虽未及上闻，而人亦以为荣矣。然孝节妇当日岂暇计及后之荣施，而后为孝节也哉？九泉蒿砧既逝矣不可追，庭帏垂白又无方就养，而襁褓孤儿更有待保抱，孑孑形影，惕惕春秋，体瘁心悲，而清宵涕零者不知几何矣！及子既成名，中怀始舒，乃无何而子殒，无何而长孙殁，衰鬓颓颜，抚弱孙而陨涕者又不知几何！不知彼苍何故漫然不察。庸众多富贵逸乐，一节孝妇偏受之艰扼尔，尔报施何如耶？寿以百年或即天之佑之而报善人欤！然百年以后，以讫于今，孝节妇成往事矣！乃其行孙怆然有感不能自已，而思其行实以勒石，则孝节之存于后人之心者，孝节今日如生也。予读其行实，怆然有感不能自已，而忘己之不文。则孝节之感于人心者，孝节无日不如生也。

　　千万人同此心，千百世人同此心，将孝节千百世如生也。天之寿之不过百年，而孝节妇之气长生于人心，其自为寿乃未有穷极也。若夫泣鬼神而感风雨，孝节妇之灵之通于天地者，又非人意量所能及矣！

皇清康熙三十年岁次辛未孟夏吉旦
赐进士出身吏部候选知县
眷晚生张严顿首拜撰

作者简介：张严，字敬孚，号肃山，莱芜市张家洼人，康熙六年（1667年）考中进士，任莱阳、郓城教谕候选中书。著《序身心图说略》《人说略》，对儒学有较深的造诣，其著作有《大树居遗集》《登莱旧事考》《八阵图记》，遗文有《重修棋山观募缘引》《怪石记》《新建龙王庙记》等。

孝廉成所亓先生墓志铭

岁丁未，余小子不敏，获侍亓先生试礼闱。先生修干魁颜，素强键善饭。余窃视先生色黝也，又匕著递减，私忧之。归语于长君之伟。之伟星夜驰赴，劝先生南还。先生固不可以疾剧归，且曰："余何以我贻尔辈艰，尔能挽吾之死而之生乎？尔存心以正，待人以和，处事以宽，读书以勤，居家以俭，孝事尔母，严课尔弟，尔职毕矣！勿过自瘁以重吾忧，吾目不瞑也。"抵平原，息乃绝，时万历三十五年三月二十日也。

钜生嘉靖戊午四月十八日，得年五十岁！嗟嗟！先生已矣！余忍志先生耶！余自童卯从先生游，事先生最久，恩最深。嗟嗟！余忍不志先生耶！先生讳才，字茂育，号成所。其先淮人，国初时，士伯始迁于莱，七传而至闪，以仁厚闻闾里。闪生三子，其季邦宦，即先生之父也。丁家难，废儒业，耻为功曹掾而以节侠雄诸豪间。诸豪起大役，困之，家业遂凋落而身逮于庭。先生躬诣县庭解之，邑令辄大奇先生，为释，而翁逮时才十余龄耳。洎丙子，补弟子员，即琅琅庠序中矣。顾以贫甚，不能构一书室，挟笈负籯，辗转依人。且也盐□□从事袷绹，弗完，同舍相与目笑之，先生不为动也。乃至壁光萤照，午漏曙钟，暑夜汗洽，蚊虻交至。同舍生束帙高卧矣，先生方据案长哦。与致弥壮，余犹忆昔事先生云。

乡进士门生谭性教拜撰

学实亓公墓志铭

万历己酉十月二日，友人亓学实卒。诸同社相与哭之悲，有间曰：

"嗟乎！仁者寿非也耶？"学实之宅心和，嗜欲淡，遇事忍。待僮仆无诟语，与人交不忘久要，凡此皆表征也。何夺吾学实之速也哉？或曰："学实之廷训严，性复奇颖。耽读书，书夜攻苦，风雨寒燠不少辍。所哦副墨，皆手自缮录，黑丹烂然竟纸，塞几充栋不能载。且素弱善病，纳万卷于瘠腹，绰然有余，而体固不胜。衣咀哙分七箸之半而一饭，不弛读其有以耗之者耶？"或曰："学实游泮，甫总角耳。"即以文章为诸生弁冕，直指督学前，后延置书院，交游皆名士，课读行卷，不胫而走四方。四方之以征文问奇，至者趾相错于门。

邑大夫屡以其行上闻，副使某公聘经师，三致聘而却焉。曰："'吾不游大人以成名也。'美先尽矣。"时弟真儒，独泣不休也，曰："诸君子以文知予兄者也。姜母之弃予兄弟，时皆稚也。兄事继师母，任曲得其欢心，家之人不知其为前子也。两弱弟出自任母，兄以身任，塾严受交。至田产之完善者，悉以让之，而自构屋以居，虽父与母不知其各出也。兄与予同一篝灯诵读，切劚阚言无间，即予自视不知其非友也。嗟乎！天不负苦心人而负吾兄。吾兄与诸君子狎主齐盟，垂三十年而以青衿死，嗟乎！吾兄死矣，非诸君子，其谁与不朽之以铭属予？予按：君讳名儒，号扬廷，一号据梧子。学实，其字也。为士伯之九世孙。王父寿官洁，大父典宝公楄。父省祭公，修文行实具于省祭墓表中。娶王氏，生二子珣、琪。王氏之卒先君八年。继田氏，生子琇并一女，皆未聘字。卒年三十八，于明年十一月十三日葬羊庄先人之兆。

铭曰：孰藻其心，孰屯其身。调高知希，耻奉郁轮。孟厄素此，温困南华。日迷五色，千载同嗟。身则雌伏，名则孔彰。威凤祥麟，讵匿其光。梦阅短劫，智结大年。不朽者真，孰促孰延。

赐进士出身历任陕西宁夏道兵粮学政副使
友人谭性教撰

十世祖讳佐明墓表

圣羽亓公，讳佐明，蚤年与余同拔童子科。复试时，文宗梅（梅之焕）夫子呼公与余并同拔吴公晛、朱公廷位至几案前，命之曰："尔四子异日非池中物，宜各自勉励，勿负此知遇也。"后吴、朱二公偕余相继登第，公盖肆力于学。

迨余视学晋中，公竟修文地下矣！呜呼！天之报施善人固如是乎？又后数年，公之庠生曰乾，每以父之执相视余，感久敬之谊，不敢自外雅注。

一日踵吾门来叩，出其父行实，索予言，予谊不忍辞。按状：亓为岱东巨族，其始祖士伯者，元末自淮徙莱，世乘详载大中丞静初先生与兵宪超凡先生志内，不赘。泊公祖占桂为邑名士，占桂生文杨，文杨生公。公生而端敏，甫三岁，严父见背。公母吴氏，饮冰茹荼以励节，鏴量筦库以持家，操作服勤，以孝舅姑，择师敦礼，以训孤儿；蓬发砺齿，报亡者于地下，焦心怖肝，抚存者于膝前，作未亡人，垂五六十年如一日。

及公入泮，声噪莱庠，吴母教养不一稍懈。宜历承督抚宪府咸旌节孝，是王母之年、孟母之教盖两兼之矣。公承母教，日以善自敦，凡济贫恤危，捐施募义，未易殚述。而里中大小不平之事，经公之口，无一不平者，素行足以服人也。无何患起偶然，致使善者所好不能援不善者之所恶，此理数之难解者。

公生于万历庚子正月七日，卒于顺治辛卯十二月五日。虽然晦于一时，必伸于后世。宜公之诸子皆能启后承前克继儒业，公之诸孙森森竹立兰芳而桂馥者，又指不胜屈也。余昔辱在公声气中，故不敢浮饰一词，唯质言以表之。

皇清康熙二十八年岁次己巳季冬吉旦
赐进士出身整饬榆林兵备道
陕西按察司副使前山西提督学政
眷弟张四教顿首拜撰

作者简介：张四教，字道一，号芹沚（今已成大户），明万历三十三年（1605年）出生于莱芜市和庄乡张家台村（原名南台）。以厚德著名，曾积攒粮食三千石，以备饥荒，后果遇灾年，把粮食全部贷出去，并将一千多张借据全部烧毁。万历末年遇大灾荒，县令知其贤良，让其负责施粥，他竭尽职责，救活饥民无数。他从小聪慧好学，清顺治三年考中进士，任山西平阳府推官，在任因"司法平、折狱敏"，"断狱明决"，仅九个月，抚按交章上奏，以政绩卓异赐貂绣，升任吏部考功司主事、兵部随驾员外郎，皆都胜任，超授山西提学道按察司副使，提都学政。课士先看德行，再看殿试，最能知人善任。在陕西泽州时，发现陈廷敬有才，提拔重用，后陈累官文渊阁大学士兼吏部尚书。他曾教诲陈廷敬："千秋事业，一日荣名，得失在人，取舍在己"。张四教在山西秩满，因考绩卓异，升陕西榆林兵备道按察司副使，到任禁科敛、省徭役、招流亡、驭军绥民、兴学劝农，莅任三年，军民大悦。张四教其志，"不怵于上官"，其情，"不夺以豪贵""以直道违时"，因不能事权贵而被罢归，时论为之惋惜。临行之日，布袍萧然，毅然策骑而返，毫无落魄之相。晚年客居劝礼村苍龙峡之"乐饥斋"，薨，葬于苍龙峡南蟒道山陬。

相关人物：

（一）梅之焕，字彬父，湖广麻城人，万历三十二年（1604年）举进士，改庶吉士。居七年，授吏科给事中。尝言："附小人者必小人，附君子者未必君子。蝇之附骥，即千里犹蝇耳。"出为广东副使，擒诛豪民沈杀烈女者，民服其神。海寇袁进掠潮州，之焕扼海道，招散其党，卒降进。改视山东学政。天启元年，以通政参议召迁太常少卿，擢右佥都御史，巡抚南、赣。丁内外艰，家居。庄烈帝即位，乃免征，起故官，巡抚甘肃。大破套寇，斩首七百余级，生得部长三人，降六百余人。明年春，寇复大入，患豌豆疮，环大黄山而病。诸将请掩之，之焕不可，曰："幸灾不仁，乘危不武，不如舍之，因以为德焉。"遂不战。逾月，群寇望边城搏颡涕泣而去。冬，京师戒严，有诏入卫。且行，西部乘虚犯河西。之焕止留，遣兵伏贺兰山后，邀其归路，大兵出水泉峡口，再战再败之，斩首八百四十有奇，引军去。俄悍卒王进才杀参将孙怀忠等以叛，走兰州。之焕遂西定其变，复整军东。明年五月抵京师，已后时矣，有诏之焕入朝。翌日又诏之焕落职候勘，温体仁已柄政矣。初，体仁讦钱谦益，之焕移书中朝，右谦益。至是，体仁修隙，之焕遂得罪。

之焕虽文士，负材武，善射，既废，无所见。所居县，阻山多盗。之焕无事，辄率健儿助吏捕，无脱者。先是，甘肃兵变，其溃卒畏捕诛，往往亡命山谷间，为群盗，贼势益张。至是，贼数万来攻麻城，望见之焕部署，辄引去。帝追叙甘肃前后功，复之焕官，荫子，然终不召。明年病卒。

（二）朱廷位，莱芜人，明万历三十四年（1606年）出生。清顺治三年（1646年）考中进士。其修干瘤形，性格疏放，傲睨善谑，明敏强记，锐意博古。十五岁时，督学使麻城梅之焕招一些聪慧少年办"小儒童"班，朱廷位列其中。其文皆用古法，梅之焕疑其抄袭，当面测试，随问随答，毫无难色，因而受到器重。崇祯十五年（1642年）考中举人，以博学宏词著称。清朝建立后曾绝意仕进，但在朝廷的严令下，于顺治三年（1646年）怀着悒郁的心情进京赴考，考前痛饮，临场大醉，被人搀扶进考场，结果三场一挥而就，文章发挥得更加淋漓尽致，被选中进士。按例放官时，被任命为河南唐县知县。见才学不如自己的人被选入翰林院，而他以博学宏词著名却仅得到县令一职，心情郁闷，从此更加豪放不羁。从京城回乡之时，莱芜县令准备好旗杖迎接，他却坚决辞却，单骑而返。朱廷位上任唐县后，招抚流民，开垦土地，与士子谈文。对盈余的钱谷和所收的往来船费一尘不染，劣绅豪强销声匿迹。顺治六年，因父去世回家守丧，三年期满后补任江西广昌县令。上任时缺乏路费，不得已把家中土地卖掉后方才成行。当时建昌府在广昌县的地盘，府尹是清朝满人，朱廷位对其有成见，不理不见，府尹为此大怒，诬陷其贪赃一万银两。顺治九年（1652年），朱廷位因受诬陷愤极而逝，其书童逐家乞讨才得以入殓。顺治十年（1653年），其弟朱廷似将其灵柩接回莱芜归葬。遗文有《圆寂靖节禅师比丘尼李姑墓志铭》。

（三）吴眖，字以暄，别号松苓子。生于明朝万历三十一年（1603年）十月初九日，卒于明崇祯十六年（1643年）二月五日，得年四十一岁。明崇祯九年（1636年）丙子科举人。

亓公之伟墓表

公亓姓讳之伟，字坦之，号超凡。其先淮人，后迁莱芜，十世至公。祖东岗公，讳邦宦。公父讳才，字茂育，号成所，登万历甲午科举人，莱芜亓氏科名始此。

丁未，随计吏道病。公驰省，遗诫皆以德。公扶柩归葬，哀毁过礼。是时公年二十有七，早食饣，事太宜人益孝谨。友爱二弟，属仲治生产，诲季学，为说书，著《苍麓素业》。公孤为学攻苦，豪强或侮焉，张甚，不为动。故藏集有《尝辛草云》。其坚忍不拔之志，自为诸生略见矣。

天启元年辛酉举于乡，明年壬戌，登刘必达榜，成进士。初为成安令，寻调浚县令。行取户部主事，监兑苏松。坐上海漕没，降经历。寻升推官，复为户部主事，监税浒墅，监兑草场。晋员外，升郎中。所至，皆廉能。及出为河间太守，有寇横，多攻陷，公以善守得完。禁旅蹂敌后，无律，以早为之所得，戳敌所掠子女逸出者，以赀给得归。上辨之，擢山西佥事，分巡阳和。

越三年，迁参议（从三品），分守朔州。公未至朔，时逆贼李自成亦称兵东犯。贼既骁猛，边戍无固志，多私应者。比公至朔，甫两旬，而贼至矣。初，贼东所至城不守，守臣不降即窜。比至宁武，力拒贼。久之城陷，贼屠宁武无噍类。前薄朔州，朔州大震，公念士民非素抚循，抵贼计唯身殉。即以幼子必迪、必迅属其保姆。其他不顾，出守西谯门，乃遭守备尹进贤害。

尹进贤者，原朔属卫守备，公召之守朔。时公至谯，进贤从左厕出，公背右厕坐，进贤以贼势恐公，说公降。公怒，骂曰："贼乎！有死耳！何降云。"进贤怒，出以刃驱从者。

有从史间白公他避者再，公不动，进贤党出厕中从后刃公。仆，公大骂。遂执公迎贼。比见李自成，骂愈厉，遂殉焉！

自成壮公节，入城令求公家。先从史自城上走白官舍，必迪生母冯氏、诸母田氏逃匿文宣王庙。

贼求得，念为忠臣家，令居旁舍，扃门置守者，无侵犯，已令家人收公尸，治棺具，瘗城西。时公仆有逃至大同者，以公殉难白总督卫公，卫曰："得寻亦从容就义"云。

后皇清王室入京，贼败溃，尹进贤者已不知死所。公遗幼孤，茕茕窜伏。两母皆闺阃弱质，顾备历艰苦。收骸骨于兵火离困之中，而归舆榇于崎岖千里之外。人皆叹为贤，或亦天默佑忠臣而得然也！

公年六十四，生于万历辛巳年二月二十一日；殉难时则崇祯甲申十七年二月二十一日也。秋七月，柩归，以本年十一月十七日葬莱芜城西南羊庄先茔。公父成所公，累赠奉政大夫。母李氏，累封太宜人，后公二年卒。公封奉政大夫，前配许氏、王氏，皆赠宜人。继娶田氏封宜人，后公二十年卒。

子三，长必述，庠生；次必延，庠生；次必迪，戊午科举人。必迅早殇。孙九人；曾孙四人。公全录先载于志。公之大节，逆贼知感动焉！而时当崇祯末，史或遗书矣。后四十年，必迪乃以状示魏似韩。

魏似韩重记其详，以表于墓曰：闻公在阳和时，以太宜人老，告归养，为总督卫公持不可，强使守朔。至则时势不可为，有死无二义，不得复顾亲矣。为人臣子而值此，盖亦难哉，然不死何以告无愧于君耶，公赴大义则无憾矣！后之人追忆其事，不能无怆然焉。

康熙四十六年赐进士出身
工部屯田清吏司主事
眷晚生魏似韩顿首拜撰

作者简介：魏似韩，字公度，号两屏。莱芜口镇东街人。清顺治六年（1649年）考中进士，任陕西户县知县，在任惠政颇多。当时户县赋少费繁，赋税之外又加私派，魏似韩便革除因里正、里书所置费用千金，送上官礼仪费千金，运送例征粮草脚使费二千金，接待上司及杂差费八千金以及驿务费若干。还将驿站费用由民负担改为由官负担。他指挥民团，保家护县，使一方安定。据实申报荒田，使因前任少报荒田多加的赋税得以豁免。惩治不法豪门，伸张正义。新修学宫，精心课士，连举七人，继又连中二十一人。后魏似韩因公路过户县，百姓万余人夹道欢迎。顺治十一年（1654年），名宿抚按交章举荐，以其政绩卓著，钦赐袍帽，敕封文林郎，升任工部屯田司主事，钦差提督宝源局印务。在宝源局，严肃纪律，斥退炉头所送之礼，委托本司郎中印务会同楚抚为除荒事奏部议，得到批准。当钦差提督徐淮中河任命书刚下，因涉冒滥驿站马夫银案而辞归。起因是魏似韩在户县时，驿道派高褒视察，当时驿夫定制九名半，高坚持认为九名即可，并欲严刑拷问治罪，魏似韩遂垫支银九两，把此事应付过去，不料此时又重新提及。魏似韩辞归故里后，专心侍奉老母。顺治十四年（1657年），当吏科累疏奏吏部批准其复职时，他以老母年迈需专心致养为由坚辞未出。年八旬而卒。著有《知足说》《安命说》《勉学说》《旷官论》《训子语》《幼学戒》等。遗文有《重修天齐庙记》。

亓公之伸墓表

　　公讳之伸，字屈之号起凡，孝廉赠君成所公之子，少参大夫超凡公之弟也。爰作厥考，洵燕翼之緜。则友其兄，宣隰原之急，以其所从来渐矣。乃五岁靡瞻尽哀，早若成人。七龄就傅延敬，究同小子，盖至性之存亦夙因之慧也。既而元昆殉疆，次伯捐馆。以兹邀躬，当此汇务，陟庭而待，髦依温清。无亏风雨，降阶而招，昆裔呻吾。不间夕昕，是以伯仲之。遗孤联翩于郡，篑国学襟裾之快。嗣翱翔乎像室饩仓，矧也儒介，俨然家秉。当其阳九厄运，则干戈弗宁。阴六创期，则旱乾兼害。供租庸以报国家，缮甲兵以卫闾党。举火就木，芘赖者万人；赍裹糇粮，樾荫者千里。颂贤公子之义以无穷呼。大阴功之，资于不既，未免癫瘁，遂婴疾疴，大衍欠九之数，胡不偿其攸好；衰兹逾八之算，其如通此遗犹，溢然不瞑，永尔未化。

　　维有孺人，允称女宗，通郡别驾实含公之女，卫原太守参玄公之妹也。婉生成肃邕仪式，事失归姑五十八载，居未亡人三十五年。拮据婚嫁，咨诹农桑。家难作，则引祖宗以靖阋墙；外侮临，则援礼义以归让畔。固嗣子之绝竞，皆贤姒之善令也。太宜人叹为纯孝，诸大夫美其淑行，尤廉让之未遑，顾旌嘉之。次至逮见冢公，既贡成均，且喜且慍，载勉载言。舅氏举于乡闱，兄公捷于南宫，廑廑岁进，云胡于底。幸未壮艾，庶好为之。不图再岁，寝疾而殁，年七十有四矣！然则天之报施，较公他为何如哉！载在县志，以俟太史备采焉。凡三子一女，九孙三曾孙。名氏娶适聘字，具状志中，不赘。以余少与参元公集文燕，往往见季氏，语次及许可讶，非贵介中人也。

· 233 ·

晚与兄子通姻好，子妇道："李孺人内懿实切"，于是敢为标阙之录。爰为之赞曰：昔也季公，翩翩振振。粤考启科，侯伯名臣。其在中叶，天步维屯。恩斯勤斯，而佑裔人。天胡不吊，以孀待亲！孝耶慈耶，克昌于臻。不愧无虚，视此贞珉。

顺清治十八年孟夏朔日之吉
赐同进士出身湖广德安府孝感县知县
眷晚生张严顿首拜撰

亓公必迪墓表

公亓姓，讳必迪，字岩叟。其先淮人也，后迁居莱芜。世多隐君子，十一传而至公。大父讳才，字茂育号成所，登万历甲午乡荐，此吾邑亓氏登科之始也。公父大参公，讳之伟，字坦之号超凡，由天启年壬戌进士历任山西大同兵备道，驻扎朔州。公至任三月而时势不可为，大参公遂以身殉。斯时也，公方六岁耳。兵戈载道，满目蓬蒿，出万死一生之途，流离归来。公母冯太夫人，扶大参公柩于二千里之外，阅八月，抵家而安葬焉。室家萧条，治事艰难，而外患内侮又复踵相接也。母子二人相对饮泣，崎岖忧患，真令人有不忍明言者。

年十三入泮，早岁食饩，负文坛盛名。公益励勤苦弗自暇逸，盖为先人累世科甲。至是恐替家声，公禀太夫人之训，自入童子塾即知读书感奋。以故十年面壁，潜心揣摩。岁戊午举于乡。太夫人粲然色喜，谓公能读父书也。自是四上公车皆不利于春官。或劝之仕，公微笑不应，自颜其额，曰："乐我田园。"知之者谓公以太夫人春秋高绝意仕进，欲长侍膝下也。公之事太夫人也，先意承志。事无巨细必禀命而后行。每事必得太夫人欢心而后已，六十余年有如一日。后太夫人以寿考终，是时公年已七十矣，哀毁骨立执杖而为孝。噫！公之于太夫人也，生事死葬可谓无毫髦之遗矣。公每以不获逮事大参公为憾。且以大参殉难之时值怀宗之末，史有遗书。迨我朝定鼎，凡尽节诸臣，属在胜国者，莫不各邀礼典之光荣。大参公大义凛然，虽载在邑乘，而春秋俎豆实阙如也。为人子孙而忍先人忠贞淹没弗彰乎？公所以有隐痛也。既而事久论定，公道在人。赖阖邑绅士之请，大参公崇入乡贤而庙祀之矣。公曰："此足以慰吾父在天之灵矣。"人于是知大参公之忠，而并嘉公之孝也。语云："求忠臣必以孝子之门。"吾于此更进一解曰："求孝子当于忠臣之后也！"

公生于崇祯十二年十二月二十八日，卒于康熙五十七年九月初六。元配朱太孺人，生于崇祯八年十二月十五日，卒于康熙五十七年五月初六，于公先后相距五月耳。公举丈夫子三，长元士，岁贡生；次元臣，增生；次元文，廪生。女三人。孙八人，式愚，增生；式愿，监生；式惇，庠生；式懋、式懿、式慧俱业儒；式恂、式忾俱幼。曾孙二人，光祖、光禄，俱幼。今公诸子择吉葬公于城西西泉河庄之阳，以墓表之役请于予，予不敏，顾安能知公，谨约略其梗概如此。

至公之训诫后人，修理祖茔，其立己也必诚必信，其接物也无欺无伪。出一言而乡里倚以为重，行一事而后学奉以为法，杖履行逍遥，书画怡情，则吾邑人士皆耳而目之矣，异日采风之使自有见闻也，兹故不复赘云。

赐进士出身江南扬州府泰州知州
眷晚生魏锡祚沐手敬撰

作者简介：魏锡祚，字子晋，号长麓。清康熙八年（1669年）出生，莱芜口镇东街人。少年时即贯通经史，研究理学。康熙三十九年（1700年）考中进士后，初任河南林县知县，以考绩卓著升江南泰州知州。泰州濒临江海与湖泊，水患多发，他视察地形，浚河筑堤，水患减少。当时诉讼多、疑狱多，他发奸摘伏，审结了大量疑案与冤案，重修学宫及胡安定先生祠，使世风重振。其在泰州十三年，事无巨细，皆反复思考，慎重裁决。雍正四年（1726年）春奉命守盱江，十七个月后。调任江西建昌府知府，年余升任署理江西通省驿传盐法道兼巡瑞袁临等处提刑按察司副使，官阶中宪大夫。雍正十二年（1734年）以病辞归，卒于路途。他通达经史，深研理学，善诗文，著有《盱江治牍》《海陵治牍》《树德堂诗文稿》等书。

处士鉴明亓公墓表

公亓姓，讳式慧，字鉴明，行三。先世自淮迁莱至公凡十有三世，累代以忠孝著闻。前明孝廉成所公，以克尽子道祀于乡贤祠者，于公为高祖，兵备道大参超凡公，明末殉节朔州者，于公为曾祖。孝廉岩叟公，隐居奉母入孝子祠者于公为祖。修职郎、泗水训导长人公，公之父也。公至性纯笃，髫年即以儒慕见爱于亲。及长人公秉铎泗水，公往觐省，时大学士高公晋方为泗水尹，一见，叹为世家佳公子，必能为君子儒者。后长人公解组归里，年近八旬，抱病者五载，起居饮食动辄需人，公躬奉汤药，调甘旨，扶掖定省，久而弥笃，视童幼时无以异。用是门内外无间，乡邦间咸称曰："忠臣出于孝子之门；而孝子即叠出于孝子之后。"吾人子弟庶其观感而化乎！余外家本亓氏，长人公为余伯舅，公即余之中表兄也。自孩提以至老大，出入相提携，诵读共砚席。故知公最晰。公为人不立崖岸，不求闻达，而于庸行之常，敦行不逮，将日进焉，而企及夫古之君子，是非世传忠孝，重实行轻虚誉，亦乌克至此。夫潜德幽光，不求人知，而人亦莫之知以，视夫涤秽刮股为奇节异行，以表异于世者，转有似乎？近名而未合圣人教孝之本心。前者邑侯王公已以公之孝行请旌于朝，则又未有晦而不显者；非公之孝，本天性亦何能感人之深之。至于斯乎中表，弟赵浣用敢书公之孝，以表于墓。

按公生于康熙四十五年五月初二丑时，卒于乾隆四十四年十一月十一日未时。元配孺人李氏，生于康熙四十三年二月初三子时，卒于雍正十年二月初三亥时。继配孺人韩氏，生于康熙五十六年正月二十七日亥时，卒于乾隆五十三年二月初十未时。嗣子一人，光佐，纯谨孝弟，亦克肖厥父；女一人；孙五人，孙女三人；曾孙女一人。长孙修益，廪膳生；次修凝，次修职，次修符，次修正，俱业儒，悉笃践履露头角。绳绳继继，益大以滋，吾外氏其与乎！

壬申恩科岁进士曹州府朝城县训导
愚表弟赵浣顿首拜撰

六品军功亓公进德墓表

　　公姓亓,讳进德,字崇阶。先世多显宦,族姓繁衍居处不一。公之曾祖山尊始由城西钟徐铺迁居于井峪,辟地、诛茅、廓如也。佑为公祖,清泾为公父,生子二,公其长也。赋质强敏有排解之才,而以孝友为根本。年八岁出就外傅,授《论语》《毛诗》数遍如成颂。戚里有喜庆事,公贺之。赞礼者见其幼,故难之使行全礼,升降拜跪如仪而出。未弱冠出应童子试,辄居前列。而公雅不自喜,尝负跅驰之气,不欲拘拘于帖括之业。久之无所就,家益窘。太夫人垂白在堂,大惧无奉养资,乃去儒而学吏,非所乐也。酒酣耳热,辄呼:"负!负!"乃尽举薄田数亩与其弟使耕治之。又去吏而学商。

　　晚年家颇饶,好行其德,里党称之。先是博山赵庄监场,系山西巨商旧业。用违其人,监寇充斥,迭易业主不能治,使公治之。公内外经理,待巡役以恩信。获私贩者,治以黄老之术;薄责而厚偿之,以愧其心。不数月间,监路开而民食足,利获三倍。乃又与其弟合炊,日奉甘旨以上,博太夫人欢。公性好施予,又乐与文人学士游。小诗信稿,冲口而出,皆有雅致。博令断一狱,不协舆情;其黠者将因考试持其短,一邑大哗,得公一言而息。其见重于士类又如此。

　　咸丰十一年后,南匪屡次过境。公以团山为寨,数十村皆得获全。时钦差杜经略山东,委绅士为练长,汶河以南公任之。备器械堵险要联络声息,屹然为一方保障。僧邸奉命剿办兖州白莲池教匪,馈饷络绎不绝。公赍粮数千斛,当盛夏溽暑亲往押解,以犒王室。积劳成疾由此不起,识者惜之。谓公才气,得有力者提拔之,何事不足以图成?而赍志以殁,其命也欤!公生于□□年□月□日;卒于□□年□月□日;享年五十岁。于□□年□月□日葬于村北。元配宓氏,继配李氏,先公亡。生子二,长曰鸿磐,太学生;次鸿翮,业农。女一,适壬戌恩科举人任侄宪秋之长子增贡生念曾。鸿磐子二,保胜、保振;鸿翮子五。

乙卯科举人济宁州学正姻
眷生吕传诰拜撰

作者简介：吕传诰，字星使，号蕉雨，张家洼街道大芹村人。咸丰乙卯年（1855年）中第十五名举人，任职济宁州学政。晚年，吕传诰在村南修建了"蕉雨山房"作为学堂，培养了一大批栋梁之才，除了儿子吕宪瑞考中进士外，在其同辈中，还有六人中举。

族曾祖星槎先生墓表

君讳凌汉，字星槎，玉霏公之长子。玉霏公恢廓大度，见义勇为。吾邑试院之创建，吾族先祠之巨工，擘画周至，劳怨不辞，邑人至今称之。君性诚朴，行事一秉父志。初君欲以科第起家，显扬其亲。自叹失学，艰于进取。有弟凌霄颖异，延明师教之，既补博士弟子，期望益切。每值乡试，君亲送迎之途次。

值弟腿疾发，君辄背负以归，盖冀弟成名以遂其志也。及弟累试不售，已乃习武事，入邑庠，欲得武职以显亲，数奇，卒不副其愿，久之乃罢。其后，凌霄出嗣清标公，贫无立锥。君请于玉霏公产析为二，其友爱出于天性如此。有从弟可娶妇，邀公为之纪理。是日君长子亦成婚，君先至从弟家纪理毕，然后归。君生平不失信于人，多类是。清咸同之交，捻匪肆扰邑境。君时为副团长任城守，率勇出城要击匪，众获巨魁石某枭其首。贼惧不敢犯。后以功议叙，得千总。君读书略观大意，遇慨慷侠烈之士，辄咨嗟太息而往复之，性使之然也。

生于清嘉庆二十四年六月二十日，卒于同治八年十一月初七，春秋五十有一。元配曹氏，生子毓芝；继配张氏，生子毓贞；又配李氏，生女毓藻，迁居安徽颍州。又配沈氏，生子化南、毓珂。沈宜人守节蒙旌。孙十人，岱宗、岱松、岱春、岱柏、岱霞、岱竣、岱曙、岱山、岱海、岱沽；孙女二人。曾孙四人，滋生、桂生、步瀛、步高。曾孙女四人。

族曾孙因培谨撰

族祖召卿翁墓表

族祖召卿翁，先君之高足弟子。培自幼与共笔砚，性情投契终身无间。遇事必就谋，是非准诸大义，抗不相屈，盖古之所谓诤友者。戊午夏，翁有疾，余往视之。病少间，余谓翁体：气素强可以无虞。余适有羊城之行，在道念翁不置。比至粤垣，闻翁逝世矣！伤哉！今年春仲，因省亲旋里，翁子岱宗叔属培表其阡，以示子孙，义不敢辞。

谨按：翁讳化南，字召卿，星槎公之第三子。父故时，翁年十一，依母与祖母刘教养成立。年十八二兄故，二十长兄又故，两弟俱幼，旋遭回禄，家赀荡然。翁以童冠之年屡遭不幸，家室之累其何以堪。翁乃收拾烬余，备尽劳瘁，仰事俯畜，渐称裕如。翁治家严，门庭肃静无敢哗者。读书求精义而弃糟粕，为文劲气直达，不加雕饰。工书法，入郡庠，旋食廪饩，候选教职。值清廷变法，入学监养，成所毕业，充本县高等小学教职员七年。诚意所孚，人咸就范。性质直，与人开诚布公肝胆照人。亲友无远近，有纷难胥就质，翁从容为之处解，人人各如其意而去。翁有至性，里党咸称其孝友。而于吾族，体恤匡救犹不遗余力。盖追本溯源，犹是一家；自翁视之，情同骨肉。翁殁之日，闻者皆泣下，而吾族之感念又何如也？

翁生于清咸丰九年十二月二十六日，卒于民国七年五月十一；春秋六十。元配李氏，生于咸丰六年九月十二日，卒于光绪十年八月二十七日。生子一，岱宗，出嗣。继配张氏，生于同治六年九月初六。子四，曰岱松、岱柏、岱霞、岱峻。女一。孙三人，滋生、步瀛、步高。遗嘱葬于鹿鸣山阳新阡。

族孙因培谨志

族兄吉人先生墓表

先生讳延祥，字吉人，世居县治南劝礼庄。自先生之祖太学生允清公迁居兹土。父钦容，太学生。墓均在劝礼村西之祖茔。生三子，先生其仲也。生而凝重端方，不妄言笑。恂恂守礼法，不稍越。见不孝不友及无礼于尊长者，则愠不可释，不啻身受。博涉经史，至老不衰。尝谓："读书必熟，理境乃澈。"诚心得语也。为文不专投时好，屡试童子高等未售，遂援例成贡。终其身为童子师，诲人以笃，循矩蒦为宗。讲诵而外，教以持身涉世之方。故游其门者，纵不能卒业，亦克自立。

培幼孱弱多疾，先生父母怜之，九岁始令从先生读塾中。族众邻儿十余。培始读，稍异，偶有问难，诸儿不能对，培辄举之。先生嘉曰："此子读书材者也。"噫！先生没二十年矣。生平一博士弟子，垂老不能得。而所谓读书材者，又不能副其所期许，不适成笑柄哉。配吕孺人淑德婉容，一乡模范。性慈仁好施与，与人同欣戚。至孝与先生齐，盖本性生，非强为也。先生爱吾甚，孺人尤过之。从其嗣君请，谨缕述之以表于阡，不知涕之何自来也。

生三子，长子所乐，乡耆；次所节，一名锡三，郡庠生；次所符，监生。孙十人，钟华、钟麟、钟骏、钟干、钟堃、钟秀、钟田、钟骧、钟森、种岑。曾孙十八人，开先（一名龙文）、彰文、博文、同文、大文、佐文、教文、贵文、宪文、昆文、润文、鸿文、鼎文、炳文、灿文、友文、成文、梁文。

受业愚族弟因培谨志

族侄嘉亭墓表

君讳所乐，字嘉亭。曾祖讳允清，太学生。祖讳钦容，太学生。父讳延祥，贡生，生三子，君居长。少年读书曾冠童子军。嗣以捻匪乱，去之贾，精敏过人，筹无遗策。生平重义而轻利，虽善居积，而常鄙龌龊者之所为。性至孝，愉色婉容能得亲之欢心。读史论古有识，常津津乐为人道，即老师宿儒皆折服。旁及医卜、形家、相术，无不潜玩体验。所尤精者医，踵门求诊者往往如市，无不应手取效。著有《医学简明》藏诸家。言余交莫逆，一日不晤此中歉然。余中年客游之日多，归必朝夕聚首，每谈，晏至更深不少休。辛丑，余客稷门（临淄），闻先君子病，遄返旋见背。维时，见君神销气沮戚然，大不忍。

君故有疾，至以哀先君子，并哀余之故，病势增剧，情谊笃矣，尔乃沈绵半载竟以不起。呜呼！君已矣，余年愈见恶尚尔碌碌依人？昔年酒烂灯炧，推心言志意气自豪，将与精力同归于尽乎？念及此，不仅扑笔起立大呼："负负君！"自命知己，余外为光裕邓君，邓君不读，慷慨有古任侠之风。

君生于道光二十七年十月初十，没于光绪二十八年四月初九，春秋五十年有六。配儒人吕氏，继吴氏，又继薛氏。子四人，长钟华，监生；次钟干，监生；次钟秀，监生；次钟田，从九品。孙六人，开先（一名龙）、彰文、佐文、博文、同文、大文、教文；曾孙：育材、育琳、育璠、育栋、育山、育衡、育松。

族愚叔因培谨志

德教碑文

盖闻良工之子必善为箕，良冶之子必善为裘。艺术然，师道亦然，如凤翁者可见矣。凤翁姓亓氏，名增砚字凤池。排行良善，立身教授，有先祖遗风焉。考其本支，五世祖廪膳生美玉公，居濮县，阴德懿行已载县乘，无须赘述。而其精教授严庭训，异姓同族，一经教导，列仕籍名显扬者实不胜举。六世思忠公，聆趋庭之教，已入文庠。七世祖麟公，文庠。八世飞龙公，优廪生。九世士元公、十世之瑸、之瑛公，皆文庠。十一世京公，弃文就武，已入武庠。十二世明玉公、十三世秉辉公、十四世祥德公，亦皆文庠。十五世占都公，文生；占宇公，乡饮耆宾。十六世文超公，文庠；文山公、文岭公、文岚公，缘咸丰十一年，黄水淹没濮城，徙卫城而家焉。十七世良禽，增广生。十八世九麟公，始文终武，后入武庠；九围公，武庠，马步魁首，郓城武状元。张宪周曾出其门焉。

十九世广聚，文庠；传钦、传铎、传孔等非高中毕业即高小毕业。后世子若孙虽不得远祖亲，然而私淑家传，尊而行之，功成名立，是亦箕裘克绍之义焉。至于凤翁者，文岚公出也。翁少颖悟、性诚懿、嗜读书、重交谊，由增广生而县师毕业。因家寒亲老无心仕途，即以舌耕为业。教读五十年来，由冀鲁豫晋诸省之徒请业授教而游泮升学，身列宦途得沾花雨桃李公门者，所在多有及。门诸弟和四方亲友，感先生一教育之德和友谊之情。为其年高德劭，当杖国之岁躯体矍铄，尤谆谆以救亡教导无稍懈，是亦斯时仅有也。金欲勒诸贞珉以为表扬，求叙于余。因与凤翁谊属同族，不敢揄扬。但阅家谱，先代教读之法，而凤翁设教授徒，不唯有与符合，更有青出于蓝而愈胜于蓝焉。此特举其实事而录之云尔。

清光绪丁酉科文举曹州中学校长莱芜人
十九世亓因培撰宣统己酉科扳贡

附：碑旁对联：

昔住箕山左世代簪缨子承孙继秋月露凝兰桂秀

今居卫水右家传衣钵师请徒受春风雨化桃李香

京师大学毕业守业门生清丰人友浩赵景梅撰
联大名中学毕业清丰县人席瑞刘敬珍书丹
中华民国二十八年二月十五日

亓公化元墓表

公讳化元，字续乾，太学生，选举大宾，讳曒如公之子也。家素丰裕。幼从塾师读，即攻苦自励，业不荒于嬉。弱冠入邑庠，后因父母春秋高，唯以孝养为急务，功名竟无复热衷。

生三子，长子维圣、三子维瀛命之业农；次子仲白教之读书。仲白以青年应童子试，游泮水。长子维圣亦复援例入成均。诸子承公庭训耕读各安本业，犹能承色笑窥意旨。凡公所欲为皆先事周详办，故公一生无苦志劳神之，端然丰于欲而不纵乎。情崇节俭恶奢华，殆所谓履太而安者与。公素多疾病，及遭父母丧病已不支，乃倾力疾亲视含殓，哀痛迫切，痛不欲生，凡一切丧葬无不如礼。

读礼后旧病益笃，逾年竟赴玉楼之召。悲哉！今公之殁有年矣，诸子同居共炊，无稍间言。诸孙亦恭谨笃诚，耕者勤于野，读者安于塾。一门雍睦，孝友成风，盖犹是公之遗训云。

族愚侄玉相撰并书
公元1914年冬立

作者简介：亓玉相，莱芜高庄镇劝礼村，南三门十九世孙，清末秀才。从医，多善举，尝接济无钱看病贫穷之人。工书法，习九成宫。清末民初，主事本村族人改"圈里村"为"劝礼村"。

仁甫公碑文

从来富贵之子，必出贤孝之家，势所必至，理亦固然。考之仁甫公，可得而知之也。公姓亓氏，讳九麟，字仁甫。祖居亓楼，范县地濮州民，文武两庠，皆入州学，数十世皆如是已。公父良泰公（编者：七修《亓氏族谱》记仁甫公父为良恭公）太学生；祖父志养公，德配刘氏适亓未六年，其殁焉（指志养公）。所生良泰公，配汤氏，后十余年来而仁甫公诞降焉。其母，除乳哺以外，供孀姑颐使针工，饮食不暇，而保抱携持，尽记该祖母刘氏为之教养焉；其祖母上事翁姑生养死葬，悉能如礼；下抚幼孙饮食教诲，使明大养。仁甫公稍长，使之入学习文。及其少壮，又命演武，后入武庠。嗣后赴省乡试，未得中选。无志上达，遂辅祖母而治家焉。仁甫辅祖母经营治理，而产业发达，较前过半已有余矣。仁甫公览祖母自幼年守，孝养翁姑得其欢心，教导子孙功成名立，又能产业增盛有十余顷之富。况六十余年之苦节，无分毫瑕疵，于旌表之例是属相符，故联名具秉，保举节孝，呈至上宪，以达宸聪。朝廷钦赐"节孝可风"匾额，以光门楣，已有余荣矣。

至于仁甫公长子传锡，监生；次子传铎，县丞。孙安庆等兄弟七人，非大学毕业即中小毕业。所谓富贵之子必出于贤孝之家，惩不诬也。统仁甫公与祖母刘氏履历观之，孙无祖母何以有今日？祖母无孙何以终余年？即此可见，公与祖母影形相符狼狈相依，经营料理，卒致产业增盛，功名显达要，无非仁甫公遵祖母刘之善教，所推而致焉。所以岂过誉哉？故即其事实而录之云尔，于是乎叙。

清丰县光绪己酉科优贡生翟酉山撰文
濮县光绪己酉科拔贡渑池县长
杨凌昆校阅

作者简介：

（一）翟酉山，清丰县人，光绪己酉科贡生，民国初年任直隶省立第十一中学校国文教员，与音乐教师李子扬共同编创校歌："天雄城临漳浒，民俗朴茂士好武；南八忠烈霁云鬓，更有器之殿上虎；前哲流风今宛在，趁在少壮多力努，多力努，启我神明，医我瞽；诚敬秉校训，救国力学苦，枕畔闻鸡夜起舞，炼铁臂，铸铜肤，养成浩气塞寰宇。到来时，好携我全国同胞齐心一志，高树正正旗，大擂咚咚，一扫欧亚邦风雨。"二十世纪三十年代，再编创校歌："同学们！大家起来，担负起天下的兴亡。听吧！满耳的大众的绝伤；看吧！一年年，国土的沦丧……"

（二）杨凌昆，字仰宸，山东鄄城人，光绪己酉科拔贡，曾任渑池县县长。

民国初年（1912 年），为陆军二十九军军需处长。曾驻防洪洞。曾诗《军次洪崖游古槐树处怀古》云："万里从军鞍马劳，道经乡国秋初高。遍寻老鹳窝何在，独有大槐插九霄。往事迁民竞相传，遥观佳木忆当年。停骖未退访家族，暂憩清阴亦怅然。"

康侯先生墓表

外兄康侯先生，吾师也。病笃趋候，唏嘘言："吾一生孤僻，无多知己。养斋叔遨游西南万里外，恨不得把晤一诀。今子来，甚善，吾德薄能鲜，无以示后人，然亦不愿与草木同腐。子知我，其为我志概略？"祺再拜受命。越数日，先生故。先生讳锡三，字康侯，吉人公之次子。幼聪颖有隽才，读书于师长讲授外，往往别有会心。早岁入郡庠，文笔秀丽，绝无尘俗气。好吟咏，诗词超逸。性傲岸，不拘小节。与人落落寡合。尝辟小园数弓莳花木，而菊最多。每当秋季，把酒临风，啸傲东篱下，萧然自得。素嗜饮，知命之年日在醉乡，谓："人生何自苦，唯此杯中物可以消块垒，可以散千忧。"有高人逸士之风。迨年近古稀，精力渐衰，遂戒饮。先生有田十数亩，衣食粗给予物无竞，凡事求诸己而己足，古所谓介者非欤。

生于清咸丰二年四月十二日，卒于民国十一年十一月二十八日，春秋七十有二。配孟氏，以勤俭佐家政，以美食供先生，而自甘藜藿。子五，钟麟、钟骏、钟骧、钟岑、钟森。女二。

受业愚表弟孙锡祺谨志

作者简介：孙锡祺，浙江长兴县泗安人，号宝瑚，太学生，咸丰庚申年（1860年）一家殉难。

族侄瑞亭墓表

呜呼！此吾族侄瑞亭之墓也，何忍而不志之！吾性好群居，君其一焉。当灯前酒，后放怀高论，与至，则鼓缶而歌，呼呜呜形骸两忘。吾中年后客游之日，多家务琐屑半赖揩拄。

君素有沉疴，癸卯秋渐次沉绵，甲辰正月二十一日逝世。岁暮，妇人但见郁郁松柏，苍茫落日耳。君讳所符，字瑞亭，我师吉人公之少子。幼旷达不羁，不肯事笔砚，粗通文义去务农，后又佐其兄嘉亭，理贾业，以假代权子母。凡业中杂操作，无不惮精为之，嘉亭甚倚重焉。其孝深得孺慕之诚，父母钟爱之。其排解纷忧，他人或忠告而不喻异言之而不化者，君则庄论以折其气，或诙嘲以释其心，人多叹为不及。娶刘氏，先君十五年而卒。继刘氏，性淑慎，侍君疾备尝艰苦。事君母以妇职而兼子道。太孺人赖以无缺定省。子钟堃，监生。女二人。孙成文，孙女四人。

族愚叔因培谨志

故明逸民后川时二公墓志铭

邑有隐君子，曰后川时，公讳永振，其先世自国初卜居永城，代有高人，世为名族，或在家乘，远不具述。自其先大父名文质者，生扑，扑生三子，长曰永哲、季曰永化、次即公也。公生而伉□，幼不事诗书，善骑射，曰："丈夫自有志，何事效腐儒？"□□以没齿哉。然天性敦孝友，本质□礼义，虽博士家不能过也。公虽不寻章，由而时时以录读，课其后人始焉，家业未曾朝夕经营。以奉两尊人，外计门户，内训弟侄，由是季弟兰亭公得补邑庠生，至今三世，书香衣冠济济，皆公之泽也。公驾亲而尚义，长兄为人所诬，祸且不测，公不吝私，财次相资，追犹子以有□累。公复谋于子，曰："尔伯早逝，幸有遗孤，何忍不倾赀竭力为营解？"以故终公之世而不敢悖其德。公隐于市，而明农家业渐裕。族有难于衣食者，济之；困于心难者，脱之；而未始有德色。里间有缓急，向公求急，若取诸囊中，未必皆偿，其长厚利物类如此。性尤好施，名刹奇观，待公毕工者，岂止数区。而隐公浩大者，桥梁为最。吾邑居隋堤之衢，南北俱洼湿，公倡先捐资，于西南东北两筑桥梁，道路绵远数十里，途人不□涉，□何啻亿万。

公少而磊落，长而笃行，所与游，多名贤，若刺史王公、计部李公、中丞王公、诰赠练公、余族乡贤，公悉数为莫逆交；而后生小子，尊仲其齿，德者更为暇屈指矣。公性憨而（刻），或有过，则面折之，而真意蔼然，人多愧悔而服其诚。暮年德业愈盛愈造，平易近人，人饮其和惠用是。没之日，无少长贵贱，莫不涕泗沾襟，有罢市哭巷之风焉！真布衣人豪载！

公生于嘉靖二十五年九月二十七日，至崇祯三年四月十一日，以无疾而逝，享年八十五岁。元配孺人贺（郝）氏，淑姿令德，克相夫子，上事舅姑，下睦族党，与公同茹而创业，至今田园丰腴，子孙绳绳，樊

现存故明逸民后川时二公墓志铭拓片

厥所自孺人，内助之力居多矣！先公八载卒于天启二年九月初七，寿七十三。侧室张氏、陈氏，子一人，名藻，邑庠生，初娶陈氏，继娶王氏，再娶薛氏，并刘氏，嫡贺出，以是年九月苦愧成疾卒，女二，一适周文洋；张氏出一，适忝将王文成；陈氏出孙，男五，长元新，邑庠生，即余婿也；次元□，娉庠生李文丽；女三，元柱聘庠生史垂询。女具王出，元熙，刘出，元儒，薛出，具幼，未聘。孙女三，一适张允焕子；一许庠生余绝白子；一许字庠生亓奉太子。将于十二月之既望迁柩于祖兆之次，启孺人□合葬焉！公长孙承三祖，郆执状以求志，余不忍辞，又何弗铭？

邑曾广生员眷晚生张才善顿首撰文并书

崇祯三年十二月十六日

孤哀子时、藻，孙元新泣血纳石

墓志铭拓片：河南永城亓涛

2015年12月23日

附 录

附录一　皇封敕命

直隶淮安府推官亓诗教父母敕命

奉天承运，皇帝敕曰：朕闻树谷者获，树德者倡。世有笃行好修之士，养晦生平而显扬殁世，彼盖所树者厚耳！

尔亓三顾，乃直隶淮安府推官诗教之父。屡垣居贞，崇儒尚行，孝友为政，家声雅重于乡评。诗礼迨谋，庭训聿垂。夫士范眷此亭平之勋，嘉嘉乃式谷之功。

是用赠尔为文林郎、直隶淮安府推官。光生平未究之施，衍家世有余之庆。

敕曰：夫杯棬永慕，钟釜兴悲，人子念母之情至亟也；不有悯纶，曷酬罔极。

尔程氏乃直隶淮安府推官诗教之母，性贞以静，德惠而温，孝敬承尊，式佐瀡滫之奉；爱劳迪子，宛有机迪之风。御穷而攻苦，若诒薄荣，而曳綦如素徽，虽貌懿范犹存。

是用赠尔为孺人。祗佩明纶，永光幽邃。

敕命

万历三十五年九月二十三日

直隶淮安府推官亓诗教并妻

奉天承运，皇帝敕曰：夫一郡之谳通，于司理厥任重已，矧长淮奥壤，狱讼滋繁，匪良理官孰为朕流哀矜者也，朕岂有爱于褒锡焉。

尔直隶淮安府推官亓诗教，志行端纯，才遒朗练，自抢廷献。再理邦刑，而尔能察，丽求中缘，经辅律敬，慎重一成之。

奏明清悉，五聪之辞，民自不冤，廷无滞讼。大吏者称尔能者数矣！朕贯嘉之，是用授尔阶文林郎，锡之敕命。夫法所以防民奸也，其本为礼，其末为刑；建本销末，非俗吏事，唯贤者可与共此耳！尔尚宜殚厥心，详究斯义，以赞刑措之治，唯尔之庸懋哉！

敕曰：朕闻刑轻政简之效，民间子妇靡不恬嬉焉。甄绩展赏而遗其室家，何以劝也？

尔淮安府推官亓诗教妻蔺氏，禀教女师，作嫔哲士，藻频荐养，克赞下帷之。勤荆布襄，廉蔚起从，官之誉，怅苕华之，易萎眷蕙问其有存。

是用赠而为孺人。偕夫秩以升华，表闺彝而作则。

敕命

万历三十五年九月二十三日

礼科给事中亓诗教父母

奉天承运，皇帝敕曰：古者，孝悌力田之士皆得辟举。今虽格于制，而有能谷贻其子作朕耳目，则教忠之原，尤不容泯也。

尔增文林郎、直隶淮安府推官亓三顾，乃礼科给事中亓诗教之父，纯修靡懈，雅尚不群。以孝友植行己之基，以诗礼拓传家之绪，并储勿问且自安。贫士之常，臭味所投时多，长者之辙叹白驹之过隙。惜也无年快，鸣凤之朝阳，幸哉有子。

兹特改尔为征士郎礼科给事中。既以扬名德之光，且以彰谏臣之宠。

敕曰：子之能仕，岂独父训哉！亦有以母而成父之志。及成而不获食子之报，其情良可念矣。而增孺人程氏，乃礼科给事中亓诗教之母，妇德孝恭，母仪圣善。丁年挽鹿，备赏井臼之劳；丙夜和熊，克赞诗书之业。

有子而贵，尔寿弗延；有子而贤，尔德弥彰。

兹用仍赠尔为孺人。叠颁凤诏于琅函，聊慰鸟嘀于玉树。

敕命

万历四十三年十二月二十八日

礼科给事中亓诗教并妻

奉天承运，皇帝敕曰：谏官以言为职，顾言一耳，或见为乐石，或见为厄蔓，则其人以也。朕严重兹选，冀得其人，至于宠渥，必无靳焉。

尔礼科给事中亓诗教，博大渊冲，贞纯直亮。当其初抡廷对，在试理刑，固已抒厥丰棱，翔于望实。追居耳目之任，益弘忠傥之猷。论事则迅于发机，洞于破的；论人则鉴于无照，权无失衡。众所曹言片言而定是非之，准时所难，言昌言以析理乱之。原非才与诚合，胆由时运，当不及此。

朕思古人，其贾陆之俦与兹以阅。岁改授尔阶征士郎，锡之敕命。夫以七品官改给恩纶，此异数也。念之哉永坚，一心克终令誉。勿以孤忠惧投杼，勿以逆耳疑转寰。使朕纳谏之实，天下享直言之利，则于尔有厚属己。

敕曰：士履贤荣，追忆隐约，必有怦怦动念者。矧食贫之配而中道仳离，宁无致痛于遗簪。

尔礼科给事中亓诗教妻，增孺人。蔺氏赋性柔嘉，时躬淑慎，伶仃百苦。能代孀姑主馈之劳，经纪三丧，克襄孝子。厚终之事，何彼内美，限此修龄。

兹用乃赠尔为孺人，庶几之幽兰余芬，不与宿草而俱尽。

敕曰：论阃德者，约固难持，而贵亦易侈后先之间。芳征掩映，恩宜并逮，以示风焉。

尔礼科给事中亓诗教继室王氏，淑质桃宜，清心玉润，俭唯曳镐，赞素丝退，食之操儆，效鸣环增；白简敢言之气，国之遗直家之幽贞，称两得焉。

是用封尔为孺人。佐骏业，以方升承鸿恩而未艾！

敕命

万历四十三年十二月二十八日

附 录

直隶大名府浚县知县亓之伟父母

奉天承运，皇帝诏曰：语有之：不竟其禄，子孙之谷。夫砥德种文之士而材扼，于遇福不盈量，所偿必倍。

尔举人亓才，乃直隶大名府、浚县知县亓之伟之父。艺圃蜚英，贤科奋颖，文能载道，夙高金薤之。称位不配年，蚤赴玉楼之召，迨其乘殁之，为训敦伦之规，宜亢而宗有闻于世。世途所啬，天报唯丰。

兹用赠尔为文林郎，直隶大名府浚县知县。锡之敕命。赍凤诏于琅函，慰鸟嘀于玉树。

敕曰：夫良吏如众，人母籍德于慈也。褒吏绩而疏荣及之，宁为子报罔极乎。

尔李氏，乃直隶大名府浚县知县亓之伟之母。肃雍妇德，圣善母仪，度叶恒璜。相父子圭璋之器。绩工机杼，启象贤黼黻之华。克顺以豫尊嫜，好施而洽邦族，智足丈夫远。概慈兼严，父方未艾，寿康方宁鼎釜。

兹用奉尔为太孺人。浡承优渥之恩，益介期颐之祉。

敕命

天启六年九月三十日

直隶大名府浚县知县亓之伟并妻

奉天承运，皇帝敕曰：间者以岁之不若，烝黎失业，朕诏有司，蠲苛布德。又廉其治状而予之褒，畿辅诸邑，厥声尤易达。

尔直隶大名府浚县知县亓之伟，圭璋异抱黼黻宏才，以子大夫高等两宰岩邑，而尔日监自盟，风斤独连，劈刀错试于割易其地，而良苦丝善治乎？纷祗厥功，以叙有歌。来暮所去，见穷檐邃谷皆春；私室公庭，若扫达于朝听。懋乃民庸。

兹覃恩授尔阶文林郎。锡之敕命。夫俗吏之所务，在筐篋薄书，而实政不修，朕安取此？尔以家学著声异等，迨有治谱，尔尚益笃初忱，以副朕股肱耳目之托。钦哉！

敕曰：夫悲少原之簪，为不忘故也，结缡初配，聚首日短，执手期长，岂其既贵而遽忘之。而直隶大名府浚县知县亓之伟妻许氏，静贞自性，聪慧过人，胡不肃雍，宜其家室，洁尔羞膳。承垂白之欢鸣，乃佩环；勋汗青之业黻，陪之明，犹在机丝之迹已。虚胡德斯，遐而年不永。

兹用赠尔为孺人。显恩初贲，幽懿长彰。

敕曰：谷风有云，泾以渭浊。湜湜其沚，新故相逢而清浊见。乃伉俪之间，相继流清，特殊足贵。已言念仳离伤如之何？尔直隶大名府浚县知县亓之伟继妻王氏，高闶令质，良士好逑，孟髻屏华。守孺门之礼法，桓汲佐俭，成修士于宦贫。内则妇章，冈方共绸缪于薪楚，遽嗟契阔于死生，爰念阑仪聿申芝俭。

兹用增尔为孺人。服疏荣之有，慰遗恨于无闻。

敕曰：妇人之从其夫，攻苦犹易，而华膴兹难。盖綦缟之素不存，而丹华之思易乱。兹敬姜所谓嗟能劳也。尔直隶大名府浚县知县亓之伟继室田氏，动闲内则音嗣，前徽调匕，先鸡鸣而兴篝灯，佐凫飞之绩维。其宴如于忘贵，执欷之旦，故能淡然从曳缟之余。

兹用封尔为孺人。益敦燕誉，祗迓鸿休。

初任直隶广平府成安县知县二任今职

敕命

天启六年九月三十日

户部广西清吏司主事亓之伟父母

奉天承运，皇帝敕曰：奥宿鸿儒，一吐胸中之奇。而翱翔云路，几于通矣！乃鹏翼甫骞，修文俄殉。爰启象贤，阐青箱世业而尽用其所。未足则名，食报不于身于子，天道亦何爽哉！

尔举人赠文林郎直隶大名府浚县知县亓才，户部广西清吏司主事之伟之父，文倾三峡，学富五车，孝友追踪古人名行；雅负时望，花生兔颖，玉笋价重于当年；桂吐鹿鸣，宝气源腾，于奕世叹公车未展。骥足喜肯堂，绕有凤毛，半世寒窗鉴滋味；已饫饱片羽，翀汉时书色泽攸；宏眷兹足国之讦猷，咸尔传家之式谷。

是用赠尔为承德郎、户部广西清吏司主事。如子官荐荷粉署，宠颁快慰，长扬素志。

敕曰：巨木不托培塍，大坝岂产涓泽？肆寿母发祥，爰庭诞哲胤叠捧。龙文凤诏，致之膝下而华发，婆婆潘兴，喜动洵家庭瑞事哉！

尔封太孺人李氏，乃户部广西清吏司主事亓之伟之母，德耀珠明，仪垂玉润。孝敬夙闻，姻族俭勤，丕著闺帷。方叶凤吉，之占青云，望遂旋折，鸰群之羽。白首心违，乃开笥而陈父书，还和丸以课子业。迄今双管成文，于获笔北阙，恩隆争羡，五衣错彩于榆章，西池庆溢。

兹加封尔为太安人。绣裳拂舜日之辉，大斗进鲁宫之颂。

敕命

崇祯元年十二月三十日

户部广西清吏司主事亓之伟并妻

奉天承运，皇帝敕曰：地官列属，管天下利权以阜财等，民任至巨也。矧兹萧然，烦费中殚外竭时，非精心敏干酌泉布盈虚，何佐积贮大命而愉快乎？

尔户部清吏司主事亓之伟，器识渊沉，材猷综链。连镳杏苑，游刃花城，鼓言铉以爱人，雉雏春膏于两地，捧楚珩而洁已，鱼垂秋皎于一帘。爰晋循吏，俾主钱谷，而尔四知自矢，九赋攸稽持筹，而计度支，确有刘宴之谋划。按簿而详出纳，耻同孔仅之搜刮。既留心于裕国裕民，更竖义于立事立政。式籍救时之著，实赖心计之能。兹以覃恩授尔阶承德郎，锡之敕命。今日悤悤虑者，不过边储已也。东南民力竭矣，疆陲时闻脱巾，而庙堂徒嗟露肘。朕赏宵旰彷徨，实深长策。尔其总天地生财之数，商在官在民之。实为道大光，为悦无疆，庶几中与外两有济乎？唯尔也！朕将大有用于尔懋哉！

敕曰：礼重正始，谓龟勉同心，相与以有终。乃对短檠襄学殖而笔花未灿，丛兰盦肜发鱼笥而兴思，孰慰唏嘘之幕哉！尔户部广西清吏司主事亓之伟妻，已赠孺人。

许氏淑贞幽娴，徽音静好，五鲭甘脆。偕娱于萱帷，二酉编湘佐，研摩于带草，方麖大家之赋。忽悲乐镜之，离鸾星灿，谁傲弋宜。静琴永断,月暗若移珮影,芳韵犹存。

兹特赠尔为安人。止玉树之鹃啼,焕霞衣于马鬣。

敕曰:士兀兀穷经非得贤内助,遂厥苹蘩下帷之业,奚繇奋迹天池哉!惠帐之徼,攸资而鸾胶之续。再绝眷兹营蒯,能无籍天言,以纾幽恻。

尔户部广西清吏司主事亓之伟继妻,已赠孺人。王氏敬慎,其仪懿柔。厥性湘釜,恪共菽水举案。勤砥芸藜,荼其荠乎?冬每御以蓄旨玉可攻也,佩不辞于解琚。乐羊子之良;瑗胡同萧艾而速萎钟。夫人之劳范堪洁兰芷以留馨。

兹特赠尔为安人。用釜封之,永耀解剑侣之遐思。

敕曰:国课钱谷则问吏,家总米监则问妇。职分内外,而功实相资。况能继彤管之辉,而历勷治迹泯。适北门妇德尤宜亟褒焉。

尔户部广西清吏司主事亓之伟继妻,已封孺人。田氏毓秀名门,作嫔哲彦。居循姆师之训,动饬环珮之音;鹤发承欢,恒服老于庀鼎;羔丝赞节,唯砥洁于酌泉桑梅慈。均鸠哺性,勤训组心,辣鹨鸣久矣,度叶班书,懿哉范媲郝法。

是用封尔为安人。祗承珈帔之劳,弥修恒璜之德。

敕命

崇祯元年十月三十日

直隶河间府青县知县亓煦父母

奉天承运,皇帝诏曰:求治在亲民之吏。端重循良,教忠励资敬之忱聿隆褒奖。

尔亓任,乃直隶河间府青县知县加二级亓煦之父。褆躬淳厚,垂训端严。业可开先,式谷乃宣猷之本;泽堪启后,贻谋裕作牧之方。

兹以覃恩封尔为文林郎、直隶河间府青县知县加二级。锡之敕命。於戏!克成清白之风,嘉兹报政,用慰显扬之志,昭乃遗谟。

敕曰:锡类扬休,恩不殊于中外;循陔追慕,情无间于后先。尔直隶河间府青县知县加二级亓煦之前母刘氏,家风肃穆,内治娴明。瑀珮犹存，眷芳型之未远。杯榜如故，欣庆典之方膺。

兹以覃恩赠尔为孺人。於戏！图史有闻，欲报寸心于宿草；彝章丕焕，用宏厚泽于新纶。

敕曰：朝廷重民社之司，功推循吏。臣子凛冰渊之操，教本慈帷。尔直隶河间府青县知县加二级亓煦之母陈氏，淑慎其仪，柔嘉维则。宣训词于朝夕，不忘育子之勤，集庆泽于门闾，式被自天之宠。

兹以覃恩封尔为孺人。於戏！仰酬顾复之恩，勉思抚字载焕丝纶之色，永贲幽光。

敕命

康熙六十一年十一月二十日

直隶河间府青县知县亓煦并妻

奉天承运，皇帝敕曰：分符百里，必遴出宰之才；报最三年，爰重懋官之典。

尔直隶河间府青县知县加二级亓煦，雅擅才能，克宣慈惠，抚绥有要。常深疾痛，在己之心。怀保无穷，不忘顾复斯民之责。

兹以覃恩授尔为文林郎。锡之敕命。於戏！前劳已茂，用褒制锦之能来轸方遒，益励饮冰之操。

敕曰：良臣宣力于外效，厥勤劳贤媛襄职于中膺。兹宠锡尔直隶河间府青县知县加二级亓煦之妻谭氏，终温且惠，既静而专綦缟。夫克赞素丝之节，频繁主馈，爰流彤管之辉。

兹以覃恩封尔为孺人。於戏！敬尔有官著，肃雍而并美；职思其内迪，黾勉以同心！

敕命

康熙六十一年十一月二十日

清皇旨御前侍卫都督府

御前侍卫都督府：

九叙，字丹弼，号玉峰。乾隆己酉年科举，己丑年武进士。

恩赏蓝领侍卫，乾清门行走。授贵州新添营都司，升长坝营游击。

广东省督标右营参将，提三江口副将。镇四川建昌总兵。又调守江南苏松等处，总理沿海水师。左迁山东青州府寿乐营都司。谱授"武显将军"。皇旨都督府。

清　皇旨授都督府

皇旨：

亓氏宗族为国为民保天下；南征北战定太平。

九功，字彤锡，乾隆己卯年科举，庚辰年武进士。

授命福建督左营守备，升台湾北路淡水营都司。授命直隶天津镇标左营游击，提督王关路参将。皇旨授家族为"都督府"。

大清道光五年三月

清　圣旨敕命

奉天承运，皇帝制曰：考绩报循良之，最用奖臣劳；推恩溯积累之，遗载扬祖德。

尔直隶州州判亓濂，乃内阁中书衔，安徽潜山县教谕亓毓璋之祖父。锡光有庆，树德务滋。嗣清白之芳声，泽流再世；衍弓裘之令绪，祜笃一堂。

兹以覃恩赠尔为征仁郎。锡之勒命，於戏！聿修念祖，膺懋典而益励；新猷有谷，贻孙发幽光而丕彰潜德。

制曰：册府酬庸聿著人臣之懋绩，德门辑庆，式昭大母之芳征。

尔张氏，乃内阁中书衔安徽潜山县教谕亓毓璋之祖母，箴诚扬芬，珩璜表德，职勤内助。宜家久著，其贤声泽裕后昆，锡类式承乎嘉命。

兹以覃恩赠尔为孺人。於戏！播徵音于彤管；壸范弥光，膺异数于紫泥，天庥允劭！

敕命

光绪十五年二月十七日

奉天承运，皇帝制曰：谊笃靖共入官，必资于敬；功归海迪，犹子以教之忠。爰沛国恩，用扬家训。尔郡增生亓尊德，乃中书衔安徽潜山县教谕亓毓璋之胞伯父，躬修士行，代启儒风。抱璞自珍，克发圭璋之秀；储材足用，聿彰杞梓之良。

兹以覃恩驰赠尔为征士郎。锡之敕命。於戏！昭令问于经，嬴书贻刻，鹄佩徽章于策府宠赉，乃鸾茂典丕承荣名益劭。

制曰：家有孝慈之范，美以相济而成国崇褒；锡之文恩以并推而厚。尔徐氏，乃中书衔安徽潜山县教谕亓毓璋之胞伯母，德可相夫，教能启后。一堂环珮和音克著其慈祥。五夜机丝，内治聿昭其柔顺。

兹以覃恩驰赠尔为孺人。於戏！溥一体之荣施，鸾章贲采，表同心于训迪，象服分光。

敕命

光绪十五年二月十七日

奉天承运，皇帝制曰：任使需才称职，志在官之美，驰驱奏效，报功膺锡类之仁。尔亓思恕，乃内阁中书衔安徽潜山县教谕亓毓璋之父。雅尚素风，长迎善气，躬冶克勤于庭训，箕裘丕裕乎家声。

兹以覃恩赠尔为征士郎。锡之勒命。於戏！肇显扬之盛事，国典非私；酬燕翼之深情，臣心弥励！

制曰：奉职无怨，懋著勤劳之绩；致身自谨，宜酬鞠育之恩。尔乔氏，乃内阁中书衔潜山县教谕亓毓璋之母。淑范宜家，令仪昌后，相夫而教子，俾移孝以作忠。

兹以覃恩赠尔为孺人。於戏！贲象服之端严，诞膺钜典，锡龙章之焕汉，允播征音。

敕命

光绪十五年三月十六日

奉天承运，皇帝制曰：资父事君，臣子笃匪躬之宜作；忠以孝国，家宏锡类之恩。尔亓思恕，乃前安徽宁国府教授加三级亓毓璋之父，善积于身，祥开厥后。教子著义方之训；传家裕堂构之遗。

兹以尔孙亓金钺为故祖父加三级，恭遇覃恩，追赠尔为奉直大夫，锡之诰命。於戏！殊荣必逮于所亲，宠命用光；夫有子钦兹优渥长芘忠勤。

制曰：奉职在公，嘉教劳之，有自推恩，将母宜锡，典之攸隆。尔乔氏，乃前安徽宁国府教授加三级亓毓璋之母。壶范宜家，素协承筐之惠；母仪贻谷，载昭昼荻之芳。

兹以尔孙亓金钺为故祖母加三级。恭遇覃恩追赠尔为宜人。於戏！彰淑德于不瑕，式荣象服，膺宠命之有赫，允贲泉垆。

敕命

光绪三十年八月十九日

奉天承运，皇帝制曰：化宣列郡，资表率于黉宫。道在群书，赖阐扬于师度。尔前安徽宁国府教授加三级亓毓璋，教士有方，授经多术，持躬纯谨。人才正，藉以陶成，讲业详，明文义实，资乎研究。

兹以尔子亓金钺为故父加三级，恭遇覃恩追授尔为奉直大夫。锡之诰命。於戏！楷模不愧，用特奖乎前劳，砥砺无穷，尚克勤夫后效。

制曰：恪共奉职，良臣既殚。厥心贞顺，宜家淑女。爰从其贵，尔前安徽宁国府教授加三级亓毓璋之妻袁氏，含章协德，令议素著。于闺闱黾勉，同心内治，相成于夙夜。

兹以尔子亓金钺为故父加三级，恭遇覃恩追赠尔为宜人。於戏！龙章载焕，用褒敬式之勤，瞿弗钦承，允荷泉原之贲。

敕命

光绪三十年八月十九日

附录二 一世至三世世系图

亓氏始祖三代之图	一代	二代	三代
	始祖士伯 子四 诗教曰始祖代为江淮间人元末兵起率子世能避乱移莱一再传遂成世族至七世孙蛟志其父琅墓因溯自琅以上父宗大父正曾大父敬先于高祖曰名四乃始自淮迁赢士伯之子也盖以四为高祖而旧谱三叙皆载世能生二子长曰胤次曰积观此是世能初名四后乃改之迄今为我亓氏世祖皆始于士伯公也故兹增修族谱特追尊之曰始祖	勤 行一子一忠墓在羊庄祖莹 宾 行二子一业墓在羊庄祖莹 全 行三子四纲美耀箱墓在羊庄祖莹 世能 行四子二胤积墓在羊庄祖莹	忠 又名英行一子二 业 行一子四 纲 行一子七 君美 行二子六 君耀 行三子二 君箱 行四子三 胤 行一字茂先子三 积 行二字敬先子七

附录三 宾祖世能祖分门图

后祖胤	后祖业	后祖胤	后祖积	后祖积	亓氏二世宾祖世能祖后四世十四祖分门图（五世五十七祖分系）
门四	门三南	门三	门二	门一	
二祖世四	四祖世四	一祖世四	二祖世四	五祖世四	
升 林	幌 二 继 还	浩	雄 辉	俊 寿 正 端 桢	
行二子四斌贵满山 墓在羊庄祖茔 行三字文明子十江原福禄连和深整贵质 墓在羊庄文祖茔配张氏墓在团山西茔	行四子一青 行三子一襄（枣庄杜安村有子五） 行二子一亮 行一子二敬茂	行一子六英充宣德弘显 墓在羊庄祖茔清雍正八年十二世孙进泓为撰墓表	行五子一俭至九世二支迁昌乐亓家店子 墓在羊庄祖茔 行一字文焕子五温良恭让珮 墓在羊庄祖茔万历十九年曾孙槆与惕若立无志清乾隆三十年十三世孙式慧为撰志文	行二子二海量 墓在羊庄祖茔 行三字文肃子四赈恪宝实 墓在羊庄祖茔 行四字文中子八宽安宁宗宁宅室滨 墓在羊庄祖茔九世孙诗教为撰墓表 行六字文章子八松怀研杰伦勉志恕 墓在羊庄祖茔 行七字文秀子四礼枋祐祠 墓在羊庄祖茔	
	三门云 又自号北三门以别之遂有南北 乃告归汶南三门间三门宾五世祖弘因念同一宗支 五祖敬茂亮襄青始盖五祖之始 诗教曰三门之有南北也自五世 祖曰宾初占籍方下保至成化年		若孙念哉 如此其诒谋真大且远矣厥子 于母之嫡庶焉祖宗家法严正 祖俊更俱在一门相传谓是分 以下三祖端四祖正六祖寿七 以长祖辉暨五祖雄自次祖桢 其子为一门二门三门四门积祖次 诗教曰门以序分其常也乃胤	

附录四　一世至四世世系全图

亓氏族谱一至四世世系图			
第一世	**第二世**	**第三世**	**第四世**
士伯：莱有亓氏自公始卒葬于叔子流寓之羊庄西南是为祖茔明万历四十六年九世孙诗子教为撰墓表恭纪其盛四勤宾全能	**勤**：行一旧传随始祖迁莱后仍回原籍近查江淮间亓姓不繁惟安徽颍州亓有字祖后原籍莱芜之更之世名也犹宇或系四祖更之世	**忠**：又名英行一洪武二十二年代父役皇封河南都司颍川卫指挥金事锦衣卫指挥金事使中军都督府都督金事子二长子升次子待考	**升**：行一明恩袭明威将军颍川卫指挥金事晋封怀远将军河南都司使殁于王事配王氏子一恭此为北院大宗
			失讳：行二虽几次重逢失续此次收编之此为南院大宗
	宾：行二卒葬于羊庄一业茔有墓碑于	**业**：行一卒葬于羊庄祖茔子四还继二憾为南三门之祖	**还**：行一墓在羊庄祖茔子二敞茂
			继：行二子一亮
			二：行三子六裏居莱芜宽广敏信惠居枣庄
			幌：行四子一青
	全：行三明初迁濮州东南境亓楼庄祖茔有全祖墓碑东北九十一里亓居历城庄东有老奶奶坟为始祖茔之全祖母	**纲**：行一子七盘钊志智英原居郓城县大潭乡亓楼庄	**广**：行一字安民子五茂端旺兴隆
			盘：行二配孙氏迁济南市历城区唐王镇亓家庄

揆四　一世至世七世系全图

第一世

第二世

第三世
君美 行二子六盛广聪茂林祥居平阴县孝直镇亓集村

第四世
钊　行三与盘奉全祖母迁历城区唐王镇亓家 志　行四配李氏迁清丰县东北孟固铺村 智　行五配杨氏迁荷泽城东北闫什口村 英　行六配高氏迁东阿县城东南三十里官音集村 原　行七子四江湖河海 盛　行一子一昌 广　行二子一瑞 聪　行三子一章 茂　行四子一文 林　行五子一武 祥　行六子一立

	第一世
世能 行四子二胤积相传 远末伯东北关裂徐氏初名卒四载其恒尺故于羊 铺南汶铺又迁汶水即汶南户籍 祖亓莹初名卒四载其恒尺故于羊庄 官表焉六世之盛清为至元 撰今亓莹存四恭纪 乾隆四十一年 重立碑于墓前阖族	第二世
胤 行一字茂先卒葬于羊庄祖莹子三浩林升为四门之祖	**君箱** 行四子三电云霭居东平县亓家官庄	**君耀** 行三子二岐凝居阳谷县大布乡亓家庄	第三世
升 行三字文明墓在羊庄祖莹配张氏墓在团山西莹子十江源福禄连和深整贡质	**林** 行二贡满山四斌墓在羊庄祖莹子	**浩** 雍正八年九世孙进泓为撰墓表子六英充宣德弘显	**霭** 行一墓在羊庄祖莹清	**云** 行三子一奎	**电** 行二子二文武	**凝** 行一子一壁	**岐** 行二	**耀** 行一子一隆	第四世

	第一世
	第二世
积 行二字敬先配玄氏卒葬于羊庄祖茔万历四十六年七世孙诗教为撰墓表七辉桢端正雄寿俊桢端正为一门之祖辉雄为二门之祖	第三世
辉 行一字文焕墓在羊庄祖茔历十九年曾孙楠与惕若清乾隆三十年十二世式慧为撰志文载谱后子五温良恭让珮 桢 行二海量 端 行三字文肃墓在羊庄祖茔子四赈悟宝实 正 行四字文中墓在羊庄祖茔六世孙诗教为撰墓表子八宽安宁宗、宁室滨 雄 行五墓在羊庄祖茔子一俭 寿 行六字文章墓在羊庄祖茔子八松怀研杰伦勉志恕 俊 行七字文秀墓在羊庄祖茔子四礼访祜祐礿	第四世

附录五　亓氏族居

亓氏家族在660余年间，绍休圣绪，生生不息，繁衍之快，鲜有其右者！经粗略统计，截至2015年年底，人口约为13.6万，全国姓氏排序346位，世系传至第28代。作为氏族群居之所，有十几省七十余市（地级市）千余村落（社区）；而人口散居之处，迄今则遍及全国各省级行政区乃至世界各地。

族群居住的主要区域：二世勤祖之后裔多在河南省、安徽省；宾祖、世能祖之后裔多在山东省之莱芜市，且盘桓于汶河南北；全祖之后裔多散居在山东省西北区域。现根据2017年年底续谱统计之信息，概述如下，以供参考。

河南省

固始县往流集一街。

开封市

兰考县红庙镇亓村，闫楼乡茨蓬村，葡萄架乡赵垛楼村，桐乡街道绳庄村，堌阳镇梁寨村，小宋乡东村。

通许县大岗李乡任祥村。

商丘市

民权县城关镇亓堂村、楚洼村，野岗乡雷庄村、户新村，王桥乡亓庄村。

永城市十八里镇李窑村亓楼村，马桥镇陈庄村亓庄、黄口乡大刘庄村、亓庄村，条河乡亓土楼村、祝庄村、双桥村、姜楼村，侯岭乡周庄村亓庄组。

睢县后台乡亓庄、安庄村。

濮阳市

濮阳市建安庄区。

濮阳县户部寨镇大张村，东亓庄村。

范县颜庄铺乡吕庄村，辛庄镇祁庄村（濮阳东亓村）、朱李庄，白衣阁乡大吴庄村，杨集乡亓楼村，濮城镇徐庄村。

许昌市

禹州市火龙镇盆亓村，褚河镇枣王村。

襄城县茨沟乡马窑村。

安阳市

内黄县二安镇亓营村。

滑县赵营乡西辛庄，后台乡亓庄。

洛阳市

伊川县鸦岭乡亓岭村、黄村、老虎洼村、下元村、牛洼村、上川村。

洛龙区龙门镇南刘村。

焦作市

修武县西村乡后河村、影寺村、洞湾村、小南坡村、淹井河村、孤山村。

周口市

沈丘县邢庄镇宋庄（茨河铺大闸宋庄），冯营镇刘尧村。

商丘市

睢县后台乡安庄村。

鹤壁市

浚县卫贤镇李香村。

安徽省

阜阳市

颍东区袁寨镇北照村亓营、武郢村、大亓郢、亓庄、东大郢村、小亓郢村、北陈庄，口孜镇口孜集，老庙小亓庄。

颍州区文峰街道莲花社区、二里井社区中清路（祖籍山东省莱芜市凤城街道西关社区）、沙河路电厂，袁集镇张堂村，西湖景区办事处汤庄村、迎水村老湾寨、迎水庙（谱载西三十里河迎水庙），文峰办事处七里河沟

附 录

湾、九龙镇五坑集村,三十里铺镇左庄、宁庄、杨庄、高楼小亓庄、高源沈庄、中西村、中东村、泂流集西村、西王村、西左庄、西亓庄、北亓庄、西高湾、西沈庄、马寨乡马寨村、板桥村,经济开发区京九路办事处七里铺社区,王店镇谷子庄、张庄村、段桥亓庄、城西大田集(谱载大田集西汤村,七渔河亓家花园,王店寨新建村,东南耿新庄)。

颍泉区新华社区,行流镇亓庄、大周村、新闸村、付庄村,伍明镇三门村亓庄(谱载苏集三门亓庄)、谭庄小亓庄、巩庄村尚庄(谱载苏集巩店尚庄)、夏小村亓大庄,周棚办事处茨河铺东亓营、北宋庄、北刘集亓楼、杨大庄、谢庄村、苗郢亓营,邵营亓庄、瓦盖庄。

临泉县城关镇服装公司民居、化肥厂民居、航运公司水上一村、二村、万和社区扬控村、临新社区肖洼村、前进村、迎新社区亓湾村、张湾村、小亓庄、王顶庄、前塚子、古城社区小曾庄、东张楼村、赵湾村、施小庄、白庙镇南亓庄、莲礼庄、杨桥镇新安村、高塘乡贾王行政村,长官镇大亓庄村、小亓庄、花兰村、韦寨镇仁和寨、黄岭镇亓庄、张营乡李湾村、李湾新村,谭棚镇韩营村陈营(谱载谭棚河北渣巴集郭湾、吕砦镇南堰村梁庄)。

阜南县鹿城镇冷庙村、双碑社区亓庄、王庄村,中岗镇八里村、许堂乡运河村、运河集(谱载城南运河集上)、运河村李湾(谱载运河李小湾)、北小湾、胡寨村亓庄(谱载街上西小庄,运河东小庄,阜南县许堂乡刘岗村亓油坊)、大桥集(谱载运河南大桥集亓庄)、运河西南亓小桥、大余村亓庄、朱庄、杨庄、四里村、大桥村北组,段郢乡杨桥村杨桥组、后斜(谢)庄、小集马庄、湖东村(无为县蜀山镇湖东村)、双牌湖苗庄、亓庄、白园村,焦坡镇王楼村刘集组(谱载焦坡伊寨曹庄)、三和村,柳沟镇王竹园齐大村(齐东、齐西)、贾庄、罗庄、前元村,于集乡小窑寨,赵集镇逍遥、王寨村、寨东、穆王村、祥和村陈小庄,苗集镇亓王庄、马塘村、幸福村、刘庄、申寨、童庄(谱载东南铜庄)、柳树沟大亓庄、平安村张庄、邵圩子,张寨镇张老庄、北吕庄(谱载柳沟集曹庄、西亓村、西亓大庄、西周村、张庄、柳沟东马刘庄,石甸西洼,新坊村)。

颍上县南照镇南照集、六十里铺镇小丁庄、五十里铺乡东刘黄庄、大

· 267 ·

卢庄、蒋王村小庄、半岗镇半岗集新街村（谱载新建村、新建村张岗）、江店孜镇尚庄，刘集乡刘集村、张店（谱载运河东南刘集、刘集张店）。

界首市砖集镇于庄、殿庄、段庄、任楼村、姜家沟。

太和县赵集乡界牌集后刘郢村，关集镇梁庄村，三塔镇亓洼、亓油坊（谱载运河村西南亓油坊）、朱小湾、八里店（谱载五集北八里店）、花园村刘寨。

宿州市

砀山县砀城镇街道民居、周家寨镇殷庄村，范楼镇范楼村（祖籍莱芜市劝礼村）。

宿迁市

宿城区王官集镇亓庄村。

六安市

霍邱县周集镇粮店（谱载周集南白庙东新圹）、泮店村，王截流乡陈大郢村（谱载王节流乡陈郢村）、冯井子镇黄埔、瓦房村、双圩村、赵圩村、桃园村、范桥村，石店乡宽店村西洼、集上村，高塘镇伍集北村八里店。

蚌埠市

淮上区小蚌埠镇上河时代花园（祖籍莱芜西关社区）。

亳州市

谯城区古井镇门庄村、瓦盖庄。

利辛县孙集镇梁营村后梁营。

蒙城县小辛集乡邵庄。

滁州市

来安县半塔镇小山村。

定远县大桥镇大桥集。

芜湖市

弋江区高教园区民居。

镜湖区镜湖区街道民居（祖籍山东省莱芜市高庄街道西汶南村）。

芜湖县六郎镇永和村。

无为县蜀山镇湖东村。

附 录

淮北市
相山区西城街道办事处现代花园。
濉溪县五沟镇童亭矿新村。

安庆市
桐城市龙眠街道肖湾村、肖湾新村（谱载高圹集亓庄）。

黄山市
休宁县齐云山镇典口村（祖籍河南省许昌禹州市火龙镇盆亓村）。

山东省

莱芜市
莱城区高庄街道羊庄村、劝礼村、塔子村、北梨沟村、南梨沟村、野店村、黑峪村、小庄、团山村、西汶南村、东汶南村、坡草洼村、赵家岭村、南十里河村、曹家庄、对仙门村、吊鼓山村、魏家洼村、任家洼村、五龙村、石棚村、鄂庄村、黄沟村、朝阳村（原名田家庄，因重名1987年改）、莲花峪（原名张家庄，因重名1987年改）、蜂崖村、圣水庵村、沙岭子村、上台子村、尧王村、安仙村、响水（因重名1987年改）、中当峪村、崖下村、南王庄、鲁家庄村、南毛家庄、龙王庄、薄板台、石庙子村、麻湾崖、埠阳村（原名石湾子村，因重名1987年改）、冢子村、响山口、南冶村、老君堂村、三里沟村、大北冶村、前王家峪村、下台子村、徐家峪村、楼子村、楼子村卧龙头、楼子村杨家庄、楼子村张家庄、北十里河村、井峪村、沙岭子村。

牛泉镇鹁鸪楼村、马家庄、圣井村、西上庄村、渐河村、李条庄、南宫村、亓毛埠村、庞家庄村、茂盛堂村、东上庄、西凤阳村、南白塔村、北白塔村、中白塔村、中徐冶村、贺小庄、大庄、蒲洼村、西五斗村、吕小庄、蒲洼村、双泉村、石门、毕毛埠村、鹿家庄、上峪村、祥沟村、范庄村、南三官庙、东牛泉村、亓家省庄、刘家省庄、店子村、绿凡崖村、西蔺家庄、杨小庄、西泉河村、东泉河村。

方下镇蔺家楼村、龙口西村、龙口东村、石桥子、陈家义村、店子、石泉官庄、嘶马河村、亓家官庄、卢家庄、贾家官庄、大辛庄、土楼村、蓝沟崖村、柳行沟村、鲁西村、田封邱村、孙封邱村、徐封邱、龙泉官庄、刘封邱村、方下南街村。

张家洼街道张高庄、南山子后社区、北山子后社区、西王善村、白龙、刘家庄、沙家庄、冯家坡社区、北任家洼之南任家洼村、北任家洼之东任家洼村、许家沟村、王家楼村、张家洼村、片镇村、御驾泉村、崔家庄、北王家庄、马头梁坡。

凤城街道孟家庄、北十里铺村、东方红社区、马家庄、南十里铺村、蔺家庄、董花园社区、姚家岭社区、业家庄、西关社区、北坦社区、顺河社区、曹东村、曹西村、小曹村社区、小曹村胥家庄子、东风社区、石花园社区、任花园社区。

口镇陈林村、古城村、康陈村、下毛家圈村、太平村、垂杨村、林马庄、口镇西街、古堆山、马陈村、刘陈村。

杨庄镇胡家宅、杨庄村、冷家庄、上马家泉、侯家洼村、营房村、司家岭村、镇武庙村、刘家店、太平官庄村、小桥沟村、孟家官庄、大桥沟村、龙尾村、闫桥、凤凰官庄。

寨里镇寨里村、周王许村、水北村、北庵村、张家埠村、薛家埠村。

大王庄镇温家庄、独路村、杨家圈村、朱家峪村。

羊里镇北傅家庄、辛兴村、羊里村、西温石村、址坊村。

茶业口镇中茶叶村、东圈村、南嵬石、上法山村。

雪野镇雪野村、大厂村、冬暖村。

苗山镇常庄村、磨石峪村。

高新区鹏泉街道北张家庄、北孝义村、后宋村、官厂村、南莲河村、墨埠村、中和村、程故事村、东十字路、西十字路、大石家村、墨埠村。

钢城区颜庄镇颜庄村、南港村、窑货厂村、马官庄、半壁店子村、西沟村、中当峪。

辛庄镇崖下村、乔店村、北宝台村、坡庄、赵家泉村、朱家沟村、裴家庄、杨家横村、秦家洼村。

艾山街道肖马庄、九龙村、古敦村、罗汉峪村、高峪村。

里辛街道小官庄、清泉官庄、三岔河村、涝洼村、里辛村、小官庄、凤凰峪、大官庄、东峪村。

汶源街道黄庄四村、台子村、南通香峪村、北通香峪村、杨家大峪村、东丈八丘村、西丈八丘村、北丈八丘村、青冶行村。

济南市

市中区十六里河镇七贤村、北康村、吴家庄村，党家街道寨而头村、相家庄。

天桥区北园镇嘉汇村、洛口村。

历城区仲宫镇核桃园村、二仙村、营而村，港沟街道河西村，高而乡东沟村、柳埠吴家沟村、盖家庄，华山街道亓家庄、郅家庄，唐王镇亓家村，孙村镇侯家庄。

历下区姚家镇浆水泉庄。

平阴县孝直镇孝直村、亓集村、付庄村、东山村、张平村；栾湾乡栾湾村，孝直镇盛屯村、亓洼村。

济阳县孙耿镇洪官屯村。

长清区孝里镇庞道口村。

章丘市绣惠镇西关村、三星村、西皋村、绿竹园村、山头店村，明水街道民居（祖籍莱芜劝礼村）、牛牌村。

商河县韩庙镇高家村、亓家寨、苏王村、红庙村，玉皇庙镇亓家村、西亓家村，胡集乡苗家村、聂家村，殷巷镇车家村，贾庄镇甜水井村，许商街道蒋家村、李马虎村，龙桑寺镇常庄村，商河镇张公亮村。

东营市

垦利县垦利镇亓村、黄河镇亓村。

滨州市

惠民石庙镇亓家庄。

阳信县洋湖乡古佛镇古佛村。

临沂市

罗庄区后盛庄街道前盛庄、后盛庄、朱陈东村、营子村，沂堂镇前柳庄、后柳庄村，付庄街道窑北头村。

兰山区兰山街道赵家红埠寺村、叶家红埠村、庙上村，银雀山街道西墩村。

兰陵县新兴镇东新兴二村、晒钱埠村，南桥镇石埠村，大仲村镇大胜庄、大胜庄三组、陡沟村，大仲村镇大吴宅村、孙家管村，矿坑镇惠民庄村、兴隆庄，车辋镇桥庄村，新兴镇东一村，下村乡下大炉村。

苍山县下庄镇中月庄村。

沂南县城居民社区。

蒙阴县东关街道东关村、怡春华府，联城镇花峪村，岱崮镇万杨峪村、野店镇烟庄村，桃虚镇桃墟村、吉宝峪、麻店子村、麻峪村，界牌乡朱家店子村、余粮店村。

郯城县红花镇魏庄村、宋窑村。

费县上冶镇里仁村（迁哈尔滨），新庄镇亓家岭村、亓家庄、纸坊村、东杨庄村、鲍家庄。

沂水县沂水镇闫家庄、姚家峪村、姬家庄、城里街村，风景区（姚店子镇）吉家庄，马店镇豹虎峪村。

平邑县平邑镇兴水社区、铜石镇西岭村。

日照市

东港区陈疃镇沈疃三村、陈疃一村、河东村、北跑疃村、张郭村，高兴镇张家小庄，三庄镇大王家寨村。

淄博市

沂源县城南关民居，鲁村镇鲁村二村、三村、四村、五村、龙崖村、刘家坡、阜前村、西埠村，南鲁山镇（由旧土门镇与三岔乡合成）南流水庄、松崮后坡村、四门地村、安平村、桃花山村、涝坡村、北徐家庄村、凉泉村、义和村、章丘、旋峰峪村、沟泉村，悦庄镇西山村，大张庄镇上升科峪村、明末峪村、土眉峪村、水营村、赤坂村、石柱村，南麻镇仓粮峪村、东高庄村、姬家峪，大张庄镇北村、太平村、店门村，张家坡镇黄十峪村、永兴村，大张庄乡尧峪村，燕崖镇胡围村、安乐官庄村。

周村区王村镇，南郊镇高塘村。

博山区源泉镇天津湾东村、天津湾西村、源泉东村、源泉西村。

淄川区岭子镇张庄村。

泰安市

岱岳区泰前街道社区、迎胜社区居委会，粥店街道司家庄村，徐家楼街道徐家楼社区，范镇街道郑家寨子村，兴隆庄、田庄村、崔官庄，峥峪镇鲁东冶村、亓家庄、先锋村，道朗镇黑水湾村。

高新区北集坡街道东夏村。

新泰市新甫街道后上庄村，翟镇翟南村，城关镇南关村，新汶街道孙村，北师店镇北师店村，羊流镇单家庄、上流行村。

肥城市新城街道张柳林村、边院镇亓庄村、西古村、葛庄村、西古城村，汶阳镇马东吏村，桃源镇三良村。

菏泽市

鄄城县李进士堂乡苏门楼村，大埝乡陈堤口村。

郓城县黄安镇黄南村，潘渡镇潘渡村，陈坡乡陈坡村、于阁村，张鲁集乡张鲁集村、前亓楼村、后亓楼村。

滨州市

阳信县洋湖乡古佛寺村。

聊城市

聊城市区花园街社区。

阳谷县张秋镇西沙村，安乐镇东雷家楼村、孙孟刘村、蒿铺村，阿城镇阿西村、武将台村、前熬村、庞楼村，侨润街道亓家庄、南街，十五里元镇玄庄村、七级镇三合村、上闸村，博济桥镇许庄村，石佛镇刘庄村，闫楼镇姜家庙村。

郯城县马头镇魏庄村，花园乡宋窑村。

茌平县肖庄镇皮里村。

东阿县刘集镇皋上村。

茌平县肖庄镇皮里村。

莘县古云镇崔庄村。

东鲁街道伊园居顺德和园。

潍坊市

潍城区于河街道远里东村，南关街道西南关社区，军埠口镇崔贾官庄村。

潍坊综合保税区汶泉街道官路村。

坊子区坊安街道建华村。

安丘市新安街道姚家庄子村、黑牛塚村、薛家庄村、大洼村，兴安街道亓家庄村，金冢子镇团埠村，赵戈镇林家营子村，部山镇冷空山村，凌河镇后崮山沟村（原红沙沟镇温泉乡）。

寿光市纪台镇礼乐王村。

临朐县城关镇兴隆庄，蒋峪镇贺家洼村。

昌乐县营丘镇（原阿陀镇）亓家店子村，鄌郚镇西辛庄村。

青州市谭坊镇东亓村、西亓村、太平村、青龙河村。

德州市

乐陵市孔镇滕家村。

邹平县魏桥镇赵瓦村、梁桥村。

宁津县柴胡店镇（原尤集乡）亓家村、青积务村。

平原县张华镇梨园村。

庆云县后张乡香坊村。

济宁市

东平县沙河站镇李圈村、中李庄村，大羊镇南留屯村、东南村、西南村、西北村、响场村、丁坞村、小羊村，老湖镇庄科村、小河崖村，州城镇小坝村，接山乡下套村、夏谢村、胡家村，新湖乡王仲口村、华家庄村、小河崖、范岗村、郭楼村、陈坊村，大洋乡尚庄村，老湖镇马庄村、庄科村、涧流村、陈坊村、小坝村，彭集镇程村、史庄村。

梁山县馆驿镇亓庄村、东侯庄、高庄村、小营村、尚庄村、东红庙村，梁山街道孔坊村、解坊村、张坊村，马营镇李屯村。

郓城县黄安镇黄南村、任祥屯，陈坡乡陈坡村、于阁村，潘渡镇潘渡村、杨庙村，张鲁集乡后亓楼村、前亓楼村，张集乡亓老庄，郓城镇团柳树村。

泗水县济河街道凡庄村。

汶上县郭楼镇张马庄村、郝营村、凤凰社区，苑庄镇大王庄村，汶上镇北周村、刘庄村。

邹城市田黄镇岗山铺村、田黄镇辛庄村、亓家北山子村。

微山县赵庙乡曹庄村，夏镇段楼村、杨闸村、陆庄村，塘湖乡朱庙村、薛庄村、顺河村、夏镇村、微山岛，夏镇亓家楼村、马家楼村。

枣庄市

峄城区峨山镇东流井村、董流井村。

薛城区陶庄镇上马村，周营镇高河村，金河乡金河村，兴仁乡薛庄村。

台儿庄区涧头镇曹林村，张山子镇杜安村（该村王家本姓亓，由此村又迁徙至全国60多处区域或村庄（详见卷一·这里的"王"家本姓亓）。

烟台市

蓬莱市紫荆山街道三里桥社区。

芝罘区幸福社区（祖籍莱芜北十里铺村）。

莱州街道于屯村。

河北省

秦皇岛市

秦皇岛市区（祖籍莱芜市高庄街道吊鼓山村）。

海港区森林逸城（祖籍牛泉庞家庄）。

廊坊市

霸州市东段乡东段村、幸福佳苑社区（祖籍牛泉庞家庄）。

邯郸市

磁县讲武城乡北白道村，尚壁镇后亓固村、南亓固村、东亓固村（有的搬迁他乡）。

承德市

承德县五道河乡石子沟村。

江苏省

苏州市

吴江区吴江镇。

徐州市

泉山区翟山街道翟山新村（原籍莱芜市高庄街道劝礼村）。

丰县华山镇尹长庄村，华山村，金陵乡扬洼村，宋楼镇香田集村。

贾汪区紫庄镇粮所宿舍（原籍莱芜高庄街道黄沟村）。

邳州市邹庄镇汉庄村，邹庄镇幼山村，四户镇赵家村。

沛县沛城街道办驻地，伟庙镇段韩屯村，沛城县刘庄村赵店。

扬州市

高邮市郭集镇。

宿迁市

沭阳县（原籍莱芜市牛泉镇亓毛埠村）。

灌云县（原籍莱芜市牛泉镇亓毛埠村）。

连云港市

赣榆区清河丽景小区。

淮安市

盱眙县林场右城分场苗圃组。

淮阴区三树镇三树村南街组。

山西省

临汾市

尧都区西关居南街、鼓楼西街、西关社区、南街太茅社区、魏村镇吉家庄。

翼城县南梁镇庄里村、北常村、河西村、武池村、上石村、程公村、西张村、下石村、北塘村、西郑村、北障村，南唐乡河沄村、范牛村、石家庄、城单村，唐兴镇苇沟村、封壁村、东石桥村、西石桥村、陵下村、桥坡村、下高村、上高村、西关村，中卫乡东上卫村、屋山村、玉石鄢村、甘泉村，隆化镇东史村、北捍村、张庄村、大河口村，王庄乡辛安村、猪头山村，浇底乡浇底村。

古县旧县镇柳树垣村、钱家峪村，南垣乡祁寨村、孙寨村，石壁乡石壁村（野庄村迁出）。

曲沃县北董乡西闫村、南堡村、东闫村、下郇村，杨谈乡万户村、杨家庄。

襄汾县襄陵镇西街村、齐村。

安泽县周村镇川河村，和川镇沁河社区。

晋城市

阳城县北留镇安岭村、洸壁村、章训村、冯林村。

泽州县周村镇川河村，大交镇大郡村。

运城市

绛县卫庄镇涧东村，大交镇北册村，安峪镇安峪村、长杆村、孙王村、河王村、董封村、大郡村、冯村、永乐村、东三涧村、磨里村、王良坡村、仓丰村，卫庄镇韩庄村。

闻喜县开发区街南村。

平陆县杜马乡杜马。

芮城县民居。

长治市

屯留县嚼村庄。

陕西省

西安市

雁塔区居民社区。

阎良区新华路街道小良村、大良村，北屯街道李浩村、小良组。

临潼区徐阳大队西阳村。

三原县大程乡屯王村、西王村，长安区引镇街道许家沟村。

咸阳市

乾县城关街道小亓父村、亓父村、小亓母村、大亓母村（搬迁他乡），阳峪镇（铁佛寺）陈家坳村。

渭南市

富平县吕村乡姚村。

大荔县朝邑镇小坡村。

白水县北塬乡鹿角村、亓家洼村。

延安市

富县直罗镇辛寨子村、药埠头村（山东省昌乐县鄌郚镇西辛庄迁出）。

辽宁省

沈阳市

大东区小河沿魁星里、皇姑屯区居民社区。

大连市

后房店区太阳升镇罗沟村。

铁岭市

西丰县振兴镇晓山村新开屯（山东省昌乐县鄌郚镇西辛庄迁出），银明县紫河镇龙安村。

抚顺市

顺城区市政府生活小区，前戈布街18号，长椿街天茂家园。

清原满族自治县南口前镇南口前村。

东洲区平山街道栗子沟（由劝礼村迁去一支）。

吉林省

长春市

抚顺路斯大林大街。

吉林市

蛟河市白石山镇。

桦甸市二道甸子镇许家屯，苏密沟镇团山子村，桦甸市常山镇。

盘石市

舒兰市金马乡新胜村新立屯。

白山市

靖宇县景山镇居民，赤松镇西山村。

延吉市

市区建工街慧祥家园小区，公园街君钰府小区。

安图县明月镇安街铁路小区、佳坪村。

敦化市

胜利街翰章小区，黄泥河镇半截河村，官地镇成记号村、岗子村、前红石村、后红石村。

汪清县天桥岭镇林业局家属区。

延边市

安图县二道白河镇。

黑龙江

哈尔滨市

双城区鑫苑、地段街一号、松北区。

巴彦县红光乡牛羊屯。

通河县浓河镇东风村，三站镇老站村。

宾县新甸镇新甸居、沿江三村、仁和村、宾阳屯，宁远镇洪山村。

尚志市马延乡马延村（祖籍莱芜市牛泉西上庄），亚布力镇驻地（原名亚布洛尼），苇河镇自卫街。

木兰县建国镇老纸房村，木兰镇联丰村，东兴镇西二屯，柳河镇柳河村，大西江农场（祖籍馆驿镇亓庄村）。

阿城区杨树乡付勤大队。

绥化市

海伦市海北镇南合村。

青冈县民族镇永丰村。

桦川县江川农场宿舍区。

鹤岗市

南山区社区。

工农区育才街道华鹤社区育才路。

佳木斯市

桦南县托腰子镇鱼公村。

齐齐哈尔市

讷河市学田乡辽源村。

龙江县城铁道南，雅尔赛镇保安村。

大庆市

林甸县花园乡丰收八号村，东兴镇赵家店村，乌尔旗汗居。

伊春市

汤旺河区振兴社区。

牡丹江市

绥芬河市阜宁镇北寒村。

东宁县东宁镇振华小区（祖籍莱芜市大厂村）。

宁安市石岩镇爱路村。

穆棱市下城子镇朝阳村。

佳木斯

桦川县江川农场职工宿舍区、友谊农场职工宿舍区。

省农垦总局

九三管理局大西江农场（黑河市嫩江县境内，祖籍山东省梁山县馆驿镇亓庄村）。

黑河市

爱辉区张地镇营子村。

五大连池（德都县）沾河林业局宿舍区。

鸡西市

梨树区梨树镇。

恒山区富荣村。

内蒙古

赤峰市

松山区大碾子乡亓家梁村。

另外，还有许多住址信息不全或未形成民居族群者，仅统计部分如下。

北京市海淀区、西城区等民居；上海市区民居；天津市东丽区何兴庄；四川省三台市的高山县西蝉镇民居，宜宾市翠屏区民居；湖北省钟祥县官庄湖农场；广西壮族自治区北海市银河区全城镇西城村；甘肃省兰州市七里河村，于洪县沙岭镇民居，新民县胡台镇民居；江苏省灌云县民居；黑龙江省双鸭山市友谊县建设乡民居，伊春市嘉荫县翠峦民居，肇东市民居；辽宁省沈阳市区民居，鞍山市区民居，锦州市黑山县（祖籍山东省莱芜市牛泉镇亓毛埠村），本溪市平山县民居，三电纱市区民居，铁岭市区民居，抚顺市区民居；吉林省长春市城区南关民居、景山镇民居，延吉市珲春民居、图们市民居，龙井市民居，四平市民居、公主岭市民居；内蒙古自治区牙克石市民居，通辽市民居，加格达奇民居，赤峰市民居；新疆维吾尔自治区乌鲁木齐市民居、乌苏市民居、塔城地区民居、喀嘧县民居；广东省惠州市民居、深圳市龙岗区民居；云南省保山市民居；浙江省宁波市镇海县民居，舟山市（祖籍山东省莱芜市牛泉镇孙家庄）；江西省上饶市（祖籍山东省莱芜市高新区鹏泉街道官厂村）；重庆市涪陵区洗墨路24号；四川省宜宾市翠屏区；我国台湾省南投市文化路民居，高雄市民居，新北市板桥区民居，等等。

还有许多亓氏后裔侨居美国、加拿大、日本、韩国、新加坡、西班牙、墨西哥、马来西亚等国家，在此不再赘述。

本文得益于《亓氏族谱》第八次续修，来源于《亓氏族谱》的记载和亓家网公布的《八修族谱已完成的村庄》与《八修族谱未完成的村庄》文稿，由本书主编"百度"修正，历时一周甫成，卒交由编委会成员分工修正确认。其中，莱芜部分由莱芜市民政局副局长、编委会成员亓新泉安排莱芜市地名办公室人员审定，河南部分由编委会成员亓令志负责审定，安徽部分由亓进涛通过微信"亓氏荣耀群"分别上传亓培初、亓先坤、亓伟先等审定，并由亓培初负责阜阳、亓先坤负责阜南、亓伟先负责临泉。

  以上信息，仅供参考。由于历史沿革造成行政区域划分变化或有村名变更或因八修族谱登记不全，遗漏乃至错误在所难免，倘若发现，敬请谅解并告知，以便再版时更正！

亓贯德统计于 2017 年 11 月

开封市亓令志、焦作市亓合利、临沂市亓峰（新庄镇）

潍坊市亓学勇、亓保全、亓世忠等"微信"添加、修正